Droit fiscal général

Du même auteur

Recours pour excès de pouvoir et contentieux administratif de l'impôt, LGDJ, 2002 (préface de Maurice Cozian).
La Preuve en droit fiscal, Litec, 2009.

Dans la même collection

Éric Canal-Forgues et Patrick Rambaud, *Droit international public*, 2e édition.
Michel Clapié, *Manuel d'institutions européennes*, 3e édition.
Jean-Pierre Clavier et François-Xavier Lucas, *Droit commercial.*
Emmanuel Dreyer, *Droit pénal général.*
Rafael Encinas de Munagorri, *Introduction générale au droit*, 3e édition.
Frédéric Rouvillois, *Droit constitutionnel 1. Fondements et pratiques*, 3e édition.
Frédéric Rouvillois, *Droit constitutionnel 2. La Ve République*, 3e édition.
Bertrand Seiller, *Droit administratif 2. L'action administrative*, 4e édition.
Bertrand Seiller, *Droit administratif 2. L'action administrative*, 3e édition.
Sylvain Soleil, *Introduction historique aux institutions*, 3e édition.
Jean-Louis Thireau, *Introduction historique au droit*, 3e édition.

Christophe de la Mardière

Droit fiscal général

Champs université

Cet ouvrage est publié sous la direction de Frédéric Rouvillois.

ISBN : 978-2-0812-4140-4

À Fred et son fils puîné

« Tout écrivain, pour écrire nettement, doit se mettre à la place de ses lecteurs, examiner son propre ouvrage comme quelque chose qui lui est nouveau, qu'il lit pour la première fois, où il n'a nulle part, et que l'auteur aurait soumis à sa critique ; et se persuader ensuite qu'on n'est pas entendu seulement à cause que l'on s'entend soi-même, mais parce qu'on est en effet intelligible. »

LA BRUYÈRE

TABLE DES ABRÉVIATIONS

AMR	Avis de mise en recouvrement.
ATD	Avis à tiers détenteur.
BA	Bénéfices agricoles.
BIC	Bénéfices industriels et commerciaux.
BNC	Bénéfices non commerciaux.
Cass.	Cour de cassation.
CC	Conseil constitutionnel.
CE	Conseil d'État.
CEDH	Cour européenne des droits de l'homme.
CET	Contribution économique territoriale.
CGI	Code général des impôts.
chr.	chronique.
CJCE	Cour de justice des Communautés européennes (devenue CJUE).
CJUE	Cour de justice de l'Union européenne.
coll.	collection.
comm.	commentaire.
concl.	conclusions.
CRDS	Contribution au remboursement de la dette sociale.
CSG	Contribution sociale généralisée.
D.	*Recueil Dalloz.*
DB	Documentation de base.
DGFiP	Direction générale des finances publiques.
DO	Dégrèvement d'office.
Dr. fisc.	*Droit fiscal (Revue de).*
ESFP	Examen contradictoire de la situation fiscale des personnes physiques.
HT	hors taxes.

IGF	Impôt sur les grandes fortunes.
Infra	ci-dessous.
IR	Impôt sur le revenu.
IS	Impôt sur les sociétés.
ISF	Impôt de solidarité sur la fortune.
JEX	Juge de l'exécution.
JLD	Juge des libertés et de la détention.
LPA	*Les Petites Affiches.*
LPF	Livre des procédures fiscales.
PACS	Pacte civil de solidarité.
PIB	Produit intérieur brut.
PME	Petite ou moyenne entreprise.
RJF	*Revue de jurisprudence fiscale.*
S.	*Recueil Sirey.*
Supra	ci-dessus.
TS	Traitements et salaires.
TTC	Toutes taxes comprises.
TVA	Taxe sur la valeur ajoutée.
TVS	Taxe sur les véhicules de sociétés.
v.	voir.

INTRODUCTION

Où sommes-nous ? Il importe, avant toute chose, de situer le droit fiscal par rapport aux autres disciplines. Le droit de l'impôt est un sous-ensemble appartenant à un ensemble plus vaste nommé *finances publiques*. Ces dernières se rapportent aux questions de financement des personnes publiques, c'est-à-dire celles régies par le droit public. Ce sont, à titre principal, l'État et les collectivités locales (communes, départements et régions). Les questions de financement public intéressent plusieurs matières : le droit, l'économie, la sociologie et la science politique. Dans le domaine juridique, les finances publiques relèvent du *droit budgétaire*, constitué des règles se rapportant à l'élaboration et à l'exécution du budget des personnes publiques. Il y est particulièrement question des *lois de finances*, qui prévoient les ressources et dépenses de l'État. Le droit fiscal ne s'intéresse pas aux dépenses publiques mais seulement aux ressources, et parmi celles-ci – de très loin – la principale : l'impôt. Il regroupe l'ensemble des règles juridiques relatives à l'impôt.

Mais comme nous nous trouvons toujours dans l'ensemble constitué par les finances publiques, le droit n'est pas le seul à s'intéresser à l'impôt. On trouve d'autres matières qui étudient le phénomène fiscal : l'économie, la gestion, la sociologie et la science politique. Parmi ces disciplines, le droit de l'impôt ne peut rester isolé. En effet, souvent, ses règles s'expliquent grâce aux autres branches de la science fiscale.

Par exemple, les entreprises de presse bénéficient d'un taux très faible de TVA (v. *infra* p. 102). On souhaite, par ce moyen, leur apporter une aide économique, en allégeant les coûts fiscaux qu'elles ont à supporter. Cette volonté poursuit un but politique, celui du pluralisme. En effet, plus il existe de journaux, plus les opinions exprimées sont nombreuses. L'aide économique représentée par l'avantage fiscal tend donc à favoriser le pluralisme politique.

Le souci de ne pas étudier le droit fiscal isolément des autres matières explique la construction des développements qui vont suivre. Il sera tout d'abord question de la théorie générale de l'impôt (chapitre premier), soit les notions fondamentales du droit fiscal. Puis on étudiera les implications économiques et sociologiques de l'impôt (chapitre II).

Chapitre premier
THÉORIE GÉNÉRALE DE L'IMPÔT

Dire que le droit fiscal se compose des règles juridiques relatives à l'impôt n'avance à rien si l'on ignore ce qu'est un impôt. On s'attachera donc, avant tout, à définir celui-ci, à en dégager la notion (section 1). Puis seront étudiées les différentes sortes d'impôts, sous la forme de classifications (section 2). Enfin, on examinera les mécanismes généraux de l'impôt (section 3), autrement dit son fonctionnement. Ces trois points correspondent donc aux questions suivantes : qu'est-ce qu'un impôt ? Comment cela se présente ? Comment cela marche ?

Section I
LA NOTION D'IMPÔT

Cette notion est difficile (sous-section 1), elle oblige à définir l'impôt en dégageant ses caractères (sous-section 2), de manière à le distinguer des autres prélèvements publics (sous-section 3).

Sous-section 1
LA DIFFICULTÉ À DÉFINIR L'IMPÔT

À première vue, la définition de l'impôt ne cause pas de souci. Chacun sait qu'il s'agit d'un prélèvement opéré par une personne publique pour le financement de ses activités. En réalité, la notion d'impôt est ardue. Cette difficulté tient au grand paradoxe de notre économie, qui repose sur les principes du libéralisme économique, tout en devant assurer le financement d'un important secteur public. En quoi le paradoxe tient-il ? Le libéralisme est fondé sur l'idée de liberté, en l'occurrence celle d'entreprendre : chacun est libre de créer son entreprise et de la diriger à sa guise. Cette doctrine suppose un État faible, aux compétences limitées, afin, précisément, de laisser dans la société le maximum de liberté. Or tout au contraire – en France particulièrement – le secteur public n'a pas cessé de devenir plus important. Pour le financer, il faut nécessairement ponctionner le secteur privé, puisque celui-ci est le seul à créer des richesses, au sens monétaire du terme. Dans ce but, l'État a multiplié le nombre des impôts, comme il en a alourdi le poids. Mais il a également cherché à diversifier ses modes de financement, en créant de nouveaux prélèvements, comme par exemple la contribution (v. *infra* p. 23-24). Ces ponctions nouvelles ressemblent à des impôts mais n'en sont pas. D'où la difficulté à définir l'impôt, car sa notion est proche de celles des autres prélèvements.

L'intérêt d'une notion est de lui faire correspondre un régime, soit un ensemble de règles juridiques venant régir ce qui a été défini. Ainsi la notion d'impôt commande l'application du droit fiscal : seuls les prélèvements fiscaux suivent entièrement les règles de ce droit. À l'inverse, les autres prélèvements publics se voient appliquer un régime différent, car ils répondent à une notion qui leur est propre. Ce régime est généralement plus souple que celui de l'impôt. Notamment parce que l'adoption d'un nouveau prélèvement non fiscal ne suppose pas, en principe, le vote d'une loi. Au contraire, créer un impôt nécessite un texte législatif, promulgué au terme d'une procédure lourde. C'est précisément pour échapper à cette pesanteur que l'État a choisi de rendre plus facile la création de certains prélèvements non fiscaux : un simple décret ou arrêté suffit.

Il faut pouvoir reconnaître les prélèvements proches de l'impôt pour les distinguer de celui-ci. En effet, il arrive que la puissance publique crée une imposition en la faisant passer pour un prélèvement non fiscal. La manœuvre a pour but de profiter de la souplesse du régime de ce dernier. Or si le prélèvement revêt les caractères de l'impôt, il est illégal, car il aurait dû être adopté par le Parlement. Son produit doit donc être restitué à ceux qui l'ont payé. Pour distinguer l'impôt des autres prélèvements, il faut dégager ses caractères.

Sous-section 2
LES CARACTÈRES DE L'IMPÔT

Ils peuvent paraître simplistes, particulièrement les caractères secondaires (A), en opposition à ceux qui sont essentiels (B), pour traduire la nature du prélèvement fiscal. Pourtant, c'est uniquement grâce à ces attributs que l'on parvient à la définition, épineuse, de l'impôt.

A. Les caractères secondaires

L'impôt est un prélèvement *pécuniaire* (et non « pécunier », mot qui n'existe pas). Cela signifie tout simplement qu'il doit être payé par la remise d'une somme d'argent. À ce principe il existe cependant des exceptions. La plus connue se rencontre lors de la succession d'un grand peintre. Un célèbre artiste vient à mourir. Ses héritiers doivent payer un impôt calculé sur la base du patrimoine qui leur est transmis par le défunt : les droits de succession – droit étant ici synonyme d'impôt. Or, les toiles laissées par le maître sont d'une si grande valeur que les héritiers n'ont pas d'autre choix que de les vendre pour être en mesure de payer les droits. Afin d'éviter cette situation, ils sont autorisés à acquitter l'impôt par la remise des tableaux. Ainsi l'œuvre de l'artiste n'est pas dispersée, car elle vient enrichir nos beaux musées nationaux. Ce mode de paiement est appelé une *dation*. C'est par celle-ci que fut réglée, notamment, la succession de Pablo Picasso.

L'impôt est *définitif*. C'est-à-dire que la somme qu'il représente reste acquise à la puissance publique. Bien entendu, n'est irrévocable que l'imposition qui a été prélevée de façon régulière ; celle établie illégalement doit être restituée. Ce caractère définitif de l'impôt permet de le distinguer d'un autre mode de financement public, l'*emprunt forcé*. L'État, généralement lorsqu'il traverse une crise financière grave, contraint ses contribuables les plus riches à lui prêter de l'argent. L'emprunt forcé rejoint l'impôt dès lors qu'il est obligatoire, mais ce n'est pas un prélèvement fiscal puisqu'il est remboursé. C'est en 1983 que la France, pour la dernière fois, a recouru à un emprunt forcé. Les personnes disposant des plus grosses fortunes et des plus hauts revenus devaient verser une somme égale à 10 % des impôts correspondants. Ce montant leur fut remboursé avec intérêts, sauf s'agissant des contribuables qui n'avaient pas souscrit l'emprunt dans le délai imparti. Pour ces retardataires (ou réfractaires) l'emprunt forcé prit donc la tournure d'un impôt.

L'impôt est prélevé pour assurer le *financement des charges publiques*. Ces dépenses sont celles supportées par les personnes publiques et les personnes privées chargées d'un service public. En effet, une personne de droit privé, telle qu'une société, peut se voir confier la gestion d'un service public. Ainsi, certaines caisses de Sécurité sociale sont des organismes de droit privé qui perçoivent des impositions comme la CSG (contribution sociale généralisée, v. *infra* p. 135-142).

Si les caractères secondaires sont indispensables pour définir un impôt, les attributs essentiels sont eux plus pertinents.

B. Les caractères essentiels

L'impôt est *obligatoire*. C'est un prélèvement contraignant et unilatéral, en ce sens que l'obligation est imposée par la seule puissance publique. Cela signifie *a contrario* que le contribuable ne peut pas consentir à l'impôt, autrement dit faire valoir sa volonté pour décider de le payer ou non. Pourtant, il existe en droit fiscal un principe de consentement à l'impôt (v. *infra* p. 65-67). Mais, en réalité, ce ne sont pas les contribuables qui expriment cet acquiescement, mais leurs représentants, les parlementaires. Chaque année, en adoptant la loi de finances, députés et sénateurs consentent à l'impôt, en ce sens qu'ils autorisent l'État à le prélever. Le principe du consentement rejoint celui de la légalité de l'impôt (v. *infra* p. 191-198) : c'est lui qui explique qu'il faille adopter une loi pour créer une imposition.

L'impôt est prélevé *sans contrepartie déterminée*. Certes, il est utilisé pour le financement des services publics : éducation, santé, justice, défense, etc. Mais, en le payant, le contribuable ne peut prétendre à aucune contre-prestation précise. Par exemple, il ne saurait dire : « Entendu, je paye mon impôt sur le revenu mais, en échange, vous construirez une route pour accéder à ma maison de campagne car, lorsqu'il pleut, je m'embourbe. » L'absence de contrepartie est le résultat du *principe de non-affectation* de l'impôt. En effet, son produit est versé dans la caisse de l'État, le Trésor public, qui est unique : toutes les recettes servent au financement de l'ensemble des dépenses. Ce principe protège l'impôt car, faute d'affectation, il interdit au contribuable de contester l'usage qui est fait de son argent.

Ainsi une personne avait demandé la réduction de son impôt sur le revenu, en considérant que cette part de l'imposition servait au financement de l'interruption volontaire de grossesse. Opposée à l'avortement, elle soutenait que celui-ci était contraire à des principes juridiques supérieurs. Le juge a rejeté sa demande [1], sur le fondement du principe de non-affectation : dès lors que le contribuable n'était pas en mesure de contester l'utilisation du produit de l'impôt, il ne pouvait refuser de le payer, même pour partie.

Au total, on peut retenir la définition suivante de l'impôt : c'est un prélèvement pécuniaire, obligatoire, définitif, sans contrepartie déterminée, dont le but est d'assurer le financement des charges publiques. Dans cette notion, on remarquera avant tout combien l'impôt (du latin *impositum* [2] : « ce qui est imposé ») est contraignant, pour ne pas dire autoritaire. Le contribuable ne peut et ne doit faire qu'une seule chose : payer. Cette contrainte est justifiée par l'aspect vital que représente l'impôt pour l'État. Sans lui, toute vie en société serait rendue impossible. D'où la nécessité d'obliger le contribuable à le payer. L'impôt est l'un des attributs de la souveraineté de l'État, à savoir la qualité qui confère à celui-ci la puissance suprême et absolue. Seul l'État, au travers de la loi, peut exiger le paiement d'impositions.

Ce sont les caractères essentiels de l'impôt qui permettent le mieux de le distinguer des autres prélèvements publics.

1. CE, 13 mai 1987, req. n° 68290, *RJF* 1987.7.807.

2. Le mot fisc vient quant à lui de *fiscus* : corbeille utilisée pour faire la quête.

Sous-section 3

LA DISTINCTION DE L'IMPÔT ET DES AUTRES PRÉLÈVEMENTS PUBLICS

On oppose les prélèvements fiscaux que sont l'impôt et la taxe (A) aux prélèvements publics non fiscaux (B).

A. Les prélèvements fiscaux : impôt et taxe

L'impôt est distinct de la taxe. Pourtant, cette distinction est relative, car il s'agit des deux seuls prélèvements que l'on peut qualifier de fiscaux, pour suivre entièrement les règles du droit fiscal. À tel point qu'il est possible de retenir deux notions de l'impôt. Une première, large, comprend l'impôt et la taxe. Une seconde, étroite, ne retient que l'impôt. Pour être plus précis, on peut recourir au concept d'imposition, qui correspond à la définition large : impôt et taxe. C'est en effet ce terme que retient la Constitution, dont l'article 34 donne compétence au Parlement pour fixer les règles relatives aux impositions, donc pour créer celles-ci.

Si la taxe constitue un prélèvement fiscal, elle fait cependant exception à un caractère de l'impôt, car elle permet au contribuable de bénéficier d'une contrepartie. Elle ne respecte donc pas le principe de non-affectation de l'impôt, au sens étroit du terme. Si néanmoins le paiement de la taxe permet de profiter d'une contreprestation, il n'y a pas nécessairement équivalence entre son montant et le coût du service rendu en échange. Le plus souvent, la valeur du service est plus élevée que la somme réclamée au titre de la taxe. Le meilleur exemple de taxe manque cruellement de poésie, c'est la taxe d'enlèvement des ordures ménagères. Son paiement permet de bénéficier du service public d'évacuation des déchets. Si la taxe offre une contrepartie, elle présente cependant les autres caractères de l'impôt : conçue pour financer des charges publiques, elle est pécuniaire, définitive et surtout obligatoire. Celui qui ne jette jamais rien, pour tout brûler au fond de son jardin, doit néanmoins payer la taxe d'enlèvement des ordures ménagères. C'est en cela que la taxe est très proche de l'impôt, comme éloignée de certains prélèvements publics non fiscaux.

B. Les prélèvements publics non fiscaux

Il s'agit des cotisations sociales (1), de la contribution (2) et de la redevance (3).

En font également partie les *droits de douane*, sommes exigées lors de l'importation ou de l'exportation de marchandises. Aujourd'hui, dans les pays développés, ces droits n'ont plus de fonction réellement budgétaire. En effet, leur finalité est moins d'alimenter le budget de l'État que de poursuivre d'autres buts, comme la lutte contre la concurrence internationale déloyale. Par exemple, des marchandises importées à un prix anormalement bas sont alourdies de droits, afin de permettre aux produits nationaux de rester compétitifs. On écartera donc les droits de douane du champ de notre étude, dès lors qu'ils ne poursuivent plus un but essentiellement financier.

1. Les cotisations sociales

La Sécurité sociale forme une entité différente de l'État ; pour preuve, au plan financier, leurs budgets sont distincts. Du point de vue juridique, les règles de la protection sociale relèvent du droit privé, alors que les normes fiscales appartiennent au droit public. Si les caisses de la Sécurité sociale sont également alimentées par l'impôt (v. *infra* p. 139-141), leur mode normal de financement est constitué par les cotisations sociales. Celles-ci ne peuvent pas être des impôts dès lors qu'elles donnent droit à une contrepartie directe. Ainsi un salarié voit une partie de ses rémunérations amputée du montant de ces cotisations mais, s'il tombe malade, les honoraires du médecin et le coût des médicaments lui sont remboursés. Cependant, les cotisations sociales sont proches de l'impôt (plus exactement de la taxe) dès lors qu'elles sont, elles aussi, obligatoires : celui qui n'est jamais malade doit néanmoins continuer de payer des cotisations d'assurance maladie. Il demeure que le droit à contrepartie n'existe que sous condition du paiement préalable des cotisations sociales. C'est particulièrement le cas pour l'assurance vieillesse : il faut avoir cotisé durant une période minimale pour être en droit de percevoir une pension de retraite. Au contraire, et sauf exceptions, l'accès aux services publics n'est pas conditionné par le paiement de l'impôt.

La contribution est obligatoire dans son principe, mais pas dans son montant.

2. La contribution

Il s'agit d'une participation financière exigée par une collectivité publique, comme une commune, à l'occasion de travaux accomplis par une personne privée. Prenons tout de suite un exemple avec la *contribution des lotisseurs*. Une entreprise réalise un lotissement, soit un ensemble de bâtiments, le plus souvent destinés à l'habitation. Cette réalisation impose à la commune de financer des équipements publics : éclairage, voies pour accéder aux maisons, égouts, etc. Avec la contribution, la collectivité contraint le lotisseur à participer au coût que représentent ces travaux. Ainsi le prélèvement est obligatoire en lui-même, mais son montant peut être négocié entre la commune et l'entreprise. Il ne saurait dès lors s'agir d'un impôt puisque la volonté du redevable est prise en compte. De plus, la contribution présente une contrepartie : le lotisseur a évidemment intérêt à ce que ses clients puissent profiter des équipements publics.

Si donc la contribution n'a pas de nature fiscale, il faut prendre garde que certaines impositions reçoivent cette appellation. C'est le cas des *contributions indirectes*, encore appelées *accises*, impôts qui portent notamment sur les alcools. Sous la Révolution, on a préféré écarter le terme d'impôt, qui traduit l'idée de contraindre, au profit de celui de contribution, pour faire entendre que désormais le citoyen-*contribuable* était « invité » à participer au financement des dépenses publiques. De manière générale, il faut se méfier des noms que les textes officiels donnent aux prélèvements publics car, souvent, ils sont juridiquement inexacts. Ainsi la taxe sur la valeur ajoutée (TVA) ne reçoit pas d'affectation particulière, il s'agit donc d'un impôt. De même, certaines impositions sont appelées des redevances, prélèvements dénués de nature fiscale. C'est par exemple le cas de la redevance audiovisuelle [1], dont le but est de financer les chaînes publiques de radio et de télévision, alors qu'en réalité il s'agit d'une taxe.

3. La redevance

Également appelée rémunération pour service rendu, la redevance est la somme versée par l'usager d'un service public (par exemple une crèche communale), ou d'un ouvrage public (comme un pont à péage), et qui trouve sa contrepartie directe dans les prestations du

1. Depuis 2010, sa dénomination a changé ; elle s'appelle désormais « contribution à l'audiovisuel public ». Cela reste néanmoins une taxe.

service ou l'utilisation de l'ouvrage. Ce prélèvement n'est pas obligatoire en ce sens que l'usager ne doit le payer que s'il laisse son enfant à la crèche, ou s'il emprunte le pont. À la différence de la contribution, son montant est fixé par la seule administration, sans donc qu'il soit possible de le négocier. Mais, dans ce calcul, l'autorité administrative est tenue au respect du *principe d'équivalence financière* : le montant de la redevance doit être proportionné au coût du service rendu. C'est ce qui la distingue de la taxe.

Ainsi, s'agissant du service d'évacuation des déchets, les communes peuvent choisir de prélever soit la taxe, soit la redevance d'enlèvement des ordures ménagères. Dans cette seconde hypothèse, le prélèvement doit être calculé en fonction du nombre de personnes composant le foyer desservi et du volume des déchets enlevés.

Bien qu'elle serve à financer des activités ou équipements d'intérêt général, la redevance ne saurait être une imposition puisqu'elle n'est pas obligatoire. De plus, elle présente une contrepartie strictement déterminée, dès lors que son montant est calculé à proportion du coût de l'avantage reçu.

On voit ainsi que la puissance publique a quasiment épuisé les moyens de se procurer des ressources. Car la redevance n'est pas très éloignée du prix : le prix du droit privé, celui du secteur marchand. Quels sont les éléments qui opposent la redevance au prix ? La première reçoit une affectation précise : elle est perçue pour financer un service ou un ouvrage public. À l'inverse, le prix forme la contrepartie de toutes sortes de biens ou services. En raison du principe d'équivalence financière, la redevance ne permet normalement pas de réaliser des bénéfices. Au contraire, le prix contient une marge bénéficiaire, celle permettant à un commerçant, par exemple, de se rémunérer sur la vente des marchandises.

	Le prélèvement est-il obligatoire ?	*Le prélèvement présente-t-il une contrepartie ?*
Impôt	Oui	Non
Taxe	Oui	Oui
Cotisations sociales	Oui	Oui
Contribution	Oui dans son principe, non dans son montant	Oui
Redevance	Non	Oui, strictement déterminée

S'il importe de pouvoir identifier les prélèvements non fiscaux, le critère du droit fiscal réside dans les notions d'impôt et de taxe. Il regroupe les règles juridiques relatives aux impositions, qui seront désormais les seules à retenir notre attention. Après avoir dégagé la notion d'impôt, il convient de découvrir les différentes sortes d'impositions, sous la forme de classifications.

Section II
Les classifications de l'impôt

Il faut connaître les petites classifications (sous-section 1) de l'impôt, mais les grandes (sous-section 2) méritent un examen plus approfondi.

Sous-section 1
Les petites classifications

On distingue tout d'abord l'impôt de *répartition* de l'impôt de *quotité*. Avant de percevoir le premier, la puissance publique détermine le montant total du produit qu'elle en attend. Ensuite, ce *contingent* est réparti entre les contribuables. L'impôt de répartition a l'avantage de donner à l'État une connaissance préalable des sommes dont il pourra disposer. Mais, dans l'histoire fiscale, il a souvent été source d'erreurs – donc d'injustices – lors de la détermination des montants dus par les contribuables. C'est pourquoi cette technique a pratiquement été abandonnée. On préfère aujourd'hui recourir à l'impôt de quotité (mot synonyme de quote-part), dont le mécanisme est inverse. En effet, son produit n'est pas fixé à l'avance. L'État se contente d'arrêter un ou plusieurs taux et ensuite mesure le rendement de l'imposition.

La seconde petite classification oppose l'impôt *ad valorem* à l'impôt *spécifique*. L'impôt *ad valorem* porte sur une valeur. Par exemple, la TVA prend pour base le prix d'un bien acheté par le consommateur : le montant de l'imposition est calculé à partir de cette valeur. L'impôt spécifique atteint une quantité de biens, et son tarif change selon la nature [1] des produits taxés. C'est le cas particulièrement de certaines contributions indirectes (ou accises) pour lesquelles, à titre d'exemple, la loi détermine une somme due pour chaque hectolitre de vin produit, une autre s'agissant de la même mesure de rhum, une troisième pour les liqueurs, etc. Plus le degré d'alcool est élevé, et donc la boisson nuisible à la santé, plus l'impôt est lourd. Cette technique quantitative n'est plus utilisée aujourd'hui que de manière accessoire. En effet, elle n'est guère commode ni équitable. Ainsi, il est injuste de payer le même montant d'impôt sur un volume identique de vin de Bourgogne et de vin de Bordeaux, car le premier est nécessairement meilleur donc plus cher que le second... Redevenons sérieux : on trouve plus pratique et légitime, de nos jours, d'imposer une valeur plutôt qu'une quantité.

---

1. Selon l'espèce (du latin *species*) d'où le mot de « spécifique ».

Les grandes classifications de l'impôt présentent des enjeux bien plus élevés.

Sous-section 2
LES GRANDES CLASSIFICATIONS

On distingue les impôts directs des impôts indirects (A), les impôts réels des impôts personnels (B), enfin les impôts proportionnels des impôts progressifs (C).

A. Impôts directs et indirects

Les premiers atteignent directement la richesse, en elle-même, en tant qu'elle est possédée par le contribuable. Ainsi les gains encaissés durant une année sont taxés à l'impôt sur le revenu (IR). De même, le patrimoine, dès lors qu'il dépasse un certain montant, donne lieu au paiement de l'ISF (impôt de solidarité sur la fortune). À l'inverse, l'impôt indirect ne frappe pas la richesse en elle-même, il ne l'atteint que lors de son emploi : la TVA n'intervient que lorsque l'argent est utilisé pour consommer. La forme de richesse soumise aux impôts directs et indirects est donc différente. Dans un cas, elle est statique, acquise, stable. Dans l'autre elle est dynamique, volontaire et occasionnelle. On dit que l'impôt direct évoque les verbes être et avoir, là où l'impôt indirect induit le verbe faire. Le premier est face à une situation, laquelle traduit une richesse, possédée et permanente. Le second suppose l'accomplissement d'un fait révélateur de richesse, laquelle est certes employée et intermittente, mais si une personne consomme beaucoup c'est qu'elle a de l'argent.

À raison de cette différence, on applique des règles distinctes pour procéder à la collecte de l'impôt, selon qu'il est direct ou indirect. L'IR et l'ISF sont payés directement par celui qui a encaissé les revenus ou qui dispose d'un patrimoine important. La TVA est perçue lors d'un acte de consommation : l'achat d'un bien chez un commerçant se fait moyennant le paiement d'un prix auquel est ajouté le montant de l'impôt. Même si le consommateur supporte effectivement le coût de la TVA, celle-ci est versée à l'État par le commerçant. Le paiement se fait donc indirectement.

Si la distinction entre impôts directs et indirects est importante, elle n'est cependant pas totalement satisfaisante. Ainsi les droits de succession sont qualifiés d'impositions indirectes puisqu'ils sont causés par un fait : la mort d'une personne conduit automatiquement au transfert de son patrimoine à ses héritiers. Pourtant la richesse alors imposable est acquise et stable [1].

Aux impôts directs et indirects on associe les impositions personnelles et réelles.

B. Impôts réels et personnels

Le mot réel est issu du latin *res* : la chose. L'impôt réel est celui qui ne considère que le bien, la chose imposable. Par exemple, la TVA est calculée à partir du prix d'un bien acheté par un consommateur, quelles que soient les *facultés contributives* de celui-ci, autrement dit sa capacité économique à payer peu ou beaucoup d'impôts. À l'inverse, l'impôt personnel prend en considération la personne du contribuable. Ainsi l'IR tient non seulement compte des revenus encaissés par les membres d'une même famille, mais également du nombre d'enfants qui sont à sa charge. Car l'entretien des bambins accroît les dépenses du foyer. De la sorte,

1. E. Allix, *Traité élémentaire de science des finances et de législation financière française*, 5e éd., Rousseau, 1927, p. 413.

à revenu égal, une famille nombreuse aura moins d'impôt sur le revenu à payer qu'un couple sans enfant.

Les impôts réels et personnels présentent des qualités et des défauts inversés. L'impôt réel est très rentable. La TVA atteint tous les consommateurs pour tous les achats qu'ils réalisent. En France, elle représente la moitié des rentrées fiscales de l'État. Cependant, elle est injuste puisqu'elle ne tient pas compte des facultés contributives. Le riche et le pauvre payent le même montant d'impôt sur l'achat d'un même bien. La TVA est d'autant plus déloyale qu'elle est indolore : trop souvent, le consommateur oublie qu'un impôt vient majorer le prix qu'il paye. C'est ce qu'on appelle *l'anesthésie fiscale* : le paiement de l'impôt n'est pas douloureux. À l'inverse, l'IR est beaucoup plus équitable que la TVA, mais rédiger un chèque à l'ordre du Trésor public (la caisse de l'État) est fréquemment vécu comme une souffrance. Si l'impôt personnel est plus juste, il est nettement moins rentable, car il sollicite un nombre beaucoup plus restreint de contribuables. La moitié des ménages en France ne paie pas l'IR. Non qu'ils soient pauvres, mais leurs revenus sont considérés comme insuffisants pour donner lieu au paiement de l'impôt.

En règle générale, un impôt réel est également indirect, tandis qu'un impôt personnel est direct. De la même façon, le premier est en principe proportionnel, tandis que le second peut être progressif.

C. Impôts proportionnels et progressifs

L'impôt proportionnel (1) n'est pas assez juste, l'impôt progressif (2) peut l'être trop, en devenant confiscatoire. Leurs défauts respectifs, en conséquence, ont été corrigés (3).

1. L'impôt proportionnel

L'impôt proportionnel est celui qui n'applique qu'un seul taux pour atteindre une richesse. De la sorte, son montant est nécessairement proportionnel à celui de la valeur imposée. C'est le système de la TVA, dont le taux normal, en France, est de 19,6 %. Soit, par exemple, un consommateur qui achète un stylo à 5 € et un autre qui fait l'acquisition d'une voiture pour 15 000 €. Tous les deux vont payer un montant différent de TVA, mais qui sera toujours égal à 19,6 % de 5 et de 15 000.

Dans la première moitié du XIXe siècle, l'impôt proportionnel était considéré comme le plus juste, notamment pour l'imposition des revenus. On trouvait équitable que chacun s'acquitte à proportion de ses facultés contributives : « Celui qui n'a rien ne paye rien, celui qui a peu paye peu, celui qui a beaucoup paye beaucoup [1]. » Pourtant, ce système ne permet pas à tous les contribuables de réaliser le même sacrifice représenté par l'impôt. En effet, il est plus pénible pour un pauvre que pour un riche de se priver d'une part proportionnelle de ses revenus. Car l'impôt retire au pauvre le nécessaire, tandis qu'il n'enlève au riche que le superflu. Le premier a besoin de tous ses revenus pour (sur)vivre, ce qui n'est pas le cas du second.

S'agissant d'un impôt sur la consommation comme la TVA, la proportionnalité se révèle encore plus injuste. Certes, on peut croire que plus une personne est riche plus elle consomme, donc plus elle paye de TVA. Non seulement ce n'est pas toujours le cas (nombreux sont les avares parmi les riches...), mais surtout l'impôt sur la dépense est beaucoup plus lourd à supporter pour le pauvre que pour le riche. Tous les deux doivent au moins acheter des produits de première nécessité,

1. R. Stourm, *Systèmes généraux d'impôts*, 2e éd., Guillaumin, 1905, p. 269.

comme la nourriture. Mais si l'un est dix fois plus riche que l'autre, il ne va pas pour autant acheter dix fois plus de pain, de lait, de sucre, etc. [1]. Là encore, le sacrifice fiscal n'est pas le même : le coût de la TVA est plus pénible pour le pauvre car, de son point de vue, l'impôt ne porte pas sur une « richesse », mais sur des besoins [2] élémentaires. On peut même dire que l'imposition est inversement proportionnelle, car plus le contribuable est pauvre, plus le sacrifice fiscal est, pour lui, douloureux.

Le souci d'une plus grande égalité devant l'impôt a conduit à l'idée de la progressivité.

2. L'impôt progressif

L'impôt progressif ne retient pas un seul taux, mais plusieurs, qui augmentent en fonction de l'étendue de la richesse imposable. Ainsi, pour l'impôt sur le revenu moderne, plus les gains sont importants, plus ils se voient appliquer des taux élevés. Surtout, l'augmentation des taux est plus que proportionnelle à celle des revenus. Dans l'impôt proportionnel, celui qui gagne 100 de revenus paie 10, celui qui gagne 200 paie 20, celui qui gagne 300 paie 30. Dans l'impôt progressif, le contribuable qui a 100 de revenus continue de payer 10, mais celui qui a 200 paie, par exemple, 30 et celui qui a 300 paie 40. De cette façon, la progressivité permet de demander aux plus riches un sacrifice plus grand, car plus que proportionnel. De surcroît, en France, le seuil d'imposition à l'IR est placé assez haut, ce qui explique que la moitié des ménages n'est pas imposable. Ainsi le contribuable qui n'a rien ou peu ne paie rien, celui qui a beaucoup paie vraiment beaucoup.

---

1. J. Laferrière, M. Waline, *Traité élémentaire de science et de législation financières*, LGDJ, 1952, p. 271.
2. L. Trotabas, *Précis de science et technique fiscales*, 2e éd., Dalloz, 1960, n° 60.

La progressivité paraît d'autant plus légitime que les profits tirés de l'opulence sont eux-mêmes plus que proportionnels. En effet, plus on est riche, plus il est facile de le devenir davantage. Par exemple, en misant toujours plus d'argent dans des placements financiers, pour récolter ainsi toujours plus d'intérêts, qui seront placés à leur tour.

Mais le risque que présente l'impôt progressif est de décourager le travail. En effet, celui qui dispose de hauts revenus n'est pas conduit à travailler davantage pour gagner plus, car il sait qu'une part toujours plus grande de ses gains sera avalée par l'imposition. L'histoire montre l'exemple d'États qui, par démagogie, ont rendu l'impôt progressif confiscatoire. Or, lorsqu'une imposition est trop élevée, elle épuise la richesse ou la fait fuir. On a donc corrigé la progressivité pour qu'elle ne conduise pas à la spoliation, de même qu'on a réduit l'injustice représentée par l'impôt proportionnel.

3. La correction des impôts proportionnels et progressifs

En France, on a choisi de réduire la progressivité de l'IR par le système des tranches. Le revenu imposable est découpé en tranches et à chacune de celles-ci est associé un taux différent. Prenons l'exemple (simplifié) d'un contribuable qui a disposé de gros revenus, dont le total est égal à 100. Sur la première tranche, de 0 à 10, le taux est de zéro ; car ces 10 représentent un minimum vital, dont on ne veut pas priver le ménage. Sur la deuxième tranche, de 10 à 20, on applique un taux de 5 % ; sur la troisième, de 20 à 30, un taux de 15 % ; sur la quatrième et dernière, au-delà de 30, un taux de 30 %. C'est seulement sur la tranche la plus élevée (100 – 30 = 70) que le taux maximum trouve à s'appliquer, et non sur l'ensemble des revenus (100). On remarquera que pour la tranche la plus haute l'impôt devient proportionnel, car s'il continuait d'être progressif il deviendrait confiscatoire.

Ce système n'est pas toujours bien compris des contribuables. En effet, certains sont convaincus que s'ils perçoivent davantage de revenus, ils vont « sauter » une tranche : c'est-à-dire qu'ils deviendraient imposables sur le tout à la tranche supérieure. En réalité, seul le surplus gagné relèvera du taux immédiatement plus élevé. Soit un contribuable qui a perçu 20 de revenus au titre d'une année, puis 25 lors de la suivante ; pour la première année, il relève entièrement du taux de 5 % ; s'agissant de la seconde, le taux de 15 % ne s'applique que sur le surplus gagné (5), le reste de l'imposition demeure inchangé.

De même, on a atténué l'injustice représentée par la TVA, impôt proportionnel. Si la taxe sur la valeur ajoutée ne retient, pour chaque opération imposable, qu'un seul taux, celui-ci change selon la nature du bien acheté. En effet, à côté du taux normal de 19,6 %, il existe des taux réduits qu'on applique notamment sur les biens de première nécessité, comme les aliments. Ainsi on soulage le pauvre en minimisant le coût des produits que tout le monde doit acheter, ne serait-ce que pour survivre. Il est vrai cependant que les riches en profitent aussi car, pour eux également, le coût de la nourriture est rendu moins élevé.

La coexistence des impôts progressifs et proportionnels, dans un même État, montre la complémentarité des deux types de prélèvements. L'impôt proportionnel, comme la TVA, est lourd à supporter pour les contribuables qui échappent à l'impôt progressif sur le revenu, faute de ressources suffisantes. Mais l'injustice ainsi causée est compensée par l'IR, qui atteint durement les plus riches. Cependant, ceux-ci ne sont pas suffisamment nombreux pour que l'imposition soit vraiment rentable. C'est encore plus vrai s'agissant de l'ISF

(v. *infra* p. 157). Les énormes besoins budgétaires des États modernes les contraignent donc à percevoir également des impôts réels et proportionnels, aussi injustes que productifs.

Parce qu'il existe diverses sortes d'impositions, celles-ci répondent à un fonctionnement différent. C'est pourquoi on parle des mécanismes généraux de l'impôt, car il y en a plusieurs.

Section III
LES MÉCANISMES GÉNÉRAUX DE L'IMPÔT

La perception d'un impôt nécessite la réalisation de trois opérations successives : déterminer son assiette (sous-section 1), procéder à sa liquidation (sous-section 2), et assurer son recouvrement (sous-section 3). L'assiette de l'impôt consiste à asseoir celui-ci sur une base. La base imposable, ou base d'imposition, suppose elle-même d'identifier la matière imposable, autrement dit le bien sur lequel l'imposition va porter. La valeur ou la quantité de ce bien constitue la base. Par exemple, un consommateur achète une voiture Citroën C3 à 15 000 €, opération soumise à la TVA. La matière imposable est formée par la voiture, la base imposable par son prix. La liquidation de l'impôt n'est autre que le calcul de son montant. La vente de la C3 relève du taux normal de la TVA. L'acheteur, en plus du prix, doit payer : 15 000 x 19,6 % = 2 940 €. Le recouvrement de l'impôt est relatif à son paiement. S'il revient au garagiste de reverser la TVA à l'État, l'imposition est en réalité supportée par le consommateur.

Sous-section 1
L'ASSIETTE DE L'IMPÔT

Selon une définition classique de l'assiette, il s'agit de l'opération par laquelle on identifie et on évalue la matière imposable. En réalité, cela répond à des difficultés plus larges. Tout d'abord définir les conditions d'imposition (A) : à quelles conditions un impôt prend-il naissance ? Ensuite évaluer la matière imposable (B), autrement dit déterminer le montant de la base.

A. Les conditions d'imposition

On prendra tout d'abord un exemple (1), fantaisiste, avec la création d'un impôt sur les chiens, de manière à illustrer les difficultés posées par les questions d'assiette. On verra ensuite comment on détermine la matière et la personne imposables (2). Enfin, on étudiera la notion de fait générateur de l'impôt (3), qui participe également à la définition de l'assiette.

1. Exemple imaginaire d'un impôt sur les chiens

Imaginons que le Parlement décide la création d'un impôt sur les chiens, à raison des frais de nettoyage que ceux-ci causent dans les villes [1]. Pour asseoir cet impôt, le législateur devra résoudre toute une série de difficultés. Tout d'abord quelle est la matière imposable ? Pour remonter à la source, il s'agit du chien. On ne saurait cependant placer un agent des impôts derrière chaque animal pour noter le nombre de fois où il se répand sur la chaussée. La solution la plus commode

1. À Paris, les chiens produisent chaque jour 16 tonnes de déjections.

est de contraindre tout propriétaire de chien à déclarer celui-ci. Qui va payer l'impôt ? Un animal n'est pas un sujet de droit, pas une personne au sens juridique. Le contribuable est donc nécessairement le maître du chien. Où l'impôt devra-t-il être réclamé ? Pas à la campagne, où les chiens ne sont pas nuisibles, mais seulement dans les agglomérations. Quand faudra-t-il payer l'impôt : chaque mois, chaque trimestre, chaque année ? Asseoir une imposition suppose de répondre à toutes ces questions : quoi taxer, qui taxer, à quel moment et où ? Aux interrogations « quoi » et « qui » on répond en déterminant la matière et la personne imposables. Le fait générateur de l'impôt, lui, résout les questions « quand et où imposer ? »

2. La matière et la personne imposables

Quoi taxer ? La première opération d'assiette consiste à rechercher la matière imposable. L'impôt est un prélèvement sur la richesse, or celle-ci se présente sous trois formes : le capital, le revenu et la dépense. Le capital représente une richesse acquise et stable. Par exemple, une maison, dont la propriété est détenue par un contribuable, constitue une partie du capital, du patrimoine, de celui-ci. Le revenu est en principe (v. *infra* p. 109) issu d'une source de richesse, formée par un capital ou une activité. Ainsi une maison donnée en location produit des loyers. Une activité professionnelle génère également des revenus. La dépense ne traduit pas une richesse en elle-même, telle qu'elle existe sous la forme d'un capital ou d'un revenu – elle ne la révèle que lors de son utilisation : celui qui consomme utilise ses ressources. Il existe des impôts portant sur les trois formes de matière imposable : en frappant le capital, ils atteignent la possession de la richesse ; en visant le revenu, son acquisition ; par la dépense, son utilisation.

Il s'agit par exemple et respectivement de l'ISF, de l'IR et de la TVA.

On notera cependant la relativité de la distinction entre ces trois sortes d'impositions. Car, en réalité, elles peuvent toutes atteindre la même richesse. Ainsi une maison donnée en location est soumise à l'impôt sur le capital et ses loyers à celui sur le revenu. Si par ailleurs le propriétaire décide d'entreprendre des travaux dans l'immeuble, il devra payer de la TVA. Or s'il a employé, pour financer ces dépenses, les revenus issus de l'immeuble, ceux-ci ont déjà été soumis à l'IR. On voit donc que le contribuable est atteint, pour le même bien, par des impôts différents.

Qui taxer ? Qui est le contribuable ? Le terme *contribuable* est évidemment lié à celui de contribution, qui fut préféré par la Révolution au concept d'impôt (v. *supra* p. 24) ; il s'utilise principalement pour les impôts directs. S'agissant des impositions indirectes, on parle plutôt de *redevable*. Ainsi la TVA fait la différence entre le redevable réel et le redevable légal. Le premier est celui qui supporte réellement, effectivement, la charge fiscale, ce qu'on appelle l'*incidence* de l'impôt (v. *infra* p. 342) ; il s'agit du consommateur. Le redevable légal est lui constitué par le professionnel, par exemple un commerçant, qui a l'obligation juridique de reverser la TVA au Trésor. La langue anglaise fait ainsi la différence entre le *taxpayer* (redevable légal) et le *tax bearer* (redevable réel – *to bear* : porter, supporter). Toujours en matière de TVA, on distingue le redevable légal de l'*assujetti*. Le second est normalement « sujet » à l'impôt, soumis à celui-ci, mais il se peut qu'il n'ait pas à le payer. Par exemple, les médecins entrent dans le champ d'application de la TVA, ils devraient l'acquitter en tant que redevables légaux ; cependant, leurs prestations bénéficient d'une exonération, de manière à rendre les soins moins chers pour les patients. Au total, le *contribuable* est celui que la loi désigne pour verser l'impôt au Trésor, même s'il n'en supporte pas toujours la charge, soit pour la répercuter sur d'autres, soit parce qu'il est exonéré.

Déterminer la matière et la personne imposables ne suffit pas pour asseoir l'impôt. Il faut également savoir, grâce au fait générateur, quand et où taxer.

3. Le fait générateur de l'impôt

Quand taxer ? À quel moment l'impôt survient-il ? Cet instant est déterminé par le fait générateur, qui provoque la naissance de la dette fiscale. Par exemple, s'agissant d'une vente, le fait générateur de la TVA est constitué par la livraison du bien : c'est au jour où le vendeur remet la chose cédée à l'acheteur que le premier devient débiteur de la TVA envers le Trésor. Le fait générateur permet de déterminer l'application de la loi fiscale dans le temps. Il marque la date à compter de laquelle un changement législatif s'applique à une situation donnée. Prenons un exemple fantaisiste. Imaginons que le Parlement décide qu'à compter du 1er janvier de l'année N, les ventes de voitures de luxe ne seront plus soumises au taux normal de la TVA, soit 19,6 %, mais à un taux majoré de 33 %. Un consommateur passe commande d'une Ferrari le 1er décembre N-1, il est prévu que le bolide lui sera livré le 15 janvier de l'année N. Dès lors que le jour du fait générateur (15/1/N) est postérieur à la date d'entrée en vigueur de la loi (1/1/N), celle-ci sera effectivement applicable : la vente subira le taux majoré. Mais si l'acheteur, riche et avisé, insiste pour que la livraison ait lieu au plus tard le 31 décembre N-1, le fait générateur étant intervenu avant la date d'entrée en vigueur de la loi, le taux normal restera applicable. Que les amateurs de sensations automobiles se rassurent, cet exemple est purement imaginaire.

Pour les impôts indirects comme la TVA, le fait générateur suppose réellement une action : c'est en faisant quelque chose que l'on provoque la naissance de l'impôt, ainsi en livrant un bien vendu. S'agissant des impôts directs, le fait générateur est davantage une situation, un état statique plutôt que dynamique. Ainsi, les impôts locaux retiennent la situation du contribuable au 1er janvier de l'année d'imposition : si, par exemple, une personne occupe un logement à cette date, elle est redevable de la taxe d'habitation. Le même principe est retenu pour l'ISF : l'impôt est dû si, au 1er janvier d'une année, la fortune du contribuable dépasse le seuil d'imposition. On notera que le fait générateur marque donc le jour où la matière imposable doit être évaluée.

L'impôt sur le revenu, quant à lui, considère la situation du contribuable tout au long de l'année d'imposition. En effet, pour déterminer la base imposable, on totalise tous les gains perçus pendant un an. Une loi sera applicable à l'impôt de cette année dès lors qu'elle est entrée en vigueur au plus tard le 31 décembre (v. *infra* p. 209).

Où taxer ? Le fait générateur sert également à déterminer l'application de la loi fiscale dans l'espace. Pour les impôts indirects, le plus souvent, le fait générateur doit se dérouler sur le territoire d'un État pour que celui-ci puisse encaisser l'impôt. Soit, par exemple, un habitant de la ville de Nice qui achète des chaussures en Italie : la TVA reviendra à l'État italien dès lors que la livraison est intervenue sur son territoire. Les impôts directs retiennent une situation, un état pérenne, durable. Ainsi sont redevables de l'IR français toutes les personnes qui résident en France, même si elles disposent de revenus provenant de l'étranger. Or, en règle générale, on ne peut qualifier une résidence que si la présence du contribuable sur le territoire national est suffisamment longue.

Une fois les conditions d'imposition connues, on peut évaluer la matière imposable.

B. L'évaluation de la matière imposable

Cette évaluation permet de déterminer la base d'imposition, soit la valeur ou la quantité à partir de laquelle on calcule l'impôt. On peut à cette fin utiliser plusieurs méthodes : indiciaire (1), forfaitaire (2) ou réelle (3).

1. La méthode indiciaire

Cette technique a connu son heure de gloire au XIXe siècle, avec la contribution des portes et fenêtres *(a)*. Elle est bien plus rare aujourd'hui. Ainsi, la taxation d'après les éléments du train de vie fait figure d'antiquité *(b)*.

a) La contribution des portes et fenêtres

La méthode indiciaire consiste à évaluer la matière imposable d'après des indices, des signes extérieurs. L'idée qui la guide consiste à supposer qu'il existe nécessairement une relation entre ces indices et la richesse du contribuable. L'exemple le plus célèbre est constitué par la contribution des portes et fenêtres, impôt créé par la Révolution, qui retenait une loi des probabilités : plus une maison a d'ouvertures, plus elle est grande, donc plus son propriétaire est riche. Malheureusement, certains contribuables faisaient boucher des portes ou fenêtres pour alléger leur dette fiscale. Rarement, dans l'histoire de l'impôt, un prélèvement a fait l'objet de moqueries aussi vives. On prétendait ainsi que sa base était constituée par l'air et la lumière, dont se privaient ceux qui avaient fait obstruer des ouvertures. Qu'il était néfaste à la santé publique pour contraindre à vivre dans des maisons qui n'étaient pas aérées ni éclairées. À force de critiques et de railleries, on finit par supprimer cet impôt, en 1925.

La méthode indiciaire a le mérite d'être simple, ce qui est une grande vertu fiscale. Ainsi, pour calculer la contribution des portes et fenêtres, il suffisait de compter le nombre des ouvertures d'une maison. De plus, cette technique réduit considérablement le risque de fraude et celui des abus de l'administration, dont la marge d'appréciation, pour asseoir l'impôt, est très faible. Surtout, elle protège la liberté et la vie privée du contribuable. En effet, on ne cherche pas à connaître sa richesse réelle, puisqu'on se contente de supposer celle-ci, à partir de la présence d'indices. Le citoyen ne risque donc pas de faire l'objet d'un contrôle fiscal, qui aurait pour fin de s'assurer qu'il a été imposé sur toute l'étendue de sa richesse, dès lors que celle-ci n'est que présumée. De ce point de vue, la contribution des portes et fenêtres était très symbolique, car elle ne nécessitait pas d'entrer dans la maison du contribuable, donc de troubler son intimité.

Cependant, la méthode indiciaire n'est pas sûre, précisément parce qu'elle ne tient pas compte de la richesse réelle. Ainsi, on connaît quelques vieilles familles qui habitent d'immenses châteaux tout en tirant le diable par la queue. Parce qu'elle est de nature à causer des injustices, cette technique n'est aujourd'hui que très rarement utilisée.

b) La taxation d'après les éléments du train de vie

La méthode indiciaire, de nos jours, sert essentiellement à contrôler et sanctionner la sincérité des déclarations déposées par les contribuables. L'exemple le plus notable est celui de la taxation d'après les éléments du train de vie, procédure prévue à l'article 168 du Code général des impôts (CGI), pour asseoir l'impôt sur le revenu. L'hypothèse est la suivante : un contribuable déclare des gains nettement inférieurs à ceux que laisse supposer son train de vie. Sa déclaration, réputée mensongère, est écartée et ses revenus sont reconstitués à partir de certains éléments de sa fortune, indices des rétributions réellement perçues. La loi fixe ainsi un montant minimal de revenus, nécessaires à l'entretien d'un bateau de plaisance, d'un avion de tourisme, d'un cheval de course, etc. Cette procédure est très rarement mise en œuvre car elle peut se montrer dangereuse. Par exemple, un cadre supérieur est licencié mais, confiant dans l'idée de retrouver du travail, il conserve les éléments de son train de vie. Or il est certain qu'après le licenciement, il existera un écart entre sa fortune et ses revenus, nécessairement en baisse. Si l'article 168 était utilisé contre lui, il aurait à prouver que les gains perçus sont inférieurs à ceux que suppose son train de vie. Cette technique constitue une méthode assez brutale de répression de la fraude, qui souffre d'un archaïsme certain. D'ailleurs, le texte de l'article 168 lui-même parle, à tort, d'évaluation « forfaitaire » minimale du revenu, car le mot « indiciaire » renverrait à un autre âge. Pourtant, la méthode qu'il emploie n'est pas celle du forfait.

2. La méthode forfaitaire

Elle se contente également de suppositions. Cependant, il ne s'agit plus de se référer à des signes extérieurs de richesse. La matière imposable est évaluée directement, sans néanmoins rechercher la stricte réalité : on fixe une base imposable qui se veut proche de la richesse réelle. En effet, la loi détermine par avance le montant de cette base, qui n'est donc qu'approximative. La technique du forfait est, en conséquence, un peu moins inexacte que celle retenant des indices.

Elle est utilisée en France principalement pour déterminer le bénéfice des petites entreprises, dont les profits sont soumis à l'impôt sur le revenu (IR). En principe, toutes les entreprises devraient tenir une comptabilité, grâce à laquelle on peut calculer le bénéfice réalisé. Cependant, tout le monde n'est pas censé disposer de connaissances comptables. Certes, il est possible de recourir aux services d'un expert-comptable, mais le coût qu'il représente serait trop élevé pour les petites structures. On a donc conçu un système d'imposition qui réduit considérablement les obligations des entrepreneurs dont le chiffre d'affaires est faible, dont les ventes sont peu élevées. Ce régime est celui de la *micro-entreprise*, micro signifiant petit. Les contribuables qui en relèvent doivent déclarer les ventes réellement faites. C'est pour l'évaluation des charges que la méthode employée est forfaitaire. En effet, la loi détermine un abattement qui est censé représenter les charges supportées par l'entreprise. Le bénéfice est égal au montant du chiffre d'affaires réduit par l'abattement.

Par exemple, M. Ricoret est un épicier de quartier, dont le volume des ventes est faible ; il relève donc du régime de la micro-entreprise. Son bénéfice imposable à l'IR est égal au montant de ses ventes diminué d'un abattement de 71 %. Son voisin, M. Letondu, est un coiffeur, tout aussi modeste. Il ne bénéficie que d'un abattement de 50 %, car il s'agit d'un prestataire de services : il coiffe ses clients. Cette activité suppose des charges moins élevées que celle d'un commerçant proprement dit, qui doit acheter des marchandises pour les revendre. Enfin, le régime micro est également prévu pour les professions libérales – toujours si le chiffre d'affaires est peu élevé – à raison d'un abattement de 34 %. Car un avocat, par exemple, est censé supporter des charges moindres qu'un coiffeur ou un épicier.

La méthode forfaitaire a le tort de ne pas suffisamment respecter l'égalité devant l'impôt. Ainsi une micro-entreprise qui a exposé moins de charges qu'une autre réalise – à chiffre d'affaires égal – le même bénéfice. Mais le système du forfait a le mérite de simplifier les obligations qui pèsent sur le contribuable. De même, il limite les risques encourus par ce dernier. Une micro-entreprise n'est pas à l'abri d'un contrôle fiscal, à l'occasion duquel l'administration pourra remettre en cause le bénéfice déclaré, si toutes les ventes n'ont pas été comptabilisées. Mais dès lors que le seuil du régime micro n'est pas dépassé, les charges ne peuvent être contestées. En règle générale, les évaluations forfaitaires sont avantageuses pour le contribuable. Elles représentent donc un manque à gagner aux dépens du Trésor. Mais la perte est limitée car, pour reprendre notre exemple, les bénéfices des petites entreprises sont faibles. Cependant, le régime micro est pénalisant pour le contribuable dont les charges réelles dépassent l'abattement fixé par la loi. L'entrepreneur risque même de payer un impôt alors que son exploitation est déficitaire. C'est pourquoi il peut toujours opter pour le régime du bénéfice réel, qui le contraindra néanmoins à tenir une comptabilité complète.

3. La méthode réelle

La méthode réelle, au sens de réaliste, est la seule à rechercher la matière imposable exacte. C'est aujourd'hui, de très loin, la plus utilisée. On peut l'associer à deux techniques d'imposition : le système déclaratif *(a)* et l'évaluation administrative *(b)*.

a) Le système déclaratif

En raison de ses qualités et en dépit de ses défauts (I), le recours à la déclaration domine largement dans les systèmes fiscaux modernes (II).

I. Qualités et défauts

Il s'agit d'asseoir l'impôt à raison de la base déclarée par le contribuable. Par exemple, ce dernier souscrit une déclaration totalisant l'ensemble de ses revenus, base à partir de laquelle l'administration calcule l'IR. Tous les grands impôts modernes sont déclaratifs : TVA, IR, impôt sur les sociétés, CSG, etc. La méthode réelle associée au système déclaratif est la seule à pouvoir atteindre l'égalité devant l'impôt, puisque chacun est taxé à raison de sa richesse exacte et non présumée. Elle est aussi la plus pratique, car personne mieux que le contribuable ne connaît la réalité de ses revenus, de ses charges, ou de sa fortune. En indiquant les particularités de chacun, la déclaration permet de personnaliser l'impôt, donc de le rendre plus juste.

Mais cette technique présente un gros défaut : la fraude. Dès lors que l'on confie le travail d'assiette au contribuable, il est tentant, pour celui-ci, de déclarer une base inférieure à la réalité. Or la fraude ruine l'idée même d'égalité devant l'impôt, car l'individu malhonnête paye moins que celui qui déclare une base réelle. D'où la nécessité du contrôle fiscal ; d'ailleurs, le système déclaratif est également appelé celui de la *déclaration contrôlée*. Un contrôle efficace suppose nécessairement d'attenter à la liberté comme à la vie privée du contribuable. Par exemple, lorsque celui-ci fait l'objet d'un examen de situation fiscale personnelle (ESFP), investigation qui le contraint à s'expliquer sur ses ressources et ses dépenses d'ordre privé. De même, la liberté d'entreprendre est bien relative car, lors d'un contrôle fiscal, l'administration peut remettre en cause certains choix de gestion de l'entreprise. En effet, le fisc dispose d'une marge de manœuvre importante pour apprécier la situation du contribuable.

La déclaration ne présente de véritable efficacité que lorsqu'elle peut être recoupée par une autre. Ainsi tous les employeurs doivent, tous les ans, révéler les rémunérations qu'ils ont versées, ce qui permet de contrôler celles déclarées par les employés. Le patron a d'autant moins intérêt à fournir des chiffres inexacts que les salaires payés constituent des charges qui viennent diminuer son bénéfice imposable. Le système déclaratif s'est largement imposé dans les pays développés.

II. Le système dominant

En raison de leurs énormes besoins budgétaires, les États modernes ont créé des impositions générales, qui embrassent toute une catégorie de richesse. À l'inverse, et par exemple, il existait jadis un impôt sur les cartes à jouer, que l'on devait acquitter chaque fois que l'on achetait un jeu de cartes. Aujourd'hui, quelle que soit la nature du bien acquis, on paye un impôt général sur la consommation, la TVA. Or celle-ci est autrement plus rentable que des impôts spéciaux, portant seulement sur certains produits. Face à des impositions générales, on ne peut utiliser que le système déclaratif. Ainsi le fisc serait incapable de connaître toutes les dépenses faites par un consommateur. Il n'a d'autre solution que de recourir à la déclaration de l'assujetti, professionnel collecteur de TVA.

Si bien que de nos jours, le choix de la méthode d'évaluation de la matière imposable ne se pose plus. Sauf rares exceptions, un impôt se doit avant tout d'être rentable, donc général et, en conséquence, déclaratif. Les méthodes indiciaires et forfaitaires ne sont plus utilisées que de manière accessoire. L'article 168 du CGI sanctionne les fausses déclarations en se référant à des indices (v. *supra* p. 42-43). Le forfait n'est plus pratiqué que pour simplifier des évaluations présentant un faible enjeu budgétaire, comme les bénéfices des petites entreprises (v. *supra* p. 43-45). De plus, l'utilisation générale d'une méthode autre que réelle causerait une inégalité d'autant plus intolérable qu'aujourd'hui le sacrifice fiscal réclamé au contribuable est bien plus grand qu'autrefois.

Lorsqu'une déclaration n'est pas déposée, alors qu'elle devait l'être, l'évaluation de la matière imposable revient à l'administration.

b) L'évaluation administrative

Celui qui n'a pas souscrit sa déclaration s'expose à une *imposition d'office*, ce dernier terme signifiant que le fisc procède seul à l'assiette de l'impôt, en tenant compte des éléments dont il a connaissance. En effet, par principe, le contribuable ne pourra pas contester l'évaluation ainsi retenue, sauf à saisir le juge. De plus, il subira une sanction : l'imposition à laquelle il a voulu échapper lui est réclamée avec une majoration de 40 % (v. *infra* p. 295). La quasi-généralisation du système déclaratif conduit ainsi à une dérive inquiétante, celle de la répression. De plus en plus, l'administration se décharge de ses missions sur le contribuable, qui se voit confier les travaux d'assiette pour l'impôt sur le revenu, mais aussi de liquidation et de recouvrement en matière de TVA, puisque celle-ci est collectée par l'assujetti. Or comme l'impôt est vital pour la survie de l'État, il est impératif que le contribuable accomplisse sa tâche et qu'il la fasse bien ; d'où la nécessité de plus de contrôles et de sanctions.

Le contre-modèle de cette dérive est constitué par la fiscalité locale. En effet, par principe, les impôts locaux ne sont pas déclaratifs. Par exemple, un contribuable auquel le fisc ne réclame pas le paiement de la taxe d'habitation n'a rien à se reprocher. Car tout le travail d'assiette, liquidation et recouvrement est assuré par l'administration. Ainsi les impôts locaux ont tous, dans leur base, un même élément : la valeur des immeubles occupés par les contribuables ou dont ils détiennent la propriété. Il s'agit de la *valeur locative*, correspondant au loyer que le bien pourrait produire s'il était donné en location. Cette évaluation ne résulte pas d'une déclaration mais du seul travail de l'administration, qui compare les loyers généralement pratiqués pour un même immeuble, de manière à en déterminer la valeur locative. Les impôts locaux ont une origine ancienne (v. *infra* p. 161), qui explique le caractère vieilli de leur mode de collecte. Les impositions modernes sont déclaratives et peu onéreuses en termes de coûts administratifs, puisque l'impôt est assis, liquidé, voire recouvré par le contribuable.

L'assiette représente l'essentiel du travail à accomplir pour lever un impôt ; la liquidation et le recouvrement ne sont que l'application mécanique de la tâche ainsi réalisée.

Sous-section 2
La liquidation de l'impôt

Liquider un impôt consiste à en calculer le montant. Il convient pour cela d'appliquer sur la base imposable un *tarif*, qui regroupe l'ensemble des règles se rapportant au calcul de l'imposition. Ce tarif peut se réduire à un *taux*, correspondant au pourcentage représenté par le prélèvement. Ainsi la détermination de la TVA se fait en appliquant un taux sur la base. Mais s'agissant d'un impôt spécifique (v. *supra* p. 27), le tarif est constitué par une somme fixe, due pour une quantité donnée de matière imposable. Le taux est unique en présence d'un impôt proportionnel, il est multiple s'agissant d'un impôt progressif ; dans cette hypothèse, la pluralité des taux forme un *barème*. C'est par exemple le cas de l'impôt sur le revenu, dont le barème comporte des taux allant de 5,5 % à 41 % ; ce maximum constitue le *taux marginal*, car il est à la marge : c'est le plus éloigné.

Dès lors que l'IR forme également un impôt personnel, sa liquidation est bien plus complexe que celle d'un impôt réel comme la TVA, car il convient de prendre en compte la personne du contribuable. Des corrections s'opèrent tout d'abord sur la base. En effet, on en retire les charges qui diminuent les facultés contributives ; il s'agit de *déductions* ou *charges déductibles*. Par exemple, une personne divorcée doit verser une pension alimentaire pour l'entretien d'un enfant dont elle n'a pas la garde ; la pension constitue une charge qui est déduite de ses revenus. La base peut être également diminuée par des *abattements*, soit sous la forme d'un pourcentage [1], soit à raison d'une somme fixe. Ainsi, les charges supportées par les salariés pour l'exercice de leur profession sont évaluées de manière forfaitaire à 10 % des rémunérations perçues (v. *infra* p. 114). En matière de droits de succession, le patrimoine du défunt est réduit par un abattement de près de 160 000 € au profit de chacun de ses enfants ; de la sorte, le capital transmis n'est imposé qu'au-delà du montant cumulé des abattements (v. *infra* p. 153).

La base corrigée est soumise au barème de l'impôt. Le montant ainsi obtenu peut lui aussi faire l'objet de corrections, toujours pour tenir compte de la personne du contribuable. Par exemple, M. Untel est quelqu'un de généreux qui, chaque année, fait un don à la Croix-Rouge ; pour encourager sa générosité, la loi lui fait bénéficier d'une *réduction d'impôt*, égale à une partie du don réalisé. Le mécanisme est plus intéressant que celui des déductions et abattements, qui ne font que diminuer la base, car ici le montant de l'impôt lui-même se trouve réduit. Cependant, si le cumul des réductions d'impôt est supérieur à l'imposition due, la différence n'est pas restituée au contribuable. C'est pourquoi certaines incitations, dont l'État attend une particulière efficacité, prennent la forme non plus d'une réduction mais d'un *crédit d'impôt*. En effet, si le total des crédits d'impôt dont le contribuable peut bénéficier dépasse le

1. En principe, un abattement se présentant sous la forme d'un pourcentage constitue une *réfaction*. En réalité, les termes d'abattement et de réfaction sont largement synonymes.

montant de son imposition, le surplus lui est remboursé. Par exemple, afin de lutter contre le chômage, un contribuable qui emploie une personne, telle une garde d'enfant, à son domicile, bénéficie d'un crédit d'impôt égal à une partie des salaires et cotisations sociales payées (v. *infra* p. 133). Les réductions et crédits d'impôt sont appelés des *niches fiscales* [1], car elles constituent des abris permettant au contribuable d'échapper, en totalité ou en partie, à l'imposition. Une fois l'impôt ainsi calculé, il convient de le payer, ce qui relève du recouvrement.

Sous-section 3
LE RECOUVREMENT DE L'IMPÔT

On a vu (*supra* p. 28-29) que les impôts directs et indirects n'étaient pas payés de la même façon. Les premiers sont recouvrés par voie de *rôle* – il s'agissait autrefois d'un document enroulé – tandis que le contrôleur était chargé du *contre-rôle* : il avait pour mission de s'assurer de l'exactitude de l'acte. Le rôle est aujourd'hui une liste de contribuables débiteurs d'un impôt. C'est le cas par exemple de l'IR, dont l'administration calcule le montant à partir de la déclaration déposée. Ce travail de liquidation est consigné dans un *avis d'imposition*, ou rôle nominatif (pour être au nom du contribuable), qui n'est autre qu'un extrait du rôle général. L'avis est envoyé à l'intéressé pour l'informer du montant de sa dette.

Les impôts directs atteignent une situation, un état stable, au contraire des impôts indirects qui inter-

1. Cette expression tend à être utilisée pour désigner toutes les mesures jouant en faveur du contribuable, comme par exemple une exonération. La notion est alors si large qu'elle n'a plus aucun sens. À mon avis, les niches fiscales ne correspondent qu'aux réductions et crédits d'impôt.

viennent à l'occasion d'un fait occasionnel. C'est pourquoi on ne peut pas établir de rôle général des redevables d'impositions indirectes. En conséquence, celles-ci sont acquittées par voie de *paiement spontané* : il appartient au contribuable de déterminer la base imposable, de calculer l'impôt et de le payer de lui-même, sans recevoir au préalable de rôle nominatif. Ainsi un redevable de la TVA doit, chaque mois, adresser au fisc une déclaration dans laquelle il porte le montant de la base et celui de l'impôt, et à son envoi il joint un chèque en paiement de la TVA. C'est seulement dans l'hypothèse où il ne s'acquitte pas de lui-même de ses obligations que le fisc émet un rôle nominatif. Par exemple, un contrôle fiscal révèle qu'un commerçant a omis de déclarer la TVA sur une opération imposable. Dès lors que le redevable n'a pas payé cet impôt spontanément, l'administration confectionne un *avis de mise en recouvrement* (AMR), par lequel elle lui réclame l'imposition éludée, accompagnée de pénalités puisqu'il a manqué à son devoir de collecteur d'impôt. Le recouvrement par paiement spontané est évidemment le moins coûteux pour l'administration. C'est pourquoi de plus en plus d'impôts directs sont recouvrés non par voie de rôle mais spontanément, comme par exemple l'impôt sur les sociétés.

Les impositions qui suivent le système du paiement spontané sont appelées des *droits au comptant*. Car, comme l'expression en usage dans le commerce, on doit en principe les payer comptant, en une seule fois. Au contraire, les impôts recouvrés par voie de rôle forment des *droits constatés* : en procédant à leur liquidation, le fisc constate officiellement qu'une dette est due envers le Trésor. Mais comme on se trouve face à une situation, un état durable, il est possible de faire payer l'impôt en plusieurs fois. Ainsi l'IR est en principe acquitté par trois versements (v. *infra* p. 136). De la sorte, le contribuable peut étaler son paiement, tandis que le Trésor bénéficie de rentrées régulières.

La confection du rôle nominatif, avis d'imposition (impôt direct) ou AMR (impôt indirect), constitue la mise en recouvrement du prélèvement, c'est-à-dire la décision du fisc de réclamer le paiement de celui-ci. L'avis comporte une date limite de paiement, à défaut duquel l'administration peut engager des poursuites en vue du recouvrement forcé de l'impôt. L'une des procédures employées à cette fin se distingue par son efficacité. Il s'agit de l'*avis à tiers détenteur*, qui contraint un tiers détenant de l'argent appartenant au contribuable, par exemple son banquier, à bloquer ces fonds pour les verser au Trésor (v. *infra* p. 346-347). Bien entendu, tout paiement tardif conduit à l'application de pénalités.

Telles sont les bases du droit fiscal. Il convient d'y ajouter des éléments d'économie et de sociologie, qui permettent de mieux comprendre les règles de l'impôt.

Chapitre II

LES IMPLICATIONS ÉCONOMIQUES ET SOCIOLOGIQUES DE L'IMPÔT

La première fonction de l'impôt est financière, son but est de garnir les caisses publiques. De nos jours, on lui reconnaît également un rôle économique (section 1). Par ailleurs, ses conséquences sociologiques (section 2) doivent être soigneusement mesurées, de manière à garantir son efficacité.

Section I

LES IMPLICATIONS ÉCONOMIQUES DE L'IMPÔT

L'évolution, au cours de l'histoire, du rôle de l'impôt (sous-section 1) a conduit à en faire un instrument tant d'orientation des structures (sous-section 2) que de la conjoncture (sous-section 3) économiques. Les structures représentent les éléments stables de l'économie – non pas qu'elles soient immuables, mais elles n'évoluent que sur une longue période. Par exemple, en France, dans la seconde moitié du XXe siècle, l'émergence de la grande distribution a conduit à une forte concentration du commerce. À l'inverse, la conjoncture est mouvante, elle change sans arrêt ; ainsi la consommation peut croître ou se réduire rapidement.

Sous-section 1

L'ÉVOLUTION DU RÔLE DE L'IMPÔT

À l'impôt neutre (A), qui ne devait pas produire d'effets sur l'économie, a succédé une politique fiscale interventionniste (B), tendant à orienter le comportement tant du marché que du contribuable.

A. L'impôt neutre

Longtemps, l'impôt a été réduit à sa seule utilité budgétaire : financer les charges d'intérêt général. Pour le libéralisme du XIXe siècle, il ne fallait surtout pas qu'il sorte de ce rôle, car l'inverse aurait traduit une intervention de l'État dans la société, contraire au principe de liberté. Cette idéologie a été particulièrement illustrée par les *quatre règles d'Adam Smith*, économiste britannique du XVIIIe siècle. La règle de *justice* suppose de respecter l'égalité devant l'impôt, assis à proportion des revenus de chacun. La règle de *certitude* contraint l'État à arrêter à l'avance un tarif précis, de façon à éviter tout arbitraire dans la levée de l'impôt. La règle de *commodité* doit conduire au choix de l'imposition dont la collecte gêne le moins possible le contribuable ; souci qui a notamment amené la France, lors de la Révolution, à choisir la méthode indiciaire (v. *supra* p. 41-43). La règle d'*économie* impose de ne prélever que le strict nécessaire aux besoins de l'État, dont l'appétit financier doit nécessairement demeurer modeste.

Pour autant, même dans un schéma purement libéral, l'impôt produit nécessairement des conséquences sur l'économie. Ainsi, il amenuise inévitablement le pouvoir d'achat des consommateurs. De même, les charges fiscales supportées par les entreprises ne sont jamais strictement identiques. Par exemple, aujourd'hui, en France, les taux des impôts locaux – qui sont notamment supportés par les professionnels – varient d'un lieu à un autre (v. *infra* p. 162). Ces différences produisent des distorsions de concurrence, car les charges étant répercutées sur les prix pratiqués, l'entreprise la moins imposée est plus compétitive que les autres. Pour lutter contre ce phénomène, les libéraux ont élaboré le concept de *neutralité fiscale*, selon lequel l'impôt doit perturber le moins possible le libre jeu de l'offre et de la demande ; il ne peut non plus influencer la répartition des richesses. En toute hypothèse, son montant, nécessairement faible, ne saurait produire d'effets sur les structures économiques et sociales. Enfin, la neutralité de l'impôt rejoint l'idée de justice fiscale : dès lors qu'une imposition ne produit pas d'inégalités, c'est bien qu'elle représente le même sacrifice pour tous. Si cette idéologie a connu une renaissance dans la seconde moitié du XXe siècle, elle est aujourd'hui démentie par la réalité : l'impôt est devenu interventionniste.

B. L'impôt interventionniste

L'idée que le libre jeu du marché serait vertueux en lui-même a été ruinée par la grande crise de 1929. C'est pour lutter contre celle-ci que les États n'ont plus hésité à intervenir dans la société. Ainsi, la politique américaine du *New Deal* (« nouvelle donne », années 1930), par le lancement de grands travaux publics, a voulu relancer la machine économique, de même qu'elle a permis l'embauche de nombreux chômeurs. Les interventions croissantes de la puissance publique, en matière économique et sociale, ont considérablement augmenté le poids global des impositions. Dès lors que l'impôt constituait désormais une donnée essentielle de l'économie, il pouvait lui-même être utilisé comme un instrument économique, notamment pour corriger les conséquences néfastes produites par le marché.

Au plan social, l'adoption de l'impôt progressif sur le revenu permit de réduire les inégalités. En taxant lourdement les plus riches, on a pu financer des aides pour venir au secours des plus pauvres. De nos jours, la politique fiscale tend à orienter le comportement du contribuable, par exemple en imposant fortement les produits nuisibles à la santé (tabac, alcool), ou à l'inverse en incitant, au moyen des niches fiscales, à des comportements « vertueux », tels que ceux protecteurs de l'environnement.

Les libéraux continuent de critiquer cet interventionnisme par l'impôt, dont les résultats sont mitigés, de même qu'ils dénoncent la forte *pression fiscale* qu'il suppose. Cette pression se définit par la comparaison entre le poids des différents impôts et les richesses produites par une économie. À l'échelle de l'individu, elle se mesure en calculant d'une part le total des prélèvements fiscaux qu'il subit et d'autre part l'ensemble de ses facultés contributives. Pour l'école libérale, dès lors que la pression fiscale dépasse une certaine mesure, le rendement de l'impôt s'en trouve affecté. En effet, non seulement la fraude se développe, mais de plus le contribuable est découragé : il n'est pas incité à travailler, à consommer, ni à épargner davantage, car tous ces actes génèrent de lourdes impositions. L'idée que « trop d'impôt tue l'impôt » a notamment été illustrée par un économiste américain contemporain, Arthur Laffer, auteur d'une célèbre courbe, qui porte son nom :

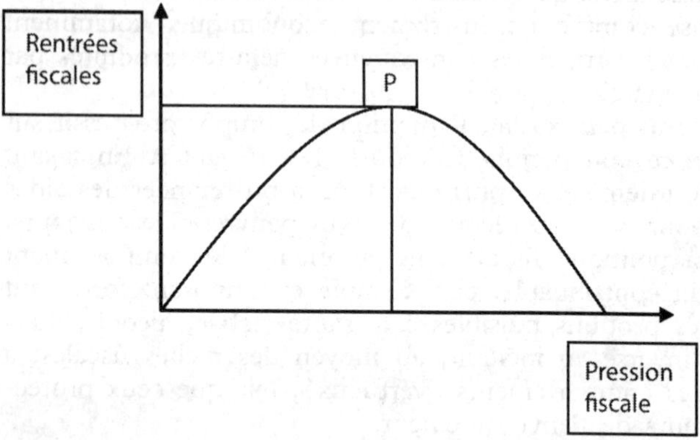

Dès lors que la pression fiscale dépasse le point P, les recettes diminuent dans la même proportion, jusqu'à disparaître. En somme, P représente le seuil de tolérance à l'impôt, au-delà duquel il devient insupportable donc improductif : « Arrivé à un certain point, l'impôt se dévore lui-même [1]. » Cependant, M. Laffer n'a pu chiffrer le seuil au-delà duquel la pression fiscale devient excessive. En effet, cela dépend de la richesse du pays considéré, de la santé de son économie et du civisme de ses contribuables.

Il ne faut pas confondre la pression fiscale avec le taux de prélèvements obligatoires, lesquels comprennent les impôts et les cotisations sociales. Ce taux se calcule à proportion du produit intérieur brut (PIB), soit la richesse créée sur le territoire d'un État. Dans les pays développés, le taux de prélèvements obligatoires varie de 28 % du PIB (États-Unis, Japon), jusqu'à presque 44 % (France) et même 48 % (Danemark). Il est certain qu'un taux excessif tend à étouffer l'initiative économique, mais l'argent prélevé ne fait que transiter par les caisses publiques. Il est ensuite redistribué, notamment

1. J. Laferrière, M. Waline, *Traité élémentaire de science et de législation financières*, LGDJ, 1952, p. 318.

sous la forme de rémunérations versées aux fonctionnaires, qui eux-mêmes paient des impôts ; ou encore il est investi dans la construction d'équipements publics, ce qui fait travailler les entreprises.

L'interventionnisme fiscal peut efficacement orienter les structures de l'économie ; ce qu'on illustrera avec un exemple, celui des fusions d'entreprises.

Sous-section 2

L'ACTION SUR LES STRUCTURES ÉCONOMIQUES : L'EXEMPLE DES FUSIONS

Chaque État a le souci de renforcer les structures de l'économie nationale, de manière à la rendre plus compétitive. À cette fin, le droit fiscal comporte des mesures qui tendent au renforcement structurel des entreprises. C'est particulièrement le cas des règles relatives aux fusions d'entreprises. La forme la plus courante de ces opérations est la fusion-absorption, où une société en « avale » une autre, qui disparaît, pour être absorbée par la première. Or la disparition d'une entreprise est très coûteuse fiscalement. Car le Trésor, avant qu'elle ne meure, lui réclame le paiement de toutes les impositions dues, à verser en une seule fois. De plus, si l'entreprise a pris de la valeur entre sa création et son absorption, celle-ci génère un gain, une plus-value, qui donne également lieu au paiement de l'impôt. Longtemps les fusions ont été rares en France car leur coût fiscal se montrait dissuasif. Or, pour lutter contre la concurrence internationale, une économie a besoin de grandes entreprises, aux structures solides. La loi a donc créé un régime dit de faveur, qui réduit considérablement le coût fiscal de la fusion. En effet, selon l'esprit de ce dispositif, la société absorbée ne meurt pas, car son activité se poursuit au travers de l'absorbante. Grâce au régime de faveur, les fusions se sont multipliées et la

France a pu disposer d'entreprises dont la taille permet de rivaliser avec la concurrence étrangère. Pour produire un réel effet sur les structures d'une économie, ce genre d'incitation fiscale doit nécessairement s'exercer sur le long terme. Ainsi, le régime de faveur existe depuis 1965. S'il n'avait duré que quelques années, son succès aurait nécessairement été compromis. L'efficacité de l'impôt sur la conjoncture économique est beaucoup plus relative.

Sous-section 3
L'ACTION SUR LA CONJONCTURE ÉCONOMIQUE

L'impôt est un instrument qui permet d'orienter la conjoncture. Cependant, il ne faut pas ignorer que lui-même subit l'évolution des cycles économiques ; c'est ce qu'on appelle la *sensibilité* de l'impôt (A). Il faut donc déterminer dans quelle mesure une imposition se montre plus ou moins sensible, avant de l'utiliser comme outil conjoncturel (B).

A. La sensibilité de l'impôt

Certains impôts sont plus sensibles que d'autres : ils réagissent plus vite et dans une plus grande mesure aux variations de l'activité économique. Leur rendement est particulièrement exposé aux cycles que connaît l'économie, les périodes de crise succédant à celles de croissance. Cette sensibilité varie selon deux facteurs essentiels : la nature de la matière imposable et la technique d'imposition.

Au regard de la matière imposable, l'impôt le plus sensible est celui portant sur la dépense, tel que la TVA. En effet, la consommation réagit très vite aux changements de conjoncture. Lorsque survient une période de crise, le rendement de la TVA chute rapidement. Cependant, cette sensibilité est elle-même fonction des marchandises atteintes par l'impôt. Ainsi les rentrées faiblissent peu s'agissant des produits de première nécessité, comme les aliments. Car, quelle que soit l'époque, il faut bien se nourrir. En revanche, la rentabilité de la TVA est beaucoup plus affectée par la consommation des autres produits, ceux dont l'acquisition peut être différée. Certains impôts présentent une faible sensibilité car leur base imposable se distingue par une relative stabilité ; ainsi ceux portant sur le capital, comme des impôts locaux tels que les taxes foncières, en raison d'une valeur locative qui évolue peu. L'imposition du revenu se place à un niveau intermédiaire : moins sensible que celle sur la dépense, elle peut néanmoins réagir fortement à une dépression économique – particulièrement s'agissant des bénéfices des entreprises.

La technique d'imposition a également son importance. Ainsi, un impôt établi selon la méthode d'évaluation réelle, du seul fait qu'il est en contact avec la réalité, se montre plus sensible qu'une imposition indiciaire ou forfaitaire. Le tarif de l'impôt est aussi un paramètre de la sensibilité. En période de croissance, une imposition proportionnelle voit son rendement augmenter à proportion de celle de la base. D'un impôt progressif, toujours dans l'euphorie économique, on peut attendre des rentrées encore plus grandes, quoique le prélèvement risque de devenir excessif et s'expose alors davantage à la fraude. Enfin, la technique de recouvrement doit également être prise en compte. L'impôt acquitté par paiement spontané est évidemment plus sensible que celui recouvré par voie de rôle, tout simplement parce que le paiement se fait plus vite. La TVA, en principe versée chaque mois, est ainsi un bon indicateur de la conjoncture économique. Au contraire de l'impôt sur le revenu, qui est payé avec un an de retard – c'est-à-dire lors de l'année qui suit celle de perception des gains. Connaître la sensibilité d'un impôt permet de savoir comment l'utiliser comme instrument d'orientation de la conjoncture.

B. L'impôt, instrument conjoncturel

La politique fiscale peut s'exercer sur l'ensemble de l'économie ou seulement sur certains secteurs d'activité (1). Dans les deux cas, les résultats sont décevants (2).

1. Action globale ou sectorielle

Au moyen de l'impôt, l'État peut poursuivre deux finalités qui entrent en contradiction. Tout d'abord un but proprement économique qui consiste à lutter contre la conjoncture, laquelle, par sa mouvance, gêne l'économie en rendant les prévisions difficiles. Il s'agit donc de maintenir la conjoncture dans un relatif équilibre. En période de croissance, on tente de conserver celle-ci, voire de la développer. En temps de crise, on essaie de faire repartir la conjoncture vers un cycle positif. Mais, par ailleurs, l'autre but poursuivi par la puissance publique est proprement budgétaire : favoriser les rentrées fiscales. On peut ainsi profiter de l'euphorie économique pour augmenter le taux d'un impôt sensible et, de la sorte, engranger des recettes supplémentaires. Au contraire, en période de crise, la hausse d'un impôt peu sensible permet de limiter le manque à gagner.

A priori, les finalités économiques et budgétaires se rejoignent : l'État a intérêt à soutenir la conjoncture, de manière à ce que la prospérité économique lui procure d'importantes recettes. Mais en réalité, chaque fois qu'il intervient pour orienter la conjoncture, il perd des ressources [1]. Qu'il s'agisse de stimuler la croissance, ou de

1. H. Laufenburger, *Traité d'économie et de législation financières*, t. 1, 4e éd., Sirey, 1950, p. 274.

sortir de la récession, cela suppose dans les deux cas des allégements fiscaux ; par exemple, tenter de relancer la consommation par une baisse de la TVA. Or l'efficacité de cette politique conjoncturelle au moyen de l'impôt ne donne pas de résultats probants.

On ne trouve qu'une hypothèse où elle peut se montrer efficace : lorsque la croissance est trop forte. Se présente alors un risque de surchauffe économique qui tient essentiellement à l'inflation. Parce que la consommation est élevée, la demande dépasse l'offre, donc les prix augmentent. La hausse de la pression fiscale, en réduisant le pouvoir d'achat, peut permettre de rétablir un équilibre entre l'offre et la demande et ainsi réduire l'inflation. Mais on pourra d'autant plus hésiter à intervenir fiscalement en matière de conjoncture que certains impôts produisent un effet automatique sur celle-ci [1]. C'est le cas de l'impôt progressif sur le revenu : lorsque sa base s'accroît du fait de la croissance, il augmente de telle façon que la consommation ne s'emballe pas ; à l'inverse, en cas de crise, sa baisse permet de dégager un pouvoir d'achat supplémentaire.

Plutôt que de mener une politique d'ensemble, l'État peut choisir de venir en aide seulement à certains secteurs de l'économie. Mais là encore, le coût budgétaire est certain. On parle en effet, à propos de ces aides, de *dépenses fiscales*, s'agissant de mesures qui représentent un manque à gagner pour le Trésor. Il s'agit de règles dérogatoires, dès lors qu'elles ne profitent qu'à certaines catégories de contribuables, dans le but d'orienter leur comportement. Par ailleurs, elles offrent des avantages en principe limités dans le temps. Par exemple, les travaux dans les logements, comme ceux de plomberie ou d'électricité, bénéficient d'un taux réduit de TVA, alors que normalement les prestations de service relèvent du taux normal. La dérogation s'explique notamment par

1. P. Beltrame, L. Mehl, *Techniques, politiques et institutions fiscales comparées*, 2e éd., PUF, coll. Thémis, 1997, p. 440.

la lutte contre le travail au noir : elle incite les artisans à ne pas « oublier » la TVA, dès lors que le montant de celle-ci est beaucoup moins élevé. Cependant, la mesure est en vigueur depuis 1999... L'efficacité des dépenses fiscales est très difficile à mesurer et on ne dispose pas de données démontrant des résultats concluants.

2. Des résultats décevants

De manière générale, eu égard au coût budgétaire qu'il représente, l'interventionnisme fiscal n'emporte pas la conviction. Ainsi les règles dérogatoires tendent à se pérenniser pour devenir des droits acquis, sur lesquels il est très difficile de revenir. Elles aboutissent à des situations contraires à l'égalité devant l'impôt, car ceux qui peuvent notamment bénéficier des niches fiscales sont les contribuables les plus aisés. Le nombre de dérogations, de règles particulières, rend la législation trop complexe. Au plan économique, pour réagir aux retournements de conjoncture, les normes doivent être changées rapidement, ce qui contribue à l'instabilité du droit fiscal. Instabilité chronique car, chaque année, 20 % des articles du Code général des impôts sont modifiés [1]. Ce manque de constance rend hasardeuse la gestion fiscale. En effet, les entreprises se projettent dans l'avenir en se fondant sur des règles dont la pérennité est douteuse. Ainsi, en voulant favoriser l'activité économique, on ne fait que lui nuire. Au plan social, l'interventionnisme fiscal est un instrument de démagogie, tendant à accorder des privilèges à certains groupes de pression. Il s'illustre même par une certaine perfidie, car l'aversion des contribuables pour l'impôt est telle

1. O. Fouquet (dir.), « Améliorer la sécurité juridique des relations entre l'administration et les contribuables : une nouvelle approche », *Dr. fisc.*, 2008, n° 27, p. 9.

qu'ils préfèrent bénéficier d'un allégement fiscal plutôt que d'une aide directe. On le devine, la sociologie est une donnée essentielle de la politique financière.

Section II
LES IMPLICATIONS SOCIOLOGIQUES DE L'IMPÔT

Pour bien remplir son rôle, l'impôt a besoin d'être accepté, ce qui est loin d'être acquis. Pourtant, sa légitimité (sous-section 1) ne devrait pas être remise en cause, puisque sans imposition aucune vie en société n'est possible. Malgré cela, tout prélèvement fiscal se heurte à des phénomènes de résistance (sous-section 2).

Sous-section 1
LA LÉGITIMITÉ DE L'IMPÔT

Le principe du consentement à l'impôt (A) a été conçu pour renforcer le bien-fondé de celui-ci. Mais il a fallu également élaborer des théories de légitimation de l'impôt (B), tendant à mettre en évidence sa nécessité.

A. Le consentement à l'impôt

La naissance de l'impôt (1) a engendré celle des parlements (2).

1. La naissance de l'impôt

L'histoire montre combien la puissance publique mit de temps et de peine à obtenir l'acceptation du principe même de l'impôt. Parce que, dès l'origine, ils vivaient en groupes, les hommes ont toujours été astreints à des contraintes d'intérêt collectif. Ces obligations étaient d'autant plus essentielles qu'elles commandaient la survie du clan : partir à la chasse, se défendre des ennemis. L'origine de l'impôt est d'ailleurs étroitement liée à la guerre. Le phénomène fiscal, en effet, prit naissance lorsque le *tribut* succéda au pillage [1] : plutôt que de tout détruire ou de tout prendre au vaincu, le vainqueur avait intérêt à exiger le paiement régulier d'un tribut, telle la remise d'une partie des récoltes. Ainsi l'impôt était la marque non seulement d'une contrainte mais aussi, en parallèle, de la soumission à une autorité politique.

Si on ne peut pas douter que l'impôt naquit en même temps que l'État, l'un comme l'autre mirent des siècles à s'affirmer. Car, au Moyen Âge, on ne levait des impositions qu'à titre exceptionnel. En effet, le roi était censé vivre de son domaine, autrement dit du revenu de ses terres. Ce n'était qu'à raison d'événements extraordinaires, comme une guerre, qu'il pouvait solliciter l'aide de ses sujets – les vassaux – sous la forme du paiement d'un impôt, de manière à pouvoir financer le conflit. Car la guerre engendre des coûts considérables. La réunion des vassaux fit apparaître les premiers parlements.

2. La naissance des parlements

En Angleterre, face au refus de ses barons de voir lever de nouveaux impôts, le roi Jean sans Terre (le « méchant » frère de Richard Cœur de Lion) est contraint de signer la Grande Charte de 1215. Celle-ci prévoit que les impositions devront recevoir l'accord général du royaume. Les assemblées qui, à cet effet,

---

1. G. Ardant, *Histoire de l'impôt*, t. 1, Fayard, 1971, p. 30. À l'origine, le mot exaction signifiait « action d'exiger le paiement d'un tribut, d'un impôt » (*Le Petit Robert*). En italien, le droit fiscal se dit *diritto tributario*.

furent réunies pour donner leur consentement à l'impôt deviendront le parlement. C'est de cette façon que prit naissance le système politique dit représentatif, les parlementaires étant les représentants de la nation.

En France, ces mêmes assemblées, les états généraux, n'accepteront qu'au XVe siècle que la couronne puisse percevoir des impôts permanents, de manière à entretenir une administration, ainsi qu'une armée, même en temps de paix. Mais, pour affirmer son pouvoir, le roi cessa, après 1614, de réunir les états généraux. Il faudra attendre 1789 pour qu'ils soient de nouveau convoqués, avec les suites que l'on connaît. Constitués en « assemblée nationale », les députés du tiers état votent la Déclaration des droits de l'homme et du citoyen, qui réaffirme la règle du consentement à l'impôt.

Dans l'idéologie révolutionnaire, l'impôt n'est plus la marque d'une soumission, ni même d'un état inférieur. Tout au contraire, il est le signe de l'appartenance à la nation. Pour preuve, le système censitaire, qui réserve la qualité de citoyen, et donc le droit de vote, à celui qui paye une somme minimale d'impôt direct (le *cens*). De cette façon, seul celui qui participe suffisamment aux dépenses publiques peut prendre sa part des décisions politiques. Le système censitaire a duré de la Révolution jusqu'à la Seconde République (1848), premier régime à pratiquer le suffrage universel, reconnaissant le droit de vote à tous les citoyens.

Nombreux sont les régimes politiques à rechercher de la sorte le civisme fiscal des citoyens, en donnant à l'impôt un caractère affectif, patriotique – allant jusqu'à souligner l'honneur que représente la qualité de contribuable. La constitution française de 1793 proclamait ainsi : « Nul citoyen n'est dispensé de l'honorable obligation de contribuer aux charges publiques. » Au vu des phénomènes de résistance que provoque la matière fiscale, on ne peut pas dire que cette idéologie se montre efficace. On a donc élaboré, en réaction à la fuite devant l'impôt, des théories de légitimation de celui-ci.

B. Les théories de légitimation de l'impôt

Elles tendent à conforter la nécessité du prélèvement fiscal. On a tout d'abord soutenu que l'impôt serait un don fait par le contribuable au profit de la puissance publique. En elle-même, la justesse de cette théorie est fortement douteuse, car l'impôt résulte toujours d'un rapport de forces politiques, donc d'une contrainte. Elle avait l'avantage, jadis, de mettre en évidence le consentement à l'impôt : le roi prie que l'on vienne à son aide, le sujet y consent, en lui apportant sa contribution. Aujourd'hui, la théorie de l'*impôt-don* pourrait paraître émouvante, mais elle est évidemment fausse car l'impôt, par nature, est obligatoire (v. *supra* p. 19).

La philosophie des Lumières et la Révolution française ont voulu combattre les abus de l'Ancien Régime, où le poids de l'impôt était aussi lourd que mal réparti. Pour limiter l'appétit financier de l'État, une imposition doit donc correspondre aux services que la puissance publique rend au citoyen, en commençant par le plus précieux de tous, la sécurité. Ainsi, pour Montesquieu, le contribuable renonce à une part de sa richesse, qui représente le sacrifice fiscal, en contrepartie de quoi le reste de sa fortune est protégé du vol par la police, ou du pillage par l'armée. Selon certains auteurs, l'impôt serait ainsi la rémunération d'une assurance. Pour d'autres, il est tout simplement le prix des services publics. Cette théorie de l'*impôt-échange*, en réalité, n'est pas soutenable. Certes, la taxe suppose une contrepartie (v. *supra* p. 21), mais elle correspond à des prestations dont le coût peut être évalué. Or la plupart des services rendus par l'État (police, défense, éducation, culture, etc.) ne sont pas quantifiables. Surtout, si l'impôt était la rémunération d'un service, il devrait principalement être acquitté par les plus pauvres, qui profitent le plus des aides sociales notamment. Ce qui, au regard de l'égalité, serait inadmissible. De nos jours, l'impôt se définit précisément par l'absence de contrepartie à son paiement (v. *supra* p. 19-20).

À l'époque moderne, l'imposition juste est celle satisfaisant l'idée de solidarité. Ainsi, l'impôt sur le revenu, progressif, épargne le contribuable modeste tandis qu'il atteint lourdement le riche. L'imposition des plus aisés permet de financer des prestations qui profitent essentiellement aux plus pauvres. On peut même aller plus loin avec l'*impôt négatif* : les personnes sans ressources, ou dont les revenus sont faibles, non seulement ne paient pas d'impôt (direct), mais de plus reçoivent une subvention publique. Ainsi, en France, le système de la *prime pour l'emploi* incite les chômeurs à retrouver un travail, car même si leur salaire sera faible, la subvention leur donnera un niveau de vie plus élevé que les aides sociales. La théorie de l'*impôt-solidarité* correspond à une réalité, mais elle ne retient que la dimension sociale de l'impôt, alors que la principale fonction de celui-ci est financière.

Au total, il faut bien reconnaître la fausseté ou l'insuffisance des théories de légitimation de l'impôt. Cet échec s'explique simplement : l'impôt constitue une exigence sociale manifeste, or l'évidence n'a pas à être démontrée [1]. Le prélèvement fiscal est une nécessité dont l'efficacité suppose la contrainte. C'est l'une des raisons pour lesquelles il se heurte à des phénomènes de résistance.

Sous-section 2

La résistance à l'impôt

Pour apprécier la réaction de l'homme face à l'impôt, il faut se situer à deux étages. Le premier est celui de

1. « Le fait social ne requiert pas de justification. Il appelle seulement la constatation » (P. Beltrame, L. Mehl, *Techniques, politiques et institutions fiscales comparées*, 2e éd., PUF, coll. Thémis, 1997, p. 629).

la psychologie, soit l'étude du comportement humain individuel ; le contribuable, isolé, peut chercher à éluder, ou réduire, la charge fiscale que l'on fait peser sur lui. Or les moyens de fuir devant l'impôt (A) sont multiples. Le second étage est constitué par la sociologie, l'étude du comportement humain collectif qui, dans notre domaine, peut se montrer violent, avec de véritables révoltes contre l'impôt.

Un contribuable aura d'autant moins d'enthousiasme à signer un chèque à l'ordre du Trésor public qu'une émeute fiscale se déroule sous ses fenêtres. Pour se situer aux deux étages en même temps, il faut donc parler de « psychosociologie » : dès lors que l'on réclame le paiement de l'impôt à une personne, outre l'analyse de son attitude propre, il convient de l'étudier également sous l'influence d'un groupe. Si, avec la révolte, la fiscalité conduit aux conséquences les plus fâcheuses, elle suscite également, de manière plus positive, l'imaginaire collectif. La tentation permanente de la réforme fiscale, en effet, recherche le perfectionnement de l'impôt. Mais la matière est à ce point sensible que, souvent, cette quête tourne à la démagogie, voire à la mythologie (B).

A. La fuite devant l'impôt

La psychologie du contribuable le conduit à la résistance lorsque la pression fiscale est forte et qu'il a le sentiment (très répandu) que l'impôt est injustement réparti entre ses débiteurs. L'État redoute alors qu'il cherche à éviter l'imposition (1), ou à la frauder (2).

1. L'évitement de l'impôt

La première réaction du contribuable peut tout simplement consister dans l'*abstention*. Par exemple, ne pas acheter des produits lourdement taxés, comme le tabac, ce qui est précisément l'effet recherché : réduire le nombre de fumeurs en rendant le prix des cigarettes prohibitif ; les résultats ne sont guère concluants... Plus grave, le contribuable qui s'estime trop imposé peut choisir la *délocalisation* : placer sa fortune à l'étranger pour qu'elle profite d'un régime fiscal avantageux, voire partir lui-même vers une contrée plus tendre. La France connaît ce phénomène avec l'ISF (v. *infra* p. 156-157). Pourtant, le contribuable, dans notre pays notamment, a le droit de choisir la voie la moins imposée. Il peut donc pratiquer l'*optimisation* fiscale, autrement dit retenir les options ouvertes par la loi qui sont pour lui les plus favorables. Par exemple, les contrats d'assurance-vie produisent des revenus qui sont peu imposés lorsque les fonds sont placés sur une longue période ; de même, les sommes investies peuvent largement échapper aux droits de succession.

Ces attitudes d'évitement de l'imposition ne sont pas répréhensibles. Au contraire de l'*évasion fiscale*, qui peut être irrégulière. Car si cette forme de fuite devant l'impôt n'est pas directement contraire à la loi, elle n'y est pas conforme non plus. Il s'agit en effet d'utiliser les règles de droit pour réaliser des économies fiscales qui peuvent être abusives. Par exemple, on paye plus d'impôt [1] en cédant des parts de SARL que des actions, c'est-à-dire des parts de société anonyme (SA). La solution consiste alors, juste avant la cession, à transformer la SARL en SA, de manière à réduire le coût fiscal de l'opération. Le juge a reconnu la régularité de la « manœuvre [2] ». Certes, la loi est contestable, car on ne voit pas pourquoi la cession de parts de SARL est plus imposée que celle portant sur des actions. Mais une

1. Il s'agit, en l'occurrence, de droits d'enregistrement, v. *infra* p. 147-155.

2. Cass. com., 10 décembre 1996, req. n° 94-20070, *Sté RMC France*, *Dr. fisc.* 1997, n° 17, comm. 471, note P. Dibout.

entreprise qui utilise un artifice uniquement à des fins fiscales n'est pas non plus exempte de critiques. Il est certain que plus on réalise, par ce genre de pratiques, d'économies d'impôt, plus on s'approche de l'illégalité. La trop grande habileté fiscale transforme donc l'évasion en fraude.

2. La fraude

La fraude consiste aussi à éluder – volontairement – l'impôt, mais en contrevenant directement à la loi. Dans les cas les plus graves, elle constitue un délit, condamné par le juge pénal, qui prononce une amende, voire une peine de prison (v. *infra* p. 304-305). Par exemple, on découvre régulièrement des contribuables qui n'ont jamais déposé de déclarations de revenus alors qu'ils étaient largement imposables. Par nature cachée, la fraude est impossible à évaluer avec précision, on n'est certain que d'une chose : elle est très importante [1]. Outre qu'elle représente un manque à gagner budgétaire considérable, elle ruine l'égalité devant l'impôt. La fraude traduit, de la part du contribuable qui la commet, un manque de conscience de l'intérêt général ; souvent accompagné de la conviction, égoïste et fausse, qu'il ne reçoit rien en échange de son sacrifice.

Sans vouloir excuser le fraudeur, il faut reconnaître néanmoins que l'impôt prive le contribuable moderne d'une part importante de ses ressources, le contraint à souscrire des déclarations souvent trop complexes, enfin à subir les investigations du fisc, dont certaines sont attentatoires aux libertés et à la vie privée (v. *supra* p. 46). L'instabilité des normes fiscales, qui changent sans cesse, n'arrange rien : le contribuable a l'impres-

1. Un organisme indépendant, le conseil des prélèvements obligatoires, estimait en 2007 que la fraude aux impôts et cotisations sociales en France représentait une perte budgétaire allant de 29 à 40 milliards d'euros.

sion que les règles du jeu sont en permanence remises en cause et qu'il en est toujours la victime [1]. La complexité de la législation, notamment au travers des choix multiples qu'elle offre, attise la tentation de profiter abusivement des règles les plus avantageuses. Cependant, même débarrassée de ses défauts, la fiscalité causerait toujours le mécontentement, lequel peut conduire jusqu'à la révolte et au délire.

B. Révoltes et mythologies fiscales

La révolte fiscale est souvent liée au fantasme (1). Par exemple, sous l'Ancien Régime, une rumeur a soulevé plusieurs provinces en faisant croire qu'un impôt allait être établi sur les nouveau-nés. Le fantasme conduit à l'utopie, dont la plus grande, en matière fiscale, est celle de l'impôt unique (2).

1. Révoltes et fantasmes

La révolte contre l'impôt demeure dans l'imaginaire collectif. Ainsi, le mythe de Robin des bois montre une résistance avant tout dirigée contre l'oppression fiscale. En France, l'Ancien Régime fut ponctué d'émeutes essentiellement causées par l'impôt. Les plus graves se déroulèrent sous le règne de Louis XIII car, pour financer un conflit interminable, la guerre de Trente Ans, le principal impôt direct, la taille, connut une augmentation vertigineuse. Alors que la paix avait été signée, la France sombra dans une guerre civile, la Fronde, qui marqua le sommet de l'exaspération fiscale [2].

---

1. J.-B. Geffroy, *Grands problèmes fiscaux contemporains*, PUF, coll. Droit fondamental, 1993, p. 574.

2. Voir Ch. de la Mardière, « La Fronde, une révolte fiscale », in *Principes de justice* (Mélanges J.-F. Burgelin), Dalloz, 2008, p. 257.

Notre époque a également connu une importante révolte contre l'impôt, dans les années 1950, le *poujadisme*. Pierre Poujade était un modeste libraire-papetier, habitant d'un village du Lot. Avec d'autres commerçants et artisans, il empêcha, notamment par la violence, le déroulement d'investigations fiscales. La protestation contre l'impôt se propagea rapidement, pour prendre une ampleur inattendue car, aux élections de 1956, une cinquantaine de députés poujadistes furent élus. Outre des thèmes chers à l'extrême droite, le mouvement dénonça une pression fiscale qui, il est vrai, pesait particulièrement sur les petites entreprises, alors que la conjoncture économique était mauvaise. Mais Poujade développa une paranoïa collective, convaincu que le pouvoir, vendu aux grandes sociétés, se servait de l'impôt pour étouffer le petit commerce. En réalité, son succès s'explique autrement : l'apparition des premières grandes surfaces causait la panique du commerçant traditionnel, incapable de faire face à la concurrence. Entre autres actions, le mouvement de Poujade appela à la *grève de l'impôt*. Ce phénomène ne rencontre que rarement du succès, mais il est redouté par l'État. Pour preuve, en France, l'appel au refus collectif de l'impôt est sanctionné pénalement.

La mythologie fiscale, comme l'obsession du complot développée par le poujadisme, peut s'exprimer de manière plus positive avec le souci de la réforme. Mais l'aspiration à celle-ci tourne souvent au fantasme, avec le rêve d'un État où n'existeraient que des impôts justes, raisonnables et productifs. Ce qui relève de l'impossible, donc de l'utopie, à savoir un pays imaginaire où un gouvernement idéal ferait le bonheur d'un peuple comblé. La plus grande des utopies fiscales est celle de l'impôt unique.

2. L'utopie de l'impôt unique

Un seul impôt pourrait financer toutes les dépenses publiques. Il aurait l'avantage de la simplicité, le droit fiscal se résumant à une seule imposition. Il satisferait l'égalité, car chacun connaîtrait le montant exact de sa contribution aux charges communes, laquelle est beaucoup plus difficile à déterminer avec un système d'impôts multiples.

En réalité, unicité ne signifie pas simplicité : on peut très bien concevoir un impôt unique qui serait très compliqué. De même, aucune imposition ne saurait atteindre seule l'égalité. On a ainsi proposé un impôt unique sur le capital ; or celui-ci pénaliserait le contribuable économe, qui épargne une partie de ses revenus, au profit du contribuable dépensier. À l'inverse, la combinaison de plusieurs impôts permet de corriger leurs défauts respectifs ; par exemple, la TVA, plus lourde à supporter pour les pauvres, est compensée par l'impôt sur le revenu, qui atteint durement les riches (v. *supra* p. 32). Surtout, pour être en mesure de couvrir toutes les charges publiques, l'impôt unique devrait être exorbitant, donc insupportable. Il donnerait lieu à une telle résistance que sa productivité serait nécessairement médiocre. Ainsi un auteur fort respectable [1] a proposé un impôt – non pas unique mais dominant – sur la dépense, dont les taux iraient de 25 à 300 %... Au contraire, un système d'impôts multiples permet de répartir la pression fiscale, de même qu'il dissimule au contribuable la ponction totale qu'il subit.

L'étude des implications économiques et sociologiques de l'impôt favorise une meilleure compréhension des règles fiscales, qui seront ici étudiées sous trois angles. Tout d'abord, l'analyse des principales imposi-

1. Il s'agit de Lord Kaldor, professeur à Cambridge, économiste du XXe siècle.

tions existant aujourd'hui en France reviendra à « déballer le matériel fiscal ». Ensuite, l'examen des sources du droit de l'impôt permettra de lire le mode d'emploi ; en effet, remonter à la source d'un droit consiste à classer ses règles par catégories, afin de déterminer leur valeur respective et de savoir comment les utiliser. Enfin, on verra que faire en cas de panne, de problème. Les plus grandes difficultés fiscales sont très souvent issues d'un contrôle qui tourne mal, à savoir que le contribuable n'est pas d'accord avec l'administration quant aux sommes que celle-ci lui réclame. Les règles du contrôle fiscal contiennent plusieurs procédures tendant à résoudre ce genre de différends, par exemple un rendez-vous avec le supérieur du fonctionnaire qui a mené le contrôle (v. *infra* p. 291). Si ces tentatives échouent, il est possible de saisir les tribunaux, de manière à ce que ceux-ci tranchent le litige. Toutes ces questions relèvent de la procédure fiscale, laquelle se compose essentiellement des règles du contrôle fiscal et du contentieux de l'impôt, du procès fiscal. Résumons la démarche retenue : l'étude du système fiscal (première partie) permet de déballer le matériel, celle des sources du droit fiscal (deuxième partie) d'en lire le mode d'emploi, enfin celle de la procédure fiscale (troisième partie) de résoudre les difficultés rencontrées.

Première partie
LE SYSTÈME FISCAL

Au sens strict, un système fiscal est formé par l'ensemble des impositions existant dans un État à une époque donnée. Pour se montrer productif et juste, il doit atteindre toutes les formes de richesses ; soit le plan que nous proposons de suivre, avec l'imposition de la dépense (chapitre 1), celle du revenu (chapitre 2), enfin du capital (chapitre 3). Mais, avant cela, on ne peut pas comprendre le système fiscal français actuel sans recourir à l'histoire.

Avant-propos
HISTOIRE DE L'IMPÔT EN FRANCE DEPUIS LA RÉVOLUTION

L'histoire de France, dans ses derniers siècles, s'est distinguée par le retentissement de ses révolutions. L'impôt n'a pas échappé à la règle. Le système fiscal français a connu deux révolutions : 1789 (A) et 1914 (B).

A. Première révolution fiscale : 1789

Non seulement la Révolution de 1789 a créé de nouveaux impôts (2), mais également de nouveaux principes fiscaux (1).

1. Les nouveaux principes fiscaux

La Révolution a supprimé presque tous les impôts existants, pour les remplacer par un nouveau système fiscal, largement conçu en réaction à celui de l'Ancien Régime. Car les impositions de l'ancienne France se distinguaient avant tout par leur injustice. La noblesse et le clergé étaient exemptés d'impôts directs, lesquels pesaient très essentiellement sur la classe la plus pauvre, la paysannerie. La raison en est simple : les puissants étaient parvenus à se décharger de l'impôt sur les faibles [1]. Les impôts indirects souffraient d'une grande

1. « Du moment où l'impôt avait pour objet, non d'atteindre les plus capables de le payer, mais les plus incapables de s'en défendre, on devait être amené à cette conséquence monstrueuse de l'épargner

impopularité à raison de leur mode de recouvrement. Depuis longtemps, en effet, le roi avait pris l'habitude d'affermer l'impôt. Il consentait ainsi une sorte de location. Le fermier [1] était un particulier, qui faisait l'avance de l'imposition à la couronne, puis se chargeait de la recouvrer lui-même, en prenant son bénéfice au passage. Pour mettre leurs moyens en commun, les fermiers se sont regroupés jusqu'à constituer la *Ferme générale*, une société privée, dont les associés, les fermiers généraux, étaient de riches financiers. La rapacité des agents de la Ferme, intéressés aux résultats, était incroyable et ils n'hésitaient pas à user de violences pour obtenir le paiement de l'impôt.

En créant son nouveau système fiscal, la Révolution a voulu qu'il fût régi par les principes de justice et de liberté. La justice exigeait tout d'abord que l'on mît fin à l'affermage ainsi qu'aux privilèges. Désormais, chacun, quel que soit son statut social, était susceptible de devoir contribuer aux charges publiques. De plus, le poids de l'impôt devait être calculé à proportion de la richesse du contribuable. Que les plus riches participent le plus aux dépenses publiques était proprement révolutionnaire, car sous l'Ancien Régime c'était exactement l'inverse. La justice voulait également que l'on supprimât les impôts indirects, qui rappelaient de mauvais souvenirs et pénalisaient les plus modestes. De surcroît ces impositions constituaient une entrave à la liberté de circulation des marchandises, contraire aux idées du libéralisme économique.

Le principe de liberté fut proclamé en réaction aux excès de la Ferme générale, dont les agents entraient dans les maisons pour les fouiller. Désormais, le nouveau système fiscal se devait de respecter l'intimité du

---

au riche et d'en charger le pauvre » (A. de Tocqueville, *L'Ancien Régime et la Révolution*, Gallimard, coll. Folio, p. 182).

1. Aujourd'hui, un fermier est un agriculteur qui exploite des terres prises en location.

contribuable. D'où le recours à la méthode indiciaire, avec notamment un impôt comme la contribution des portes et fenêtres, qui était assis sans devoir pénétrer dans les bâtiments (v. *supra* p. 42). Le principe de liberté entrait cependant en contradiction avec celui de justice car, en se fondant sur des indices, on ne pouvait pas connaître la richesse exacte du contribuable. Donc les nouvelles impositions causaient des injustices, mais très supportables à une époque où la pression fiscale était minime.

2. Les nouveaux impôts

La Révolution créa quatre impôts, tous directs. Elle fut très influencée par la doctrine des *physiocrates*, économistes français qui proposaient un impôt unique sur la terre, puisque celle-ci représentait la principale richesse de l'époque. Sans céder à l'utopie de l'unicité, nos pères révolutionnaires ont néanmoins voulu que l'immobilier procurât l'essentiel des ressources fiscales. Le plus lourd des nouveaux impôts fut donc constitué par la *contribution foncière*, qui portait sur la valeur locative (v. *infra* p. 163) des immeubles, au sens juridique du terme[1] : terrains et constructions. La *contribution mobilière* atteignait les revenus autres qu'immobiliers, elle était essentiellement assise sur le loyer payé par le contribuable pour son habitation. La contribution des *patentes* frappait les revenus du commerce, de l'industrie et des professions libérales ; elle se fondait aussi, à titre principal, sur la valeur locative des immeubles. On ajouta enfin la contribution des *portes et fenêtres* (v. *supra* p. 41-42).

Jusqu'en 1914, ces quatre contributions furent les seuls impôts directs que connut la France. Leur longé-

1. En droit, le terme immeuble désigne la terre elle-même et tout ce qui y est attaché, essentiellement les bâtiments et plantations. À l'inverse, les meubles sont tous les biens que l'on peut déplacer.

vité fut si grande qu'on les appela les « quatre vieilles » (contributions). Elles ont réellement la peau dure car nos impôts locaux actuels, qui sont leurs héritiers, ont conservé nombre de leurs caractéristiques (v. *infra* p. 161-162). Or, avec l'augmentation de la pression fiscale, tout au long du XIXe siècle, la méthode indiciaire causait des injustices toujours plus grandes. Surtout, très rapidement, le rendement des quatre vieilles fut trop faible pour combler les charges publiques. Dès le Directoire, il fallut rétablir les impôts indirects. Ceux-ci augmentèrent d'autant plus, au fil du siècle, que les quatre vieilles étaient incapables de profiter du formidable développement économique que connut la France. En effet, pour reposer sur des indices, elles ne pouvaient atteindre la réalité. En 1900, les impôts directs représentaient moins de 20 % des rentrées budgétaires. La révolution fiscale était à refaire.

B. Seconde révolution fiscale : 1914

Le nouveau système fiscal (1) que la France adopta au XXe siècle a marqué un changement de société, particulièrement représenté par l'impôt sur le revenu (2).

1. Le changement de système fiscal

À bien des égards, le XIXe siècle a pris fin en 1914. Ce fut le cas également dans le domaine de l'impôt. À l'issue de la première guerre mondiale, la France, en effet, a radicalement changé de système fiscal. Elle a créé de nouveaux impôts, synthétiques, contrairement aux anciens qui étaient analytiques. Une imposition analytique ou spéciale est celle portant sur un seul élément d'une richesse, contrairement à l'impôt synthétique ou général, qui atteint l'ensemble de celle-ci. Par exemple, la contribution des patentes ne frappait que les gains issus des activités commerciales, industrielles et libérales. De nos jours l'IR atteint tous les revenus.

Cette transformation a bouleversé la nature même du droit fiscal. Car nous savons (v. *supra* p. 47) que face à un impôt général, on ne peut pratiquer que le système déclaratif. Celui-ci engendre la fraude, qui s'est d'autant plus développée que la pression fiscale, au XXe siècle, a augmenté de façon vertigineuse. Les pouvoirs de l'administration ont donc été renforcés, de manière à être en mesure de lutter contre la fuite devant l'impôt ; jusqu'au point de rupture représenté par le poujadisme, dont le succès traduisit une exaspération fiscale. C'est à la suite de ce mouvement que l'on a reconnu au contribuable des droits pour le protéger face à l'administration. Par exemple, de nos jours, le contrôle fiscal d'une petite entreprise ne peut excéder trois mois, de manière à limiter le traumatisme qu'il peut représenter. De cette façon, le droit fiscal a acquis la même problématique que le droit administratif. Ce dernier a pour objet de faire triompher l'intérêt général, celui de la puissance publique, tout en ménageant les droits du citoyen. À l'identique, les règles de l'impôt poursuivent les intérêts du Trésor, qui doivent être conciliés avec les garanties reconnues au contribuable. Cet esprit nouveau fut particulièrement illustré par l'impôt sur le revenu.

2. L'instauration de l'impôt sur le revenu

L'IR remplaça les quatre vieilles, qui ne disparurent pas pour autant, car d'impôts d'État elles devinrent des impositions locales. Par rapport à ses voisins, la France adopta tardivement l'impôt sur le revenu. En effet, les conservateurs y étaient très hostiles, car l'IR représentait un changement de société. À l'individualisme libéral du XIXe siècle, incarné par l'impôt proportionnel, succédait l'idée de solidarité qui fonde l'impôt progressif. Une campagne de presse particulièrement violente se déchaîna contre Joseph Caillaux, ministre des finances qui finit par imposer son projet d'impôt sur le revenu. Le journal *Le Figaro* s'acharna à tel point sur le ministre que l'épouse de celui-ci tua, de plusieurs balles de pistolet, le directeur du quotidien. Chose stupéfiante, la cour d'assises prononça l'acquittement de Mme Caillaux, fin juillet 1914, à quelques jours de la guerre.

L'impôt sur le revenu adopté en France voulut d'ailleurs concilier proportionnalité et progressivité. En effet, il se composait à l'origine d'impositions qui taxaient de façon proportionnelle les différentes *cédules* ou catégories de revenus. Ainsi, on trouvait juste de taxer plus lourdement les revenus du capital que ceux du travail car, précisément, il n'est pas besoin de travailler pour engranger les premiers. Aux impositions cédulaires se superposait un impôt progressif portant sur l'ensemble des revenus. On a dit que le tout ressemblait à un temple grec, avec des colonnes proportionnelles supportant un toit progressif[1]. Malgré d'importantes réformes, cette juxtaposition n'a été supprimée qu'en 1970. Depuis, l'IR se résume à un seul impôt, progressif, qui atteint tous les revenus.

Mais la grande nouveauté fiscale du XXe siècle est constituée par la TVA. On ne peut pas comprendre le mécanisme de cet impôt sans remonter à ses origines. C'est tellement lié que nous allons étudier l'histoire de la TVA avec l'imposition de la dépense elle-même.

---

1. P.-M. Gaudemet, J. Molinier, *Finances publiques*, t. 2, 5e éd., Montchrestien, 1992, p. 285.

Chapitre premier

L'IMPOSITION DE LA DÉPENSE

Si la TVA constitue un impôt général, qui atteint tous les consommateurs pour tous leurs achats, il demeure encore quelques impositions spéciales sur la dépense : les *contributions indirectes* ou *accises*. Outre la particularité de former des impositions le plus souvent spécifiques, et non *ad valorem* (v. *supra* p. 27), les contributions indirectes s'ajoutent à la TVA. Le cumul des impôts a pour but de dissuader la consommation de produits nocifs pour la santé : l'alcool et le tabac. Mais la plus rentable des accises est constituée par la taxe intérieure sur les produits pétroliers (TIPP), qui n'a aucune finalité tenant à la santé publique ou à l'écologie : son intérêt est purement budgétaire. En effet, les carburants forment une matière surimposée, ainsi le prix de l'essence à la pompe est composé pour 60 % par la TIPP et la TVA [1]. Les contributions indirectes sont des impositions anciennes, remontant à l'Ancien Régime, qui souffrent d'une désuétude certaine. En témoigne le privilège des *bouilleurs de cru*. Le mot cru est synonyme de récolte. Leur activité consiste à faire bouillir notamment du vin afin d'obtenir de l'eau-de-vie. Les bouilleurs de cru sont des agriculteurs qui fabriquent de l'alcool à partir de leur récolte. Dès lors que la « gnôle » est réservée à leur usage personnel, ils peuvent produire jusqu'à 10 litres d'alcool pur par an sans devoir payer de contributions indirectes. Face à

1. Th. Lamulle, *Droit fiscal*, 12e éd., Gualino, coll. Mémento LMD, 2011, p. 172.

ces règles d'un autre âge, la TVA constitue un impôt très moderne.

Après être remonté aux origines de la TVA, qui permettent de comprendre son mécanisme (section 1), on étudiera le champ d'application de l'impôt (section 2), autrement dit les opérations qui y sont soumises, puis on verra comment on calcule la TVA (section 3).

Section I
Les origines et le mécanisme de la TVA

Le chemin qui conduisit le système fiscal français à adopter la TVA fut long et complexe, on ne peut ici qu'en présenter un tableau simplifié. Ce sont les ancêtres de la TVA (sous-section 1), particulièrement les défauts qui les caractérisaient, qui ont fait naître cet impôt (sous-section 2), lequel eut le mérite de corriger leurs imperfections.

Sous-section 1
Les ancêtres de la TVA

Le premier ancêtre de la TVA est apparu en 1917, en plein conflit mondial, où l'effort de guerre conduisait à engager des dépenses publiques considérables. Face à ces besoins, l'État décide d'instaurer un impôt général sur la dépense : la *taxe sur les paiements*. Cette imposition portait sur toutes les ventes au détail, elle venait s'ajouter au prix des biens vendus et était supportée par le consommateur. Elle avait l'avantage d'être simple, mais souffrait d'un très gros défaut : la fraude. En effet, si la vente n'était pas déclarée, l'État ne percevait rien.

En 1920, on eut l'idée de la remplacer par une taxe cumulative. C'est-à-dire une imposition qui n'est pas seulement acquittée par le consommateur à la fin du circuit économique, mais par tous les acteurs de ce circuit. Prenons l'exemple de la vente d'une baguette de pain qui sera achetée par un consommateur. On distingue quatre acteurs dans ce circuit : l'agriculteur, qui cultive le blé ; le meunier, qui moud le grain pour obtenir de la farine ; le boulanger, qui transforme la farine en pain ; et le consommateur, qui achète la baguette. Pour réduire les risques de fraude, on demande à chacun des acteurs d'acquitter l'impôt, lors des ventes successives de blé, de farine et de pain. Cette imposition cumulative fut appelée la *taxe sur le chiffre d'affaires*. Le chiffre d'affaires est constitué par l'ensemble des ventes réalisées par une entreprise. Aujourd'hui encore, la TVA fait partie de cette famille d'impôts qu'on continue d'appeler taxes sur le chiffre d'affaires, dès lors que leur base est constituée par le total des ventes.

Si la taxe cumulative permettait de limiter la fraude, en revanche elle souffrait également d'un gros défaut, celui de provoquer une forte hausse des prix. Car toutes les entreprises du circuit économique répercutaient l'imposition sur le prix de vente. L'agriculteur payait la taxe et en majorait le prix du blé. Le meunier vendait la farine augmentée de la taxe également due par lui, mais dans le prix de cette farine on trouvait celle acquittée par l'agriculteur. Enfin, le boulanger vendait le pain en ajoutant la taxe dont il était redevable. Si bien que le prix final comportait les impositions payées par l'agriculteur, le meunier et le boulanger. Donc, on assistait à un phénomène de taxes en cascade, encore appelé effet boule de neige.

Non seulement ce système était inflationniste, mais de plus il faussait la concurrence. Car plus le circuit économique était long, plus le prix final des marchandises était augmenté, par l'effet en cascade. Si, par exemple, le meunier recourait à un grossiste pour distribuer sa farine auprès des boulangers, le prix du pain en était accru, car s'y ajoutait la taxe payée par un acteur supplémentaire. Au contraire, le pain vendu à la fin d'un circuit qui ne comportait pas de grossiste était moins cher. Pour réduire ces effets antiéconomiques, on a inventé le système de la *déduction*, laquelle caractérise la TVA. La taxe sur la valeur ajoutée est née avec le mécanisme de la déduction.

Sous-section 2
LA NAISSANCE DE LA TVA

Reprenons l'exemple de la baguette de pain. Le meunier a acheté du blé à l'agriculteur pour 600 €. Lors de cette vente, le paysan doit acquitter une taxe de 10 %, soit 60 €, qu'il répercute sur le prix du blé. Donc au total le meunier lui paye son blé 660 € TTC (toutes taxes comprises), ou 600 € HT (hors taxes). Le meunier transforme le blé en farine et la vend à un boulanger pour 1 000 € HT ; lui-même doit payer sur cette vente une taxe de 10 %, soit 100 €. Au lieu de devoir verser ces 100 € au Trésor, le système de la déduction lui permet de retirer de cette somme la taxe répercutée par l'agriculteur. Donc le meunier va payer un impôt de 100 – 60 = 40 €. Ce montant de 40 € est appelé TVA nette, laquelle correspond à la différence entre la TVA brute (ou collectée) et la TVA déductible. La TVA brute est celle que le professionnel facture à son client, en plus du prix des marchandises : elle est collectée auprès de ce client. Le boulanger achète la farine au meunier pour un prix HT de 1 000 €, plus une TVA collectée de 100 €, soit 1 100 € TTC. La TVA déductible correspond à la taxe que le meunier a lui-même dû débourser pour acheter le blé à l'agriculteur, soit 60 €. La TVA nette est donc de 100 – 60 = 40 €.

Le meunier	HT	TVA	TTC	TVA brute	TVA déductible	TVA nette
achète	600	60	660	—	60	100 – 60 = 40
vend	1 000	100	1 100	100	—	

C'est le système de la déduction qui a fait naître, en 1954, la taxe sur la valeur ajoutée. La valeur ajoutée est la richesse créée par un professionnel. Par exemple, le meunier ajoute de la valeur au blé dès lors qu'il le transforme en farine, ce qui explique que la farine soit plus chère que le blé. La TVA ne va atteindre que cette valeur et non le prix de vente total du produit. Donc elle ne provoque pas d'effet cumulatif, elle est peu inflationniste. De plus, elle est neutre économiquement : qu'importe la longueur du circuit économique, dès lors que la TVA atteint uniquement la valeur que chaque entreprise ajoute au produit, et non son prix de vente. Elle fut inventée par un Français, Maurice Lauré. En raison de ses grandes qualités, de nombreux pays dans le monde ont adopté le système de la TVA, notamment les États membres de l'Union européenne. Si bien qu'aujourd'hui la TVA est très largement régie par le droit européen (v. *infra* p. 186). Le succès de la taxe sur la valeur ajoutée s'explique avant tout par sa rentabilité, due à un champ d'application très large.

Section II
LE CHAMP D'APPLICATION DE LA TVA

Ce champ permet de distinguer les opérations imposables à la TVA (sous-section 1) de celles qui n'y sont pas soumises (sous-section 2).

Sous-section 1

LES OPÉRATIONS IMPOSABLES

Elles sont définies par un texte fondamental, l'article 256 I du Code général des impôts : « Sont soumises à la TVA les livraisons de biens et les prestations de service effectuées à titre onéreux par un assujetti agissant en tant que tel. » En apparence, cette définition semble constituer une tautologie. C'est-à-dire une sorte de pirouette intellectuelle qui, au lieu de répondre à une question, renvoie à la question elle-même. En effet, les opérations imposables sont définies comme celles effectuées par des personnes assujetties, c'est-à-dire soumises à la TVA. Tandis que les assujettis sont identifiés comme des personnes réalisant des opérations imposables à la TVA. Bref, on tourne en rond. Il faut donc approfondir les notions d'assujetti (A) et d'opération imposable (B).

A. La notion d'assujetti

Une opération imposable à la TVA est celle réalisée lors d'une activité économique, c'est-à-dire une activité menée par un professionnel indépendant. Celui-ci est constitué par une personne se trouvant à la tête d'une entreprise pour la diriger librement et qui est seule responsable des décisions prises en son nom. À l'inverse, un professionnel dépendant est par exemple un salarié, tenu par son contrat de travail de respecter les instructions que lui donne son employeur. Fiscalement, on entend par entreprise toutes les entités économiques indépendantes qui exercent une activité industrielle, commerciale, agricole ou libérale. Cela englobe donc les commerçants et artisans, les sociétés industrielles et commerciales, les agriculteurs et les professions libérales.

Ces professionnels indépendants ont la qualité d'assujetti dès lors qu'ils réalisent des opérations qui entrent dans le champ d'application de la TVA. Ils perdent cette qualité s'ils accomplissent des actes qui se situent hors de ce champ. C'est pourquoi l'article 256 I précise qu'il doit s'agir d'assujettis agissants *en tant que tels*. Par exemple, un plombier, qu'on appellera Mario, installe une baignoire chez un client. Dans cette situation, il se comporte comme un assujetti, il exerce une activité économique. À l'inverse, si Mario se rend à un vide-greniers – une brocante d'amateurs – pour y vendre la baignoire de sa grand-mère qui traînait dans son garage depuis quarante ans, il n'agit plus à titre de professionnel indépendant mais comme un particulier. S'il vend la baignoire de sa grand-mère, cette cession ne sera pas soumise à la TVA, car il ne s'agit pas d'une opération imposable.

B. La notion d'opération imposable

Toutes les opérations effectuées par les entreprises ne sont pas soumises à la TVA. Seules sont imposables les livraisons de biens et les prestations de service. Les *livraisons de biens* sont le plus souvent des ventes, c'est-à-dire des contrats qui prévoient le transfert de la propriété d'un bien moyennant le versement d'un prix. Le vendeur délivre la chose à l'acheteur en contrepartie du prix payé. Les *prestations de service* sont définies comme englobant toutes les opérations qui ne constituent pas des livraisons de biens. Cette définition négative permet de donner à la TVA le champ d'application le plus large possible. Par exemple, sont des services les transports, les locations, les activités des professions libérales ou encore des artisans, ces derniers se définissant à raison d'une activité essentiellement manuelle.

Les prestations de service, comme les livraisons de biens, ne sont imposables que si elles sont effectuées *à titre onéreux*, c'est-à-dire moyennant une contrepartie. Au contraire, une opération réalisée à titre gratuit n'est pas imposable, car elle ne peut correspondre à une activité économique. Le plus souvent, la contrepartie est constituée par le versement d'un prix, correspondant à une vente ou une prestation de service. Mais le champ d'application de la TVA s'étend à toute opération qui présente une contrepartie. Par exemple, une entreprise verse une somme d'argent à une agence de publicité, contre l'engagement de celle-ci de ne pas travailler pour une autre entreprise concurrente. La rémunération de cette obligation de ne pas faire constitue une opération imposable. Le concept de contrepartie a été précisé avec la notion de lien direct.

Une opération n'est imposable à la TVA que s'il existe un *lien direct* entre le bien livré ou le service rendu d'une part, et la contrepartie reçue d'autre part. Celui qui consent la contrepartie doit bénéficier en échange d'un avantage individualisé et en rapport avec le prix payé. Il y a donc deux conditions à satisfaire. Tout d'abord il faut être en présence d'un engagement de fournir un bien ou un service déterminé à une personne précise, celle-ci doit donc bénéficier d'un avantage direct. Ensuite le prix payé doit être d'un montant qui soit en proportion avec la valeur de la prestation fournie ou du bien livré.

Prenons un exemple tiré de la réalité. Cela se passait aux Pays-Bas, dans la rue, où se répandait le son joyeux d'un orgue de Barbarie. Le joueur d'orgue avait disposé devant lui une soucoupe pour recevoir un peu d'argent. Or un fonctionnaire des impôts passait par là et entendit soumettre le musicien à la TVA, en considérant qu'il réalisait une opération entrant dans le champ d'application de l'impôt. L'affaire alla jusque devant le juge [1] qui

1. CJCE, 3 mars 1994, aff. 16/93, *Tolsma*, *RJF* 1994.6.759.

donna tort à l'administration fiscale. En effet, il n'existait aucun contrat conclu entre le joueur et les passants. Les piétons ne versaient d'argent qu'à titre volontaire et à raison de sommes dont le montant était décidé par eux seuls. Par ailleurs, le juge souligna l'absence de lien direct entre la prestation musicale et l'argent versé. Car les passants n'avaient pas demandé que la musique fût jouée à leur profit. S'ils ont pu donner de l'argent au joueur ce n'était pas seulement à raison de la prestation réalisée par celui-ci, mais aussi pour des raisons subjectives, telle que la sympathie que leur inspirait le musicien, ou le petit singe grimpé sur son épaule. Les versements étant purement gracieux, le juge en a déduit que la prestation musicale n'était pas une opération imposable à la TVA.

Sous-section 2
LES OPÉRATIONS NON SOUMISES À LA TVA

Parmi ces opérations qui ne donnent pas lieu au paiement de la TVA, il faut bien distinguer celles qui n'entrent pas dans le champ d'application de l'impôt (A) de celles qui en sont exonérées (B).

A. Les opérations hors du champ d'application de la TVA

N'entrent pas dans le champ d'application de la TVA les opérations qui ne correspondent pas à une activité économique. Ce sont avant tout celles réalisées par les particuliers. Les livraisons de biens et les prestations de service faites par des particuliers, même à titre onéreux, ne donnent pas lieu à une TVA collectée, mais elles n'autorisent pas non plus la déduction de la TVA. Nous savons qu'un assujetti peut se comporter comme un particulier dès lors qu'il n'agit pas en tant que professionnel indépendant – en tant que tel. Les particuliers sont aussi appelés des consommateurs finaux : ils se trouvent à la fin d'un circuit économique, comme la vente d'une baguette de pain dans notre exemple. Ils payent la TVA lorsqu'ils consomment – quand ils acquièrent un bien ou un service. La TVA est un impôt sur la consommation, car elle est supportée par le consommateur final sur le prix de vente total du produit.

À l'inverse, chaque assujetti du circuit économique paye au Trésor une TVA qui n'est pas calculée sur le prix des biens vendus ou des services réalisés, mais seulement sur la valeur ajoutée qu'il a produite. C'est pourquoi il est plus intéressant d'être assujetti que particulier ou encore professionnel exonéré. En effet, dès lors que l'assujetti sert de collecteur d'impôt au profit du Trésor, on rémunère le service qu'il rend en ne l'imposant que sur sa valeur ajoutée. Le statut de redevable légal est donc plus avantageux que celui de redevable réel (sur cette distinction v. *supra* p. 38). Les autres opérations qui n'entrent pas dans le champ d'application de la TVA sont celles réalisées à titre gratuit.

Les personnes qui agissent à titre gratuit ne sont pas soumises à la TVA, car celle-ci suppose nécessairement une opération faite à titre onéreux. Ainsi, les personnes publiques ne sont normalement pas sujettes à la TVA, car, en principe, les services publics sont gratuits. Leurs opérations ne sont imposables que si elles sont réalisées à titre onéreux et qu'elles entrent en concurrence avec une activité identique exercée par des personnes privées. On ne veut pas, en effet, qu'une activité soit moins chère qu'une autre parce qu'elle ne supporte pas de TVA, alors que les conditions de leur exercice sont les mêmes. Par exemple, les droits d'inscription à l'Université ne sont pas soumis à la TVA, car ils sont réclamés par une personne publique pour les besoins d'un service public. À l'inverse, des activités de recherche menées par une université, dès lors qu'elles sont commandées par une entreprise et facturées à celles-ci, supportent de la TVA [1]. En effet, un laboratoire privé pourrait rendre la même prestation.

Les associations se situent par principe en dehors du champ d'application de la TVA, car normalement leurs opérations sont faites à titre gratuit. Cependant, si elles réalisent des opérations à titre onéreux qui font concurrence à des entreprises, elles entrent dans le champ d'application de l'impôt. Leur activité est alors imposable à la TVA de manière à ce que les prix qu'elles pratiquent soient les mêmes que ceux du secteur marchand.

Il faut bien distinguer les opérations non imposables, pour ne pas entrer dans le champ d'application de la TVA, et celles qui sont exonérées de l'impôt. En effet, les opérations qui ne sont pas dans le champ de la TVA ne peuvent donner lieu à une déduction, contrairement à celles exonérées. On en donnera un exemple un peu plus loin avec les cessions de fonds de commerce.

B. Les opérations exonérées de TVA

Nous savons qu'un assujetti est une personne qui réalise des opérations entrant dans le champ d'application de la TVA, il s'agit du redevable légal de l'impôt. Pourtant, certains assujettis sont exonérés : leur activité est normalement imposable, pour se situer dans le champ

1. M. Cozian, F. Deboissy, *Précis de fiscalité des entreprises*, 35e éd., LexisNexis, 2011, n° 1054.

de l'impôt, mais une disposition expresse de la loi prévoit qu'elle ne supporte pas de TVA. Dans cette hypothèse, on sera en présence d'assujettis non redevables. Deux raisons principales conduisent la loi à décider d'une exonération : des motifs sociaux (1) et le souci d'éviter une double imposition (2). Par ailleurs, les micro-entreprises (v. *supra* p. 44) sont exonérées de TVA, de manière à alléger leurs obligations, également parce qu'elles ne sauraient produire des rentrées fiscales importantes. Enfin, on examinera plus loin (p. 105-106) une exonération tout à fait particulière, celle profitant aux exportateurs.

1. Exonérations motivées par des raisons sociales

Des motifs sociaux expliquent l'exonération des activités médicales. Il s'agit de rendre les soins moins chers pour les patients et de soulager les finances de la Sécurité sociale qui, si la TVA s'appliquait, devrait la rembourser aux malades. Cependant, on verra (*infra* p. 102) que la vente de médicaments est imposable à la TVA. Les médecins se plaignent de leur exonération, car celle-ci constitue un cadeau empoisonné. En effet, être redevable de la TVA oblige certes à verser au Trésor l'impôt collecté sur les clients, mais cela permet aussi de déduire la TVA acquittée sur les charges. Pour le comprendre, prenons l'exemple d'un médecin, donc exonéré, et d'un avocat, redevable. Tous les deux choisissent d'engager une dépense : l'achat d'un vêtement professionnel. Le médecin achète une blouse blanche, l'avocat acquiert une robe noire. Chacune des acquisitions est réalisée pour le même prix de 100 €. Par ailleurs, l'avocat et le médecin facturent des honoraires à un client pour un même montant de 150 €.

L'avocat	HT	TVA	Coût de l'impôt
facture	150	collectée : 29,4	29,4 – 19,6 = 9,8
achète	100	déductible : 19,6	

L'avocat, redevable, doit collecter 29,4 € de TVA ; mais il peut déduire 19,6 € sur l'achat du vêtement professionnel. La TVA lui coûte 9,8 €.

Le médecin	HT	TVA	Coût de l'impôt
facture	150	0 (exonération)	19,6 – 0 = 19,6
achète	100	19,6	

Le médecin, exonéré, ne facture pas de TVA à son client, cependant il ne peut pas déduire la taxe qu'il a dû payer lors de l'achat de la blouse. La TVA lui coûte 19,6 €. Il trouve une consolation lorsqu'il s'agit de calculer son bénéfice imposable à l'IR. Ce bénéfice est égal aux recettes encaissées moins les dépenses payées au titre de l'activité professionnelle. N'étant pas redevable, le médecin peut déduire ses dépenses TTC, au contraire de l'avocat qui les déduit HT. À raison du même achat d'un vêtement professionnel, le bénéfice imposable du médecin sera réduit de 119,6 € ; contre 100 € pour l'avocat.

Ce sont également des motifs sociaux qui expliquent que certaines activités d'enseignement sont exonérées. Il s'agit des enseignements scolaires et universitaires dispensés par des établissements privés – sachant que les établissements publics, faisant partie de l'administration, se trouvent hors du champ d'application de la TVA. En revanche, des cours de langue, de sport, ou de conduite automobile ne sont pas exonérés, car aucun motif social ne pourrait l'expliquer.

Les activités des banques donnent lieu à une exonération, de manière à rendre moins cher le coût du crédit, mais cette mesure s'explique surtout par la volonté d'éviter une double imposition.

2. Exonérations tendant à éviter une double imposition

Cette double imposition serait produite par l'application de la TVA et, en plus, d'une autre imposition qui porte spécifiquement sur l'activité en cause. Ainsi les opérations de banque et d'assurance font l'objet d'impositions spéciales ; à ce titre, elles sont exonérées de TVA. En effet, la TVA ne serait pas adaptée à ces activités, dans lesquelles la valeur ajoutée est difficile à déterminer. Comment la calculer quand une banque accorde un prêt, ou lorsqu'une compagnie d'assurance indemnise un client à raison d'un sinistre ? On a donc préféré soumettre les activités de banque et d'assurance à des impositions mieux adaptées à leur spécificité.

Les cessions de fonds de commerce, par lesquelles on vend une entreprise, sont des opérations entrant dans le champ d'application de la TVA. Mais elles sont exonérées parce qu'elles subissent une autre imposition, les droits d'enregistrement. Cependant, le vendeur et l'acheteur, même s'ils réalisent une opération exonérée, gardent la qualité d'assujetti. Ils peuvent donc déduire la TVA sur les frais occasionnés par cette cession. Par exemple, si le vendeur a fait appel à un agent immobilier pour rechercher un acheteur, la TVA facturée par l'intermédiaire est déductible.

Maintenant que nous savons quelles sont les opérations soumises à la TVA, voyons comment on calcule l'impôt.

Section III
LE CALCUL DE LA TVA

La différence entre la TVA collectée (sous-section 1) et la TVA déductible (sous-section 2) aboutit à la TVA nette, celle devant être payée au Trésor (sous-section 3).

Sous-section 1
LA TVA COLLECTÉE

Trois éléments sont nécessaires à sa détermination. Tout d'abord le temps, car il faut savoir quand la TVA doit être payée. Pour se situer dans le temps fiscal, on dispose de deux instruments : le fait générateur et l'exigibilité de l'impôt (A). Le deuxième élément est constitué par la base imposable, c'est-à-dire le prix du bien livré ou du service rendu. Il suffit d'appliquer le taux sur la base pour obtenir le montant de la TVA. Mais il existe plusieurs taux : il faut en conséquence savoir quel est celui applicable à l'opération en cause. Le taux (B) forme donc le troisième et dernier élément.

A. Fait générateur et exigibilité

Le fait générateur est l'événement qui donne naissance à la dette d'impôt. L'exigibilité est la date à compter de laquelle le Trésor est en droit de réclamer le paiement de sa créance. En pratique, l'exigibilité permet de déterminer la période d'imposition à laquelle il convient de rattacher une opération imposable. De même, c'est au moment où la TVA devient exigible pour le fournisseur que le client pourra la déduire.

S'agissant des ventes, l'exigibilité coïncide avec le fait générateur : tous les deux sont constitués par le même événement, la livraison. Par exemple, une entreprise livre des marchandises à une autre le 10 mars : le fait générateur et l'exigibilité sont réalisés ce même jour. Le vendeur devient redevable de la TVA collectée, sa dette doit être rattachée au mois de mars, qui constitue la période d'imposition. De même, l'acheteur pourra déduire la TVA, toujours au titre de ce même mois.

En matière de prestations de service, les règles sont différentes. En effet, par nature, un service est immatériel, on ne peut donc parler de la livraison d'un service. Il a dès lors fallu retenir un autre fait générateur, celui de l'exécution. C'est une fois le service exécuté, achevé, que la dette de TVA prend naissance. De plus, le fait générateur et l'exigibilité ne coïncident pas : l'exigibilité intervient lors du paiement du prix par le client. En retenant cette règle du paiement, on a voulu prendre une garantie supplémentaire : dès lors que le client a payé, on est assuré que le service a bien été rendu. Pour calculer sa TVA collectée, le prestataire va donc additionner chaque mois tous les paiements qu'il a reçus de ses clients. Reste à savoir quel est le taux applicable.

B. Les taux de la TVA

Le *taux normal*, de 19,6 %, est celui de droit commun, correspondant à la règle générale. Il s'applique par principe : toute opération soumise à la TVA est passible du taux normal, sauf si la loi prévoit expressément qu'un autre taux est applicable. Il s'agit tout d'abord du *premier taux réduit*, de 5,5 %, qui atteint des biens et des services dont on veut minimiser le coût, de façon à les rendre moins chers, car ils sont indispensables (v. *supra* p. 34). Le consommateur n'aura pas à payer un prix majoré d'une TVA de 19,6 % mais seulement de 5,5 %.

Sont notamment soumis au premier taux réduit les produits alimentaires, car il s'agit de biens de première nécessité par nature : tout le monde doit se nourrir. Le souci de rendre moins chers les aliments explique que le caviar soit soumis au taux normal, car c'est un produit de luxe. En effet, si chacun doit s'alimenter, il n'est pas indispensable de le faire en consommant du caviar. C'est le même principe avec le chocolat. Le chocolat ménager, celui qu'on utilise pour la cuisine, est un produit alimentaire, donc taxable à 5,5 %. En revanche, le « chocolat de plaisir », notamment sous forme de tablette, est imposable à 19,6 %, car on le consomme davantage pour se faire du bien que pour se nourrir. On peut en conclure que la TVA, d'une certaine façon, est un impôt sur le plaisir. L'alcool est également exclu du taux réduit, car bien évidemment on ne cherche pas à favoriser sa consommation, il est donc taxé à 19,6 %.

Un *second taux réduit*, de 7 %, a été créé à compter du 1er janvier 2012, afin d'accroître les ressources de l'État. Il porte sur l'essentiel des biens et services qui jusqu'alors étaient soumis au taux de 5,5 %, dont on souhaite toujours minimiser le coût, sans qu'ils soient pour autant indispensables. Il s'agit tout d'abord de la restauration, qui bénéficiait depuis 2009 du taux de 5,5 %, alors qu'auparavant elle était soumise au taux normal. Donc les prestations des cafés et restaurants sont désormais imposables à 7 %. L'application d'un taux réduit à la restauration reste contestable. En effet, d'une part les pauvres ne peuvent pas se permettre d'aller au restaurant. D'autre part, lorsqu'on s'y rend, il s'agit moins d'acheter des aliments que de bénéficier de services : on fait la cuisine pour vous et l'on vous sert, après quoi vous n'avez pas à débarrasser la table ni à faire la vaisselle. Or, par principe, les prestations de service relèvent du taux normal. La seule restriction concerne l'alcool : la consommation de boissons alcooliques, dans les cafés et restaurants, est soumise au taux de 19,6 %.

Les biens et services culturels sont également soumis au second taux réduit, de façon à les rendre moins chers et ainsi favoriser la diffusion de la culture. Les livres, les prix d'entrée des cinémas et théâtres sont donc taxés à 7 %. Le transport de personnes relève du second taux réduit de manière à encourager les transports en commun. Dernier exemple : les travaux dans les logements (v. *supra* p. 63-64) bénéficient du taux de 7 %.

Il existe enfin un *taux « super-réduit »* de 2,1 % – taux spécial car il ne s'applique qu'à deux sortes de produits seulement. Tout d'abord les journaux, ou plus généralement les périodiques (quotidiens, magazines, revues), cela dans un but de pluralisme politique (v. *supra* p. 102). Sont également soumis au taux de 2,1 % les médicaments remboursés par la Sécurité sociale, afin que les coûts supportés par celle-ci, dont les finances sont en mauvais état, soient les plus faibles possible. Les médicaments non remboursables sont taxés à 7 %.

De la TVA collectée, l'assujetti va pouvoir retirer la TVA déductible.

Sous-section 2
LA TVA DÉDUCTIBLE

Le mécanisme même de la TVA permet de déduire la taxe payée par l'entreprise sur ses dépenses. Ainsi le redevable n'est imposé que sur la valeur ajoutée qu'il produit. Cette logique explique que là où il n'y a pas de TVA collectée, il ne peut y avoir de TVA déductible. De même qu'il n'y a pas de fumée sans feu. Pour exercer le droit à déduction, autrement dit celui de déduire de la TVA, il faut être à la fois assujetti et redevable. Ce droit est soumis à des conditions (A) que l'entreprise doit respecter. S'il est général, s'il concerne toutes les charges ayant supporté de la TVA, il existe cependant des exceptions à ce principe (B).

A. Les conditions du droit à déduction

La TVA n'est déductible que si elle a été acquittée sur des biens ou des services qui seront eux-mêmes utilisés pour les besoins d'une opération imposable. Chez un commerçant, par exemple, la TVA grevant le prix des marchandises achetées est déductible, car l'objet d'un commerce est d'acheter des biens pour les revendre. Il y a donc une correspondance entre la TVA que l'entreprise a payée en amont et celle qu'elle va collecter en aval. Autrement dit, la TVA relative aux achats présente un lien immédiat avec celle portant sur les ventes. Si en revanche le commerçant fait payer par l'entreprise un bouquet de fleurs qu'il offre à son épouse, la TVA n'est pas déductible. Car les fleurs ne sont pas utilisées pour les besoins d'une opération imposable, d'une vente réalisée par l'entreprise.

Le redevable doit présenter un document apportant la preuve qu'il a engagé une charge utile à son activité. Le plus souvent, ce justificatif est constitué par une facture. Ainsi, le commerçant doit conserver les factures d'achat des marchandises. À l'appui de ces documents, il peut prouver qu'il a engagé des charges dans l'intérêt de l'entreprise. Au vu de la facture, l'administration, en cas de contrôle, pourra en effet s'assurer de la nature des produits achetés, de leur prix et de leur date d'acquisition. C'est donc pour garantir l'efficacité du contrôle fiscal, et dès lors lutter contre la fraude, que l'on conditionne l'exercice du droit à déduction à l'existence d'une facture : pas de déduction sans justificatif. Même si une opération est bien réelle, par exemple que des marchandises ont été livrées et payées, par principe la TVA n'est pas déductible en l'absence de facture.

Le droit fiscal et l'administration sont très exigeants en matière de TVA. Cela pour deux raisons. Tout d'abord, cet impôt représente la moitié des rentrées fiscales de l'État. Ensuite, la TVA versée par les redevables au

Trésor n'est pas issue de leur poche : ce n'est pas leur argent mais celui qu'ils ont collecté auprès de leurs clients. L'administration est plus arrangeante s'agissant de l'impôt sur les bénéfices, car celui-ci est calculé sur une base représentée par des gains réalisés par l'entreprise : c'est son argent, pas celui de ses clients.

Par principe, le droit à déduction est général, il porte sur l'ensemble des charges exposées par l'entreprise qui ont supporté de la TVA. Mais, à ce principe, il existe des exceptions.

B. Les exceptions au droit à déduction

Certains biens et services n'ouvrent pas droit à déduction, par exemple ceux relatifs au transport des personnes. Ainsi, lorsqu'une entreprise achète un véhicule de tourisme, la TVA sur cette acquisition n'est pas déductible. Un véhicule de tourisme correspond à une voiture ordinaire, par opposition à un véhicule utilitaire, comme un camion. De même, les frais d'entretien ou de réparation de la voiture n'ouvrent pas droit à déduction. Dans la même idée, un redevable ne peut déduire la TVA lorsqu'il prend le train, ou un taxi, même s'il s'agit de se rendre chez un client. L'État soutient que les dépenses en cause ne sont pas strictement professionnelles, puisqu'un particulier peut également se déplacer. Cette explication n'est guère convaincante. En réalité, il s'agit d'éviter des déductions importantes qui pourraient compromettre la rentabilité de l'impôt. Ainsi, une entreprise n'est pas encouragée à acquérir une voiture de tourisme coûteuse dès lors qu'elle ne peut déduire la TVA. De même, elle fera voyager ses salariés en seconde classe plutôt qu'en première.

En soustrayant la TVA déductible à la TVA collectée, on obtient la TVA nette, celle qu'il faut verser au Trésor.

Sous-section 3

LE PAIEMENT DE LA TVA

Par principe, la TVA doit être payée chaque mois. Seules les entreprises dont le chiffre d'affaires est faible, sans néanmoins relever du régime micro, n'ont à la verser que tous les trimestres. Les redevables totalisent leur TVA collectée et déductible et déterminent ainsi le montant de l'impôt à verser au Trésor. Ces travaux d'assiette et de liquidation sont consignés dans une déclaration, déposée auprès du fisc en même temps qu'un chèque, donc selon le mécanisme du paiement spontané.

Il arrive qu'un redevable n'ait rien à payer. Cela se produit lorsque sa TVA déductible est supérieure à celle collectée. Par exemple, une entreprise achète une machine, coûteuse ; elle déduit à ce titre une TVA supérieure à la TVA collectée du mois d'acquisition du bien. Dans cette hypothèse, l'entreprise dispose d'un *crédit de TVA*, à raison duquel les rôles sont inversés : le redevable n'est plus le débiteur du Trésor, il devient son créancier. Le crédit dégagé au titre d'un mois est reportable sur la TVA nette des mois suivants jusqu'à épuisement. Autrement dit, la créance vient s'imputer sur la dette représentée par la TVA nette à venir, jusqu'à sa disparation. Mais l'entreprise peut également choisir, si le crédit dépasse une certaine somme, de se le faire rembourser par le Trésor. On remarquera que les entreprises sont encouragées à investir : si elles font l'acquisition d'une nouvelle machine, plus performante que l'ancienne, elles sont provisoirement dispensées de payer de la TVA et peuvent même recevoir de l'argent du Trésor.

Certains assujettis, les exportateurs, sont en situation de crédit permanent. Dans la logique de la TVA, impôt sur la dépense, les exportations sont exonérées car la consommation n'a pas lieu dans le pays de départ des marchandises, mais dans celui d'arrivée. À l'inverse, les importations sont imposables, puisque les produits sont consommés dans l'État d'arrivée. Normalement, si une exonération dispense de collecter la TVA, elle ne permet pas de la déduire. Or, pour inciter les entreprises à exporter, les ventes vers l'étranger sont effectivement exonérées, mais le droit à déduction est conservé. Autrement dit, on déroge à un principe fondamental : pas de TVA déductible sans TVA collectée. Pour les entreprises exportatrices, il y a donc de la fumée sans feu. L'entorse est tellement énorme que certains auteurs soutiennent qu'il ne s'agit pas d'une exonération, que les exportations sont imposables mais au taux zéro. En réalité, dès lors que ce taux n'existe pas, il s'agit bien d'une exonération, mais particulière, c'est le moins que l'on puisse dire.

Les entreprises dont la totalité ou une part importante du chiffre d'affaires est constituée par des exportations bénéficient donc d'une situation très avantageuse. En effet, elles n'ont pas ou peu de TVA collectée, alors qu'elles disposent d'une TVA déductible, d'où une situation de crédit permanent. Il ne sert à rien de reporter cette créance, car tous les mois sont créditeurs. C'est pourquoi les entreprises exportatrices se font rembourser leur crédit de TVA chaque mois. Il est clair ici que le Trésor subventionne les exportations.

Quel bilan peut-on tirer de l'étude de la TVA ? À son actif, on notera avant tout l'efficacité de l'impôt puisqu'il est très rentable. Cela tient à sa généralité et à son caractère indolore (v. *supra* p. 30). De plus, la collecte de la TVA est peu coûteuse pour l'État dès lors que le travail d'assiette, liquidation et recouvrement est assuré par les entreprises. Par ailleurs, l'impôt encourage l'investissement et les exportations. Au passif, la TVA est un impôt injuste puisque réel et proportionnel (v. *supra* p. 31-32). Certes, il existe des taux réduits, mais dont le domaine est trop restreint. Ainsi les vêtements relèvent du taux normal alors que tout le monde doit s'habiller. Enfin, pour atteindre la consommation, la TVA constitue un impôt sensible, dont les rentrées sont dépendantes de la conjoncture (v. *supra* p. 61). Le bilan est donc mitigé.

Le plus souvent, une dépense n'est possible qu'à raison d'un revenu : il faut disposer de ressources régulières pour être en mesure de consommer. Si le revenu est un flux entrant et la dépense un flux sortant, il s'agit néanmoins de la même richesse : le même argent est gagné et dépensé. Dès lors qu'il existe des impôts sur la dépense et sur le revenu, on en déduit que la même base est soumise à plusieurs impositions.

Chapitre II
L'IMPOSITION DU REVENU

L'impôt sur le revenu (section 1) n'est pas le seul à atteindre celui-ci. S'y ajoutent les impôts sociaux sur le revenu (section 2), dont le principal est la CSG. L'IR n'intéresse que les personnes physiques, les individus. Une autre imposition frappe les revenus des personnes morales, lesquelles forment un groupement de personnes physiques, telle une société, ou une association ; il s'agit de l'IS, l'impôt sur les sociétés (section 3).

Section I
L'IMPÔT SUR LE REVENU

La notion de revenu imposable (sous-section 1) va permettre de définir la base soumise à l'IR. Cette base est elle-même constituée par l'addition des différents gains perçus par le contribuable, il existe en effet plusieurs catégories de revenus (sous-section 2). On verra enfin comment on détermine l'impôt (sous-section 3). Par ailleurs, une contribution exceptionnelle sur les hauts revenus a récemment été créée (v. *infra* p. 341-342).

Sous-section 1
LA NOTION DE REVENU IMPOSABLE

Cette notion est définie par des théories du revenu (A). Il ne suffit pas d'identifier un revenu pour qu'il soit nécessairement soumis à l'impôt. En effet, le gain n'est imposable que s'il répond à certains caractères (B).

A. Les théories du revenu

Il existe deux notions du revenu : la première est juridique, la seconde économique. Au sens juridique, le revenu est inspiré d'un concept du droit civil, le *fruit*. Il s'agit alors d'un gain issu d'un capital ou d'une activité. Par exemple, un salarié, outre sa propre résidence, détient la propriété d'une maison qu'il donne en location. Les loyers sont les fruits issus de cet élément du capital que constitue l'immeuble. De même, les salaires sont les revenus produits par l'activité professionnelle de ce contribuable. En conséquence, un revenu forme un gain issu d'une source de richesse, capital ou activité. Tant que la source existe, qu'elle n'est pas tarie, elle procure des fruits car ces gains sont susceptibles de se renouveler. Cela rejoint le sens du mot revenu : ce qui revient, périodiquement. Aussi longtemps que la maison est donnée en location, elle produit des loyers ; tant que le contribuable travaille, son activité génère des salaires. Cette notion juridique du revenu, qu'on appelle la *théorie de la source*, est celle qui domine : par principe, un gain ne sera qualifié de revenu que s'il lui correspond. Mais cette théorie présente un défaut, elle ne tient pas compte de toute la richesse que peut générer un capital ou une activité.

Si, par exemple, le contribuable vend la maison plus chère qu'il ne l'a achetée, il réalise une plus-value. Or la vente d'un immeuble, pour un particulier, constitue une opération exceptionnelle. La plus-value n'est donc pas un revenu au sens de la théorie de la source car elle n'est pas susceptible de se renouveler. De même, si le contribuable perçoit de son employeur une prime exceptionnelle, il n'est pas certain qu'il la touchera les années suivantes. Par souci d'égalité, mais surtout pour élargir l'assiette de l'impôt, une notion économique du revenu est venue s'ajouter à celle proprement juridique. Il s'agit de la *théorie de l'enrichissement*, pour laquelle un gain constitue un revenu dès lors qu'il provoque un enrichissement du contribuable. Peu importe que ce gain soit susceptible de se renouveler ou non.

Le droit fiscal choisit de recourir à l'une ou l'autre des théories selon la nature du revenu en cause. Il applique ainsi la théorie de la source pour définir les *revenus fonciers*, ceux tirés d'un immeuble ; de même s'agissant des *revenus de capitaux mobiliers*, issus du capital non plus foncier mais mobilier, par exemple des actions en bourse, qui peuvent produire des revenus, appelés dividendes. À l'inverse, la théorie de l'enrichissement s'applique à la catégorie des *plus-values*, car le revenu change de nature. En effet, tant que l'on se contente de percevoir les fruits de son capital, loyers ou dividendes, on est imposé selon la théorie de la source. Dès lors que l'on cède la maison ou les actions, en réalisant un bénéfice, la notion de revenu n'est plus la même. D'ailleurs les plus-values sont imposées à raison d'un taux proportionnel et non d'un barème progressif. Car, si elles sont élevées, le contribuable serait pénalisé par la progressivité de l'impôt.

Reste la quatrième et dernière catégorie de revenus des particuliers, celle des *traitements et salaires*. Elle correspond aux gains des professionnels dépendants. On parle de traitements pour les fonctionnaires et de salaires s'agissant du secteur privé. Dans cette catégorie, on retient par principe la théorie de la source, mais on peut également recourir à celle de l'enrichissement, par exemple afin d'imposer une prime exceptionnelle. On verra que les catégories de revenus des entreprises embrassent également tous les gains issus de l'activité.

Identifier un revenu ne suffit pas pour que celui-ci soit imposable, il doit en plus répondre à des caractères.

B. Les caractères du revenu imposable

Est imposable le revenu qui présente deux caractères : il est disponible et net. Tout d'abord, le contribuable n'est soumis à l'impôt qu'à raison des gains dont il a eu la libre disposition. Le plus souvent, cette disponibilité dépend de l'encaissement d'une somme d'argent. Par exemple, un salarié est payé au moyen de virements bancaires. Lorsqu'il a encaissé son salaire, celui-ci est disponible, l'intéressé peut en faire ce qu'il veut. Le fait générateur est donc constitué par le paiement. Si le salaire de décembre de l'année N est payé pendant ce même mois, il doit être déclaré au titre de N. Si, à l'inverse, il n'est viré qu'en janvier N+1, il doit être soumis à l'impôt de N+1 ; qu'importe qu'il corresponde à un travail effectué pendant l'année précédente. En revanche, si le salarié est payé par chèque, qu'il a reçu en N un chèque encaissé seulement en N+1, la somme est imposable sur N. En effet, il ne dépendait que de sa volonté de porter le chèque à sa banque plus tôt. Là encore, la somme était disponible, dès l'année N.

Le plus souvent, également, on n'est imposable qu'à raison de sommes dont on est propriétaire. Le salarié détient la propriété de l'argent qui rémunère son travail. Pourtant, une hypothèse inverse peut se rencontrer. Par exemple, le comptable d'une société détourne à son profit de l'argent de l'entreprise. Mais il se fait prendre et subit, quelques années plus tard, une condamnation. Outre la sanction pénale, il doit restituer l'argent volé, ce qu'il fait. La seule circonstance qu'il ait pu librement disposer de la somme rend celle-ci imposable, alors même que le contribuable n'en était pas propriétaire puisqu'il l'a dérobée. Il ne faut pas croire ici que le droit fiscal cherche à punir le voleur. Ce n'est pas son objet et de plus l'impôt n'est pas une sanction. Tout ce qui importe est la réalisation du fait générateur : la somme était disponible donc elle est imposable. Le fait qu'elle ait été restituée demeure indifférent.

N'est soumis à l'IR que le revenu net, correspondant aux gains perçus moins les charges qui ont permis leur réalisation. Reprenons l'exemple du contribuable qui, outre ses salaires, perçoit des loyers. À raison de son travail, il doit notamment payer des frais de transport pour se rendre à son bureau. Ces dépenses, nécessaires à l'activité professionnelle, viennent en moins des salaires encaissés. La différence constitue le revenu net, celui imposable. En matière de traitements et salaires, les frais professionnels sont évalués de façon forfaitaire à 10 % des rémunérations perçues.

Au titre des revenus fonciers, le contribuable peut également déduire tous les frais occasionnés par l'immeuble donné en location, comme des dépenses d'entretien ou de réparation. Il arrive même qu'à raison d'une année, le bien produise plus de charges que de revenus, par exemple s'il a fallu refaire la toiture de la maison. Dans cette hypothèse, le contribuable dégage non un revenu mais un déficit foncier. Cette perte vient en moins des salaires pour former le revenu global. Cependant, la déduction est plafonnée : si le déficit foncier est supérieur à une certaine somme, seule celle-ci vient diminuer le revenu global. Le surplus ne pourra être déduit que des revenus fonciers des années suivantes. La règle du plafond a pour but d'éviter des abus : par exemple un contribuable qui engage, dans l'immeuble, des travaux somptueux uniquement pour réaliser un déficit qui viendra diminuer ses autres revenus et donc son impôt. Quelle que soit la catégorie à laquelle ils appartiennent, tous les revenus imposables sont nets.

Sous-section 2
LES CATÉGORIES DE REVENUS

Rappelons que par principe la base de l'IR est déterminée selon la méthode réelle, sauf exceptions : on emploie des indices pour la taxation d'après les éléments du train de vie (v. *supra* p. 42-43) et le forfait avec le système de la micro-entreprise (v. *supra* p. 44). On distinguera les revenus des particuliers (A) de ceux des entreprises (B).

A. Les revenus des particuliers

On opposera les revenus du travail (1) à ceux du capital (2).

1. Les revenus du travail : traitements et salaires

Les traitements et salaires sont perçus par les professionnels dépendants. Il s'agit des personnes dont l'activité les place dans un état de subordination vis-à-vis d'un employeur, et qui donc se trouvent sous la dépendance de celui-ci. Un salarié, en signant son contrat de travail, s'engage à suivre les ordres de son patron. De la même façon, un fonctionnaire, rémunéré par des traitements, est soumis à l'autorité hiérarchique de ses supérieurs. Les pensions de retraite relèvent également des traitements et salaires, quelle qu'ait été la profession exercée : dépendante ou indépendante.

Par principe, toute rémunération est imposable, qu'elle corresponde à la théorie de la source ou à celle de l'enrichissement. Sont également soumis à l'impôt les avantages en nature, par exemple un logement ou une voiture de fonction. Les revenus de remplacement, comme les allocations de chômage, les indemnités pour maladie ou maternité, sont imposables puisqu'ils remplacent les salaires. En revanche, les sommes qui relèvent de l'aide sociale, telles les allocations familiales ou les bourses d'étudiants, échappent à l'impôt de manière à apporter l'aide la plus grande possible. Les rémunérations perçues par les étudiants ne sont pas imposables, à la condition de rester modestes. Il doit s'agir d'une activité salariée exercée par un étudiant âgé de moins de 26 ans au 1er janvier de l'année d'imposition et dans la limite de trois fois le Smic mensuel. Nombreux sont les étudiants contraints de travailler pour financer leurs études. La mesure a pour but de les soulager du poids de l'impôt. Enfin, les heures supplémentaires de travail sont exonérées d'IR, afin d'encourager les salariés à accroître leurs revenus. Des gains perçus on déduit les frais professionnels.

Par souci de simplification, les frais payés par les salariés au titre de leur profession sont réputés s'élever à 10 % des rémunérations perçues dans l'année. Il s'agit d'une règle intéressante pour ceux, nombreux, qui en réalité engagent moins de 10 % de leur salaire au titre des frais professionnels. Afin que la mesure ne soit pas trop avantageuse, elle est plafonnée à partir d'un certain niveau de rémunération. Autrement dit, les plus hauts salaires sont certes diminués de l'abattement de 10 %, mais dans la limite du plafond.

Les retraités ont cessé de travailler, donc ils n'engagent plus de frais professionnels. Pourtant, on continue de leur faire profiter de l'abattement de 10 %. C'est un phénomène de psychologie fiscale intéressant. Lorsque des contribuables ont longtemps bénéficié d'un avantage, ils ne supportent pas qu'on le leur supprime, alors même que la mesure n'a plus aucune raison d'être. Les retraités bénéficient donc de l'abattement mais le plafond de celui-ci est beaucoup plus bas que pour les actifs.

Il est possible qu'un salarié engage plus de 10 % de sa rémunération au titre des frais professionnels. Par exemple, s'il habite loin de son lieu de travail. Dans ce cas, il peut renoncer à l'abattement de manière à opter pour le régime des *frais réels*. Cela lui permet de déduire les dépenses réellement payées, mais à la condition de les justifier. Il lui faut en conséquence conserver toutes les factures et pouvoir les présenter en cas de contrôle, lequel, dans ce domaine, est fréquent.

La catégorie des traitements et salaires représente la très grande majorité des revenus soumis à l'IR, bien plus grande que celle formée par les revenus du capital.

2. Les revenus du capital

Il s'agit des revenus fonciers, des revenus de capitaux mobiliers et des plus-values. Les revenus fonciers sont ceux produits par la location d'immeubles au sens juridique puisqu'il peut s'agir soit de terrains non bâtis, comme les terres agricoles, soit de bâtiments, à usage professionnel ou d'habitation. Au même titre que les bénéfices des petites entreprises, on trouve en matière de revenus fonciers un régime micro, destiné à alléger les obligations pesant sur les contribuables. Ce *micro-foncier* est lui aussi réservé aux revenus qui ne dépassent pas un certain montant, puisque le seuil est fixé à un total de loyers annuels de 15 000 €. Le revenu est constitué par les loyers encaissés sur l'année d'imposition moins un abattement de 30 %, représentatif des charges supportées par le propriétaire. Le micro-foncier est le régime de droit commun, il s'applique par principe. Le contribuable doit cependant y renoncer si les loyers dépassent 15 000 €. Mais, même s'il se trouve en dessous de ce seuil, il peut opter pour le régime réel. Cette option est intéressante si le propriétaire doit supporter des charges importantes, par exemple des travaux à réaliser dans l'immeuble. L'option dure trois années, durant lesquelles le contribuable ne pourra plus profiter du régime micro. La loi veut par ce moyen qu'il puisse déduire des charges bien réelles, qui supposent des investissements effectifs, et non rechercher le régime fiscalement le plus avantageux.

Les revenus de capitaux mobiliers sont les gains produits par des placements financiers. On distingue les revenus fixes et variables. Les revenus fixes sont notamment ceux générés par les obligations, soit des titres représentant des emprunts proposés par des sociétés ou des personnes publiques, et qui produisent des intérêts. Les revenus variables sont les dividendes, des sommes qui rémunèrent la souscription de parts de sociétés. Par exemple, en achetant des actions en bourse, le contribuable espère que la société va réaliser des bénéfices qu'elle va distribuer à ses associés sous forme de dividendes. Ces revenus sont variables : non seulement il faut que la société dégage un bénéfice, mais aussi qu'elle prenne la décision de le distribuer, en totalité ou en partie. Lorsqu'une société décide d'une distribution, se présente un risque de double imposition. En effet, le bénéfice distribué est celui qui reste après le paiement de l'impôt sur les sociétés (IS). Or le dividende lui-même est imposable à l'IR sur la tête de l'associé, en tant que revenu de capitaux mobiliers. Donc la même valeur, le bénéfice, est soumise à deux impôts, l'IS puis l'IR. La loi a prévu en conséquence un premier abattement, sous forme de pourcentage (40 %), qui vient diminuer le dividende imposable, de manière à tenir compte du fait que la somme distribuée a déjà fait l'objet d'une imposition. Un second abattement, constitué par une somme fixe, épargne l'impôt aux dividendes d'un faible montant.

Si le contribuable cède des actions, en réalisant un bénéfice, celui-ci est imposable dans la catégorie des plus-values. Il en va de même pour les ventes d'immeubles. Cependant, nombreux sont les contribuables qui vendent un logement non pour réaliser une plus-value, mais parce qu'ils doivent déménager. La plus-value sur la vente d'une résidence principale est donc exonérée. Il en va de même pour une résidence secondaire, à la condition que le contribuable en ait détenu la propriété pendant plus de trente ans. La catégorie des plus-values n'existe pas s'agissant des entreprises, car les gains sont intégrés dans le bénéfice imposable.

B. Les bénéfices des entreprises

Sont imposables à l'IR les bénéfices des entreprises individuelles, à savoir toutes celles qui ne sont pas constituées sous la forme d'une société. Il s'agit de petites entreprises, qui ne forment pas des personnes juridiques en elles-mêmes, à l'image des personnes morales que sont les sociétés. Seule existe juridiquement la personne physique qui les dirige, l'exploitant ou chef d'entreprise. Il revient à l'IR d'imposer les bénéfices dégagés par une personne physique, tandis que ceux réalisés par une personne morale relèvent de l'IS. Toutes les entreprises, qu'elles soient soumises à l'IR ou à l'IS, doivent tenir une comptabilité, laquelle permet de calculer le bénéfice imposable.

L'impôt sur le revenu cause une grande inégalité entre les professionnels dépendants, salariés et fonctionnaires, et les indépendants, autrement dit les entreprises. En effet, chaque année, les employeurs doivent déclarer au fisc les traitements et salaires qu'ils ont versés. Il est donc plus que risqué pour un salarié de ne pas déclarer toutes ses rémunérations, puisque le rapprochement est facile à opérer entre sa déclaration et celle de son employeur. À l'inverse, les indépendants peuvent frauder – et ne se privent pas de le faire – car eux seuls connaissent le montant réel de leurs revenus. Pour tenter de rétablir une certaine égalité, leurs bénéfices sont majorés de 25 %. La règle est assez maladroite, car elle peut être comprise comme un encouragement à déclarer une base réduite à hauteur de ce montant. Les professionnels indépendants peuvent néanmoins échapper à la majoration de 25 % s'ils adhèrent à un *centre de gestion agréé*. Il s'agit d'une association, habilitée par l'administration fiscale, qui joue un rôle d'intermédiaire entre le fisc et le contribuable. Elle a notamment pour tâche de contrôler les déclarations des entreprises avant qu'elles ne soient déposées auprès de l'administration. Dès lors que le risque de fraude est ainsi réduit, la majoration de 25 % n'a plus lieu d'être appliquée. On peut également échapper à la majoration si l'on recourt aux services d'un expert-comptable agréé par l'administration.

Il existe trois sortes de revenus des entreprises, selon la nature de l'activité exercée : les bénéfices non commerciaux (1), les bénéfices industriels et commerciaux (2) et les bénéfices agricoles (3). En abrégé, on parle de BNC, BIC et BA.

1. Les bénéfices non commerciaux

Il s'agit tout d'abord des bénéfices des professions libérales, à savoir celles dont le statut confère une liberté dans l'exercice de l'activité. Cette indépendance permet de les distinguer des salariés et fonctionnaires. Par exemple, un médecin décide seul des soins à apporter à un malade. Les professionnels libéraux exercent plusieurs sortes d'activités : juridiques (avocat, notaire, etc.), médicales, ou encore techniques (experts-comptables, architectes, etc.).

Par ailleurs les BNC constituent une catégorie « balai », où l'on place ce qu'on ne parvient pas à mettre ailleurs. Tout ce qu'on ne peut pas qualifier de bénéfices industriels et commerciaux, de bénéfices agricoles, de traitements et salaires ou autre, est imposé, par défaut, en BNC. Ainsi L'IR respecte le souci de l'égalité devant l'impôt car aucun revenu ne doit lui échapper. Toutes les activités qu'on ne parvient pas à qualifier relèvent donc des BNC : prostituées, voyantes, marabouts, mères porteuses, exorcistes, etc. On taxe également en BNC les gains de certaines activités illicites, comme les revenus d'un escroc, ou encore d'un proxénète. Pour ce dernier, il faut faire la différence entre le proxénétisme simple et le proxénétisme hôtelier. L'hôtelier est celui qui tient une maison de tolérance, il met donc des locaux à la disposition de prostituées. Comme un hôtelier « normal », il est imposé en BIC. Tandis que le proxénète simple relève des BNC.

Que les bénéfices non commerciaux forment une catégorie fourre-tout ne doit pas pour autant conduire à la paresse fiscale. Il faut toujours tenter de qualifier un revenu. C'est seulement si l'on n'y parvient pas qu'on l'imposera en BNC. Ainsi, les commerçants, comme les professions libérales, sont indépendants. Comment dès lors faire la différence entre les BIC et les BNC ? Il faut prendre en compte la nature de l'activité. Un commerçant exerce une activité matérielle : il achète des marchandises pour les revendre. À l'inverse, une profession libérale se distingue par une activité intellectuelle. L'accès à la profession est conditionné par l'obtention d'un diplôme, comme celui de docteur en médecine, qui garantit l'acquisition de connaissances. Le professionnel utilise son savoir au profit de ses clients. La connaissance de la médecine doit permettre de guérir les patients.

Les BNC restent proches des revenus des particuliers car le fait générateur y est également constitué par le paiement. C'est au jour où le professionnel libéral est payé par un client qu'il doit inscrire les honoraires en comptabilité. De même, une dépense est comptabilisée à la date de son décaissement. Les obligations comptables sont peu contraignantes dès lors qu'il suffit de tenir ainsi une *comptabilité de caisse*. Le bénéfice est égal à la différence entre les recettes encaissées et les dépenses payées. À l'inverse, les commerçants doivent tenir une comptabilité proprement commerciale.

2. Les bénéfices industriels et commerciaux

Relèvent des BIC les entreprises dont l'activité est commerciale, industrielle ou artisanale. Un commerce a pour objet d'acheter des marchandises pour les revendre. L'activité est industrielle lorsqu'elle consiste à fabriquer des biens pour les vendre. En réalité, c'est quelque peu abusivement que l'on parle d'industrie s'agissant des entreprises individuelles. Car cela suppose d'importants moyens matériels : une usine, des machines. Il faut donc réunir des fonds que seule une société est capable de constituer. En conséquence, une véritable activité industrielle relève souvent de l'IS. Mais l'on verra (p. 144) que l'impôt sur les sociétés retient les mêmes principes d'imposition que les BIC. L'activité artisanale est celle où le travail manuel est prépondérant, comme pour un plombier, un électricien ou un maçon. Les BIC répondent à des principes *(a)* à partir desquels on peut déterminer le bénéfice imposable *(b)*.

a) Les principes des BIC

Les BIC supposent la tenue d'une comptabilité non de caisse mais d'engagement (I), qui permet de calculer un bénéfice déterminé selon une méthode qu'on appelle la théorie du bilan (II).

I. La comptabilité d'engagement

La comptabilité d'engagement ne retient pas des recettes et des dépenses payées, mais des *créances acquises* et des *dettes certaines*. Par exemple, un plombier, Mario, installe une baignoire chez un client. Une fois l'installation faite, Mario détient une créance sur ce client, car le travail a été réalisé mais son paiement n'est pas encore intervenu. Le plombier doit rentrer à son atelier et demander à son employée, Maria, de rédiger la facture et de l'envoyer. Au préalable, Mario avait commandé une baignoire à son fournisseur pour l'installer chez le client. Du jour où la baignoire a été livrée, Mario a eu une dette envers le fournisseur, car celui-ci avait délivré la chose mais n'avait pas encore été payé. Reste à savoir à quel moment la créance et la dette doivent être inscrites en comptabilité.

Une première réponse a été donnée par le droit civil, pour lequel une créance naît au jour où les parties à un contrat se sont engagées l'une envers l'autre. Ainsi, dans la vente, le contrat produit ses effets dès qu'on s'est entendu pour se céder la propriété d'un bien à raison d'un prix déterminé. Au regard du droit civil, il faut donc comptabiliser la créance au jour de la conclusion du contrat. Cette solution est cependant contraire à une grande règle de la comptabilité, le *principe de prudence*. Pour le droit comptable en effet, il ne faut comptabiliser une créance que du jour où l'engagement prévu au contrat a été tenu. Car si un accord a bien été conclu, rien ne garantit encore qu'il sera respecté. Par exemple, le fournisseur de Mario a rempli son obligation de livrer la baignoire. Au jour de la livraison, le fournisseur doit comptabiliser sa créance, qu'on appelle un *produit*. De son côté, à la même date, Mario comptabilise sa dette, qu'on nomme une *charge*. Par la suite, le plombier installe la baignoire chez son client ; une fois le travail ainsi réalisé, il doit inscrire en comptabilité le produit correspondant.

Dans le conflit qui a opposé le droit civil au droit comptable, le second l'a emporté. Le droit civil est confiant dans l'idée qu'un contrat sera respecté dès lors qu'il a été conclu. Les règles comptables sont plus sceptiques : il faut attendre que les engagements soient respectés pour comptabiliser un produit ou une charge, autrement dit une créance désormais acquise ou une dette devenue certaine. La prudence comptable a donc eu raison de l'optimisme civil.

On remarquera que les faits générateurs, en BIC, sont les mêmes qu'en TVA : la livraison d'un bien ou l'exécution d'un service. Ce n'est évidemment pas le fruit du hasard. Il s'agit de faciliter la gestion fiscale de l'entreprise. Au jour de la livraison de la baignoire, le fournisseur comptabilise le produit et la TVA collectée ; de son côté, Mario inscrit la charge et la TVA déductible. L'installation de la baignoire chez le client constitue à la fois la revente du bien et une prestation de service ; mais comme les deux faits générateurs se déroulent le même jour, le produit total doit être comptabilisé à la même date.

La comptabilité d'engagement est plus précise que celle de caisse, car elle traduit mieux l'activité de l'entreprise. Par exemple, Mario obtient un gros chantier, il doit refaire tous les travaux de plomberie d'une vieille maison. Ce chantier commence en juin de l'année N et se termine en décembre de cette même année, mais Mario ne sera payé qu'en janvier N+1. Si le plombier ne devait tenir qu'une comptabilité de caisse, ce gros chantier n'apparaîtrait pas dans les comptes de N, il ne figurerait que dans ceux de N+1, puisque c'est lors de cette année que le paiement a lieu. Mais, parce qu'il relève des BIC, Mario doit comptabiliser sa créance à la fin de l'exécution des travaux, en décembre de l'année N. Donc la comptabilité d'engagement de N fera apparaître le chantier, là où une comptabilité de caisse l'aurait passé sous silence. L'autre grand principe des BIC est la théorie du bilan.

II. La théorie du bilan

À l'origine, pour définir les BIC, on recourait à la théorie de la source (v. *supra* p. 109). Le bénéfice était issu d'une source : l'activité déployée par l'exploitant. Cependant, cette définition ne retenait que les opérations courantes, habituelles, de l'entreprise. Si par exemple Mario vendait son atelier pour en acheter un autre plus grand, la plus-value dégagée ne serait pas imposable pour être exceptionnelle, donc insusceptible de se renouveler. On a alors appelé à la rescousse la théorie de l'enrichissement qui, appliquée aux BIC, est appelée théorie du bilan. En effet, les entreprises – à l'exception des plus petites – dès lors qu'elles relèvent des BIC, des bénéfices agricoles ou de l'IS, doivent tenir un *bilan*. Il s'agit d'un document qui n'est autre que la photographie de la comptabilité à une époque donnée. On arrête les comptes et l'on prend une photo. Le bilan est dressé à la fin de chaque *exercice comptable*, qui correspond à une période de douze mois successifs. Autrement dit, chaque année, l'entreprise doit faire le point sur sa situation, laquelle est traduite par le bilan. Or c'est ce document qui permet de calculer l'enrichissement de l'entreprise d'un exercice sur l'autre.

Le bilan comporte deux parties, l'actif et le passif. L'actif regroupe tous les éléments positifs de l'entreprise, tout ce que celle-ci possède, notamment les créances acquises. Le passif regroupe tous les éléments négatifs, tout ce que l'entreprise doit, notamment les dettes certaines. S'agissant d'une plus-value, on comptabilise en produit le prix de vente de l'atelier de Mario ; et l'on inscrit en charge son coût d'acquisition, la somme que Mario a dû débourser à l'origine pour acheter l'immeuble. La différence entre le produit et la charge constitue la plus-value, laquelle va bien entrer dans la détermination du résultat de l'entreprise. Le BIC est donc calculé par l'addition du résultat courant et du résultat exceptionnel. Plus précisément, le bénéfice correspond à la comparaison entre deux bilans, dressés à la clôture de deux exercices comptables successifs. On compare le bilan de l'exercice N et celui de l'exercice N+1 : si en l'espace d'un an l'entreprise s'est enrichie, c'est qu'elle a dégagé un bénéfice ; si elle s'est appauvrie, c'est qu'elle a accusé un déficit.

Le même calcul est obtenu grâce à un autre document comptable, le *compte de résultat*, qui regroupe tous les produits et toutes les charges dégagés par l'entreprise. Comme la comparaison des bilans, il permet également de déterminer le BIC.

b) La détermination du BIC

Un bénéfice industriel et commercial est constitué par la différence entre les produits et les charges. Les *produits d'exploitation* sont ceux résultant des ventes réalisées ou des services rendus. Ils correspondent à l'activité courante de l'entreprise, à l'exploitation elle-même. S'y ajoutent les produits *accessoires*, qui ne résultent pas de l'activité propre à l'entreprise. Par exemple, un libraire, outre sa boutique, a inscrit au bilan un immeuble qu'il donne en location ; les loyers sont des produits accessoires qui viennent s'ajouter aux ventes. Enfin, l'entreprise peut bénéficier de produits *exceptionnels*, comme une indemnité d'assurance qui vient compenser la perte de marchandises.

Il existe deux sortes de charges. Les charges courantes, qu'on appelle les frais généraux (I), et des charges qui sont conçues pour anticiper des coûts futurs, des dépenses prévisibles, ce sont les amortissements et les provisions (II).

I. Les frais généraux

Les frais généraux correspondent aux charges habituelles de l'entreprise : les achats de marchandises, les salaires des employés, le loyer, la note de téléphone, etc. Toutes ces dépenses sont déductibles, elles viennent en moins du bénéfice imposable, à la condition d'être engagées dans l'intérêt de l'entreprise. Si par exemple Mario installe une baignoire chez un ami sans rien lui faire payer, il n'agit pas dans l'intérêt de l'exploitation mais dans celui d'un tiers. En cas de contrôle, l'administration lui reprochera un *acte anormal de gestion*, qui interdit la déduction de la charge représentée par la baignoire. De la même façon, la TVA n'est pas déductible.

Les frais généraux doivent être distingués des *immobilisations*. Il s'agit de biens que l'entreprise acquiert non en vue de les revendre mais pour en faire un usage durable, par exemple un camion, utilisé pour le transport des marchandises. Les biens susceptibles de constituer des immobilisations varient selon l'activité de l'entreprise. Ainsi, pour un concessionnaire automobile, un camion n'est pas une immobilisation mais du stock : c'est une marchandise, car elle a été achetée pour être revendue ; le véhicule ne fait que passer par l'entreprise, il n'y demeure pas.

Les frais généraux peuvent également être constitués par l'achat de biens qui seront conservés. Par exemple, M. Ricoret, épicier de son état, achète une agrafeuse à 10 €. C'est un bien qu'il va utiliser durablement et qui ne peut constituer du stock, puisqu'il ne vend pas d'agrafeuses. Pourtant, cette chose ne peut être qualifiée d'immobilisation car sa valeur est trop faible. La frontière entre frais généraux et immobilisations est fixée à 500 € HT. Si le bien est d'une valeur inférieure ou égale à 500 €, il relève des frais généraux. Si son prix est supérieur à ce montant, il constitue une immobilisation. Celle-ci est donc un bien d'une valeur élevée, parce qu'elle est en elle-même une source de richesses. Une machine, par exemple, permet de fabriquer des produits dont la vente génère des profits. Une entreprise ne peut pas déduire immédiatement le coût d'acquisition d'une immobilisation, elle ne peut pratiquer qu'un amortissement. Le bien peut également faire l'objet d'une provision.

II. Les amortissements et provisions

Les frais généraux sont des charges immédiatement déductibles, pour la totalité de leur prix d'achat HT. À l'inverse, une immobilisation ne peut qu'être amortie. Un amortissement constitue également une charge, mais qui a pour but d'anticiper la dépréciation d'une immobilisation. Ainsi une machine, à force de fonctionner, s'use. À terme, il faudra la remplacer. L'amortissement permet à l'entreprise de mettre de l'argent de côté, chaque année, pour être en mesure de remplacer la machine au jour où elle sera hors d'usage. Il s'agit donc d'une charge, mais qui va diviser le coût d'acquisition du bien par le nombre d'années de son utilisation. Par exemple, une entreprise achète une machine qu'elle va utiliser pendant cinq ans, le coût de la machine sera amorti à hauteur d'un cinquième par exercice comptable, et ce durant cinq années. Donc l'amortissement permet de déduire le prix d'achat d'un bien, mais pas immédiatement, seulement sur sa durée d'utilisation. Par principe, l'amortissement est *linéaire*. À savoir que la charge déduite chaque année, qu'on appelle une annuité, est la même.

Mais l'entreprise, si elle en remplit les conditions, peut choisir de pratiquer un amortissement *dégressif*, où les annuités ne sont pas égales : les premières sont plus élevées que les suivantes. Ce qui permet de déduire plus de charges plus rapidement qu'en linéaire. L'amortissement dégressif est réservé à certains biens, dont l'acquisition permet de renforcer la capacité de production, par exemple une machine, un ordinateur, ou un camion. Il s'agit donc d'inciter les entreprises à investir dans des biens qui permettent d'accroître leur productivité.

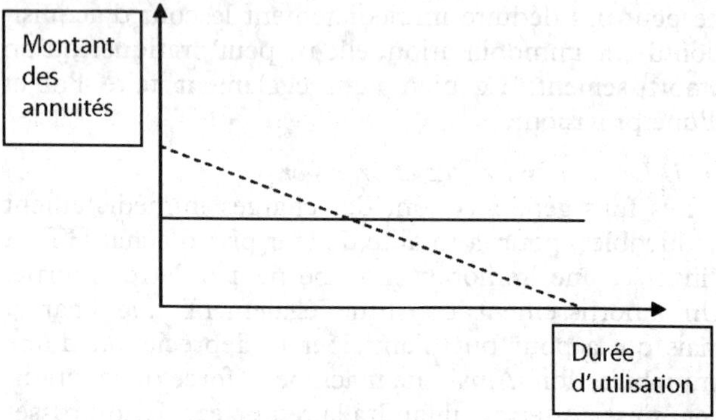

Le trait continu représente l'amortissement linéaire : les annuités demeurent constantes sur la durée d'utilisation du bien. Le mot linéaire est l'adjectif du terme ligne. L'amortissement dégressif correspond au trait en pointillé : le montant des annuités décroît sur la durée d'utilisation. La dégressivité est l'inverse de la progressivité.

Seules les immobilisations susceptibles de se déprécier peuvent être amorties. Ainsi un terrain, normalement, ne peut pas perdre de valeur : il ne « s'use » pas. Pourtant, il arrive qu'il faille constater la dépréciation d'un terrain. Ce sera le cas de celui situé au-dessus d'une ancienne mine et qui connaît des affaissements à l'emplacement des galeries. Ce terrain risque de devenir totalement inutilisable. Sa dépréciation sera constatée non au moyen d'un amortissement mais d'une provision. Une provision correspond à de l'argent mis de côté en vue de faire face à des coûts futurs et probables. Par exemple, une entreprise livre des marchandises à une autre, mais craint de ne pas être payée car elle sait que la cliente connaît des difficultés financières. Elle doit alors comptabiliser une provision, c'est-à-dire une charge provisoire, à hauteur de sa créance. Le jour où l'incertitude est levée : la facture ne sera pas payée, il faut annuler la provision et inscrire une charge cette fois-ci définitive. De même, lorsque le terrain aura connu plusieurs effondrements, la provision dont il a fait l'objet sera reprise ; il faudra ensuite comptabiliser une charge, de manière à ce que le bilan ne fasse plus apparaître un bien qui a perdu toute valeur.

Ces mêmes règles sont applicables aux bénéfices agricoles.

3. Les bénéfices agricoles

Sont imposables dans cette catégorie les activités consistant dans l'exploitation de biens ruraux, c'est-à-dire des terres agricoles. Cela comprend essentiellement la culture et l'élevage ; sachant que les pâturages servent à nourrir les animaux, les produits de la terre sont donc liés à l'élevage. Cette définition, classique, est aujourd'hui trop étroite. En effet, relèvent des BA toutes les activités définies comme agricoles par le Code rural, à savoir celles qui consistent dans l'exploitation d'un cycle biologique de nature végétale ou animale. Le domaine des BA est donc vaste, car cela comprend notamment la pisciculture, soit l'élevage de poissons en bassin (tandis que la pêche relève des BIC), les pépinières, les bois et forêts, l'élevage de chevaux (notamment les centres équestres), les marais salants, etc. Les agriculteurs sont qualifiés comme tels dès lors qu'ils exploitent eux-mêmes les terres, sous leur seule responsabilité. Ce sont donc des professionnels indépendants. Peu importe qu'ils soient propriétaires ou non des terres cultivées. En revanche, une personne qui donne des terres agricoles en location n'est pas un agriculteur, les loyers sont donc imposables non en bénéfices agricoles mais en revenus fonciers.

Par principe les BA suivent les règles, comptables et fiscales, des BIC, avec quelques variantes tenant aux spécificités agricoles. On y trouve également un régime de bénéfice réel pour les grandes entreprises et un régime forfaitaire réservé aux petites. C'est à propos de ces dernières que les BA se distinguent. En effet, en BIC et BNC, le système de la micro-entreprise est semi-forfaitaire, puisqu'il faut comptabiliser les ventes réellement effectuées, tandis que les charges sont déterminées grâce à un abattement. En matière agricole, l'évaluation des bénéfices des petites exploitations est entièrement forfaitaire. C'est en effet une autorité paritaire qui procède aux estimations. Paritaire car elle est composée de représentants des contribuables et de l'administration. On y trouve donc des agriculteurs et des fonctionnaires des impôts. Il s'agit de la *commission départementale des impôts*, qui existe dans chaque département. Elle détermine par exemple le revenu dégagé par la culture du blé dans telle partie du terroir, ou encore le bénéfice que suppose l'élevage de tel ou tel animal.

Il est notoire que ces évaluations sont très en dessous de la réalité. Autrement dit, les bénéfices des petits agriculteurs, tels qu'ils sont évalués par les commissions, sont nettement inférieurs à ceux qu'ils réalisent effectivement. Tout le monde le sait, y compris l'administration fiscale. Mais on tolère cette situation car cela permet d'apporter une aide aux petits agriculteurs, dont la principale préoccupation est de survivre. En effet, ils arrivent à peine à vivre de leur travail et ne le pourraient certainement pas sans les subventions de l'Union européenne. On dit que les forfaits agricoles correspondraient aux bénéfices de l'agriculteur le plus maladroit, exploitant la terre la plus pauvre, pendant la saison la plus calamiteuse[1]. Il demeure que plus de la moitié des exploitants bénéficient du régime forfaitaire.

Une fois les différents revenus évalués, on peut procéder à la détermination de l'impôt.

Sous-section 3
LA DÉTERMINATION DE L'IMPÔT SUR LE REVENU

L'addition des revenus et la soustraction d'éventuels déficits permettent d'obtenir le *revenu brut global*. Brut car on peut en déduire les charges qui ne se rapportent pas à une catégorie de revenu particulière. C'est par exemple le cas d'une pension alimentaire, qui bien sûr réduit les ressources de son débiteur. Après déduction des charges on obtient le *revenu net global*, soit la base sur laquelle on applique le barème. Rappelons que l'IR est un impôt progressif, tempéré par le système des tranches (v. *supra* p. 33-34), dont les taux vont de 5,5 % à 41 %. Le calcul de l'impôt intègre les charges de famille du contribuable. En effet, la règle est celle de

1. R. Macard, *Échec au fisc !*, Gallimard, 1958, p. 239.

l'imposition par foyer (A). Le montant obtenu peut enfin être corrigé par les réductions et crédits d'impôt (B). Reste à payer l'imposition, ce qui suppose qu'au préalable les revenus aient été déclarés (C).

A. L'imposition par foyer

Le contribuable en matière d'IR n'est pas une personne mais un foyer fiscal (1). Le montant de la base imposable est diminué, par l'effet du quotient familial (2), pour tenir compte du nombre d'enfants à la charge du foyer.

1. Le foyer fiscal

Les revenus de tous les membres de la famille sont additionnés pour donner lieu à un seul impôt, de même les gains perçus font l'objet d'une déclaration unique. Cependant, le foyer est composé d'une seule personne lorsque celle-ci est célibataire, divorcée ou veuve et n'a pas d'enfant à charge. Les couples mariés sont imposés ensemble, tandis que les concubins sont taxés séparément. Pour tenir compte du déclin du mariage et reconnaître les couples homosexuels, la loi a créé, en 1999, le PACS (pacte civil de solidarité), sorte de concubinage réglementé qui ne comporte pas toutes les obligations du mariage. Au plan fiscal cependant, les partenaires d'un PACS sont assimilés aux couples mariés, donc soumis ensemble à l'IR. À l'inverse, si deux personnes mènent une vie commune sans être mariées ni « pacsées », elles font chacune l'objet d'un impôt sur leurs seuls revenus respectifs et chaque concubin doit déposer une déclaration.

Quelle que soit la situation maritale de ces personnes : célibat, concubinage, PACS ou mariage, on tient compte des enfants qu'elles ont à leur charge, par le mécanisme du quotient familial.

2. Le quotient familial

Le coût représenté par l'entretien des enfants réduit les revenus réels du contribuable. Ces dépenses sont retenues grâce au système du *quotient familial*, qui fonctionne avec des parts. Plus le foyer comporte de personnes, plus il totalise de parts et plus l'impôt est allégé puisque le revenu net global est divisé par le nombre de parts. Cette technique permet de compenser le fait que l'imposition commune de l'ensemble des revenus de la famille accroît la progressivité de l'IR. Une personne seule sans enfant à charge représente une part. Pour elle, le quotient familial ne produit pas d'effet car si elle dispose d'un revenu de 100, 100 divisé par 1 font toujours 100. Cette situation n'a rien d'anormal puisque le contribuable n'a pas à subvenir aux besoins d'un enfant. Mais les célibataires se plaignent d'être lourdement imposés par rapport aux autres. Un couple marié ou pacsé sans enfant à charge compte pour deux parts. La situation est avantageuse lorsque l'un seulement a des revenus puisque ceux-ci sont divisés par deux, reste bien sûr à entretenir l'époux ou le partenaire sans ressources.

Chaque enfant à charge compte pour une demi-part, sauf à partir du troisième et suivants qui représentent une part entière. La mesure est évidemment nataliste, elle encourage les couples à faire un troisième enfant, voire davantage. Par exemple, un couple marié avec cinq enfants bénéficie de six parts : une pour chacun des parents et les enfants n° 3, 4 et 5 ; une demi-part pour chacun des n° 1 et 2. Est considéré comme étant à la charge de ses parents un enfant de moins de 21 ans, moins de 25 ans s'il est étudiant. Mais comme la majorité civile, la majorité fiscale est à 18 ans. À partir de cet âge, l'enfant peut choisir de rester rattaché au foyer fiscal de ses parents, ou de le quitter pour constituer un nouveau foyer. Bien entendu, le détachement n'a d'intérêt que si l'enfant dispose de ses propres revenus, sinon il ferait perdre à ses parents la demi-part ou part qu'il représente.

Le système du quotient familial est très avantageux puisque la base imposable est divisée par le nombre de parts. S'il était appliqué en l'état, il suffirait aux hauts revenus de faire beaucoup d'enfants pour échapper à l'impôt. C'est pourquoi il est plafonné : l'avantage en impôt qu'il représente est limité à un maximum. Malgré cela, il reste favorable aux familles nombreuses et aisées. Le quotient familial est intégré dans le barème de l'IR. En effet, le calcul de l'impôt tient compte de deux paramètres, le montant du revenu net global et le nombre de parts. Cette liquidation permet de déterminer un premier montant d'impôt, dit brut, car il peut être corrigé grâce aux niches fiscales.

B. Les réductions et crédits d'impôt

On sait (v. *supra* p. 50-51) que le mécanisme du crédit d'impôt est plus intéressant que celui de la réduction d'impôt. Le crédit est remboursé s'il est plus élevé que l'IR, à l'inverse de la réduction. Les niches fiscales sont nombreuses et poursuivent des finalités diverses. Leur objet peut tout d'abord être social, ainsi le contribuable qui fait un don à une œuvre caritative, comme la Croix-Rouge ou Médecins sans frontières, bénéficie d'une réduction d'impôt, ce qui stimule sa bonté. Cependant, seule une partie du don vient en moins de l'IR, afin d'éviter une trop grande générosité, qui serait préjudiciable au rendement de l'impôt. L'objet des niches fiscales peut également être économique, ainsi le contribuable qui participe à la constitution d'une petite ou moyenne entreprise bénéficie d'une réduction d'impôt. Il s'agit d'encourager la création de PME, en permettant qu'une partie de l'argent apporté échappe à l'IR. La finalité des niches fiscales est enfin, de plus en plus, écologique, ainsi un crédit d'impôt vient diminuer le coût de travaux d'isolement d'une maison.

Prenons un exemple pour illustrer le mécanisme du crédit d'impôt. Si un particulier emploie une personne à son domicile, comme une garde d'enfant ou une femme de ménage, les salaires et cotisations sociales payés donnent lieu à un crédit d'impôt égal à 50 % de l'ensemble des sommes ainsi supportées. La mesure est plafonnée pour ne pas se montrer trop avantageuse : l'économie d'impôt qu'elle représente est limitée à 12 000 € plus 1 500 € par enfant à charge. Le tout est divisé par deux puisque le crédit est égal à la moitié des sommes payées. Soit une garde d'enfant qui coûte 17 000 € par an à un couple marié ayant un enfant à charge. Le plafond est de 12 000 + 1 500 = 13 500. Le montant maximum étant atteint, le crédit d'impôt est égal à 13 500 x 50 % = 6 750 €. Il sera restitué s'il est plus élevé que l'IR à payer. La niche représentée par les emplois à domicile a bien sûr pour but de lutter contre le chômage et le travail au noir. Elle est néanmoins critiquée pour profiter aux riches, car tout le monde ne peut pas s'offrir une femme de ménage.

Un plafonnement global des niches fiscales vient s'ajouter au plafond propre à chaque réduction ou crédit d'impôt. Autrement dit, le total des avantages déjà plafonnés ne peut pas dépasser un montant maximum et général. Ainsi l'impôt ne saurait être diminué au-delà de la somme représentée par le plafonnement global. Cependant, toutes les niches fiscales ne sont pas soumises à ce dernier qui, de plus, est élevé : 18 000 € plus 4 % du revenu imposable (pour les revenus de 2012). Peu de personnes sont donc concernées par cette mesure. Mais le plafonnement global permet d'éviter une situation anormale : que des ménages à très hauts revenus échappent totalement à l'IR en cumulant les niches fiscales. Il reste que le coût budgétaire considérable du trop grand nombre de réductions et crédits d'impôt est disproportionné par rapport à leur efficacité, toute relative [1] (v. *supra* p. 64).

Une fois les réductions et crédits d'impôt appliqués, on obtient le montant définitif de l'IR, celui qui doit être payé, ce qui suppose au préalable que les revenus aient été déclarés.

C. Déclaration des revenus et paiement de l'impôt

Il existe deux techniques de perception de l'impôt sur le revenu. La première est si particulière qu'on peut l'appeler le système français (1), la seconde est constituée par le mécanisme de la retenue à la source (2).

1. Le système français

Contrairement à beaucoup de contribuables étrangers, le Français doit lui-même déclarer ses revenus *(a)* et payer l'impôt *(b)*.

a) Déclaration des revenus

En France, les revenus sont déclarés et l'IR payé directement par le contribuable. Celui-ci constitue donc à la fois le redevable légal et le redevable réel de l'imposition. Toute personne qui réside sur le territoire français et qui dispose de suffisamment de ressources pour être imposable doit souscrire, tous les ans, une *déclaration d'ensemble des revenus* (imprimé n° 2042). Rappe-

1. J. Lamarque, O. Négrin, L. Ayrault, *Droit fiscal général*, 2e éd., LexisNexis, 2011, n° 1440.

lons que le seuil d'imposition, celui à partir duquel on commence à payer de l'IR, est assez élevé, puisque la moitié des ménages en France n'est pas imposable. Les gains perçus pendant une année doivent être déclarés lors de l'année suivante. Ainsi on déclare en mai N+1 les revenus encaissés pendant l'année N.

Les contribuables qui perçoivent des revenus également déclarés par des tiers reçoivent de l'administration une 2042 *préremplie*. Ces tiers sont les employeurs, qui doivent révéler au fisc les traitements et salaires qu'ils ont versés, et les banques, qui déclarent les revenus de capitaux mobiliers payés à leurs clients. La 2042 préremplie indique donc déjà les TS et RCM perçus par le contribuable. Il suffit à ce dernier de vérifier les chiffres, de compléter la déclaration s'il dispose d'autres revenus, et de la renvoyer signée à l'administration.

Le cas échéant, il convient de déposer d'autres déclarations. Ainsi lorsqu'on dispose de revenus fonciers évalués selon le régime réel, il faut joindre à sa 2042 un formulaire supplémentaire, pour y indiquer le montant des loyers et des charges. Les titulaires de BIC, BNC et BA, lorsqu'ils relèvent du régime réel, doivent souscrire, en plus de la 2042, une déclaration propre à leur activité, dans laquelle ils déterminent le montant de leur bénéfice.

Une fois que l'administration a reçu les déclarations, elle entre les chiffres dans ses ordinateurs de manière à liquider l'impôt. Ce travail de saisie est très onéreux en termes de coûts administratifs, c'est pourquoi les contribuables sont invités à souscrire leurs déclarations par Internet. Ils bénéficient ainsi d'une réduction d'impôt de 20 € lorsqu'ils déclarent leurs revenus pour la première fois par voie électronique. Après que l'administration a calculé l'impôt, elle confectionne un avis d'imposition, indiquant le montant d'IR à payer. Le contribuable reçoit l'avis début septembre, juste quand il rentre de vacances. Il est alors, brutalement, confronté à la question du paiement de l'impôt.

b) Paiement de l'impôt

En principe, l'IR est payé en trois fois, pendant l'année qui suit celle de perception des revenus, soit l'année N+1. Les deux premiers versements sont appelés des tiers provisionnels, car ils sont égaux au tiers de l'impôt de l'année précédant celle de perception des revenus, soit N-1. Provisionnel est synonyme de provisoire, car l'impôt de l'année N ne sera connu qu'en septembre N+1, lorsque le contribuable va recevoir son avis d'imposition. C'est donc ce même mois qu'il va opérer le troisième versement, qu'on appelle le solde et non pas le troisième tiers provisionnel comme le disent certains journalistes. En effet, ce paiement n'est plus provisoire mais définitif puisque le montant de l'impôt est connu, de plus il peut être supérieur ou inférieur au tiers de l'impôt de référence, celui de l'année N-1. Les contribuables peuvent renoncer au système du tiers provisionnel de manière à opter pour la mensualisation, qui leur permet de payer l'impôt chaque mois. De façon assez mesquine, la loi réserve la réduction d'impôt de 20 € au contribuable qui, non seulement déclare ses revenus pour la première fois par Internet, mais de plus est mensualisé. Le paiement mensuel est encouragé car il permet au Trésor de bénéficier de rentrées plus régulières.

En mai N+1 on déclare donc les revenus perçus pendant l'année N. La déclaration est traitée par l'administration qui envoie en septembre N+1 l'avis d'imposition. Le contribuable doit alors payer le solde de son impôt de l'année N. Solde car cet impôt a déjà été partiellement acquitté par le versement de deux tiers provisionnels, correspondant chacun au tiers de l'impôt de référence, celui de l'année N-1. Au titre de l'IR N-1, le contribuable a payé 100. Un premier tiers, soit 33, a été versé en févier N+1. Un second tiers, de nouveau 33, a été payé en mai N+1. En septembre N+1, on connaît le montant de l'IR de l'année N – il s'élève à 120 –, il convient donc de payer un solde égal à 120 – (33 + 33) = 54. Si le contribuable opte pour la mensualisation, pendant les dix premiers mois de l'année N+1, il verse 10 % de l'impôt de référence, correspondant à l'IR N-1, qui s'élevait à 100. Donc, de janvier à octobre N+1, il opère un versement mensuel de 10. En septembre N+1, on connaît le montant définitif de l'impôt de l'année N, qui est de 120 ; il reste donc 20 à payer, soit 10 en novembre et 10 en décembre N+1.

Paiement de l'IR par tiers provisionnels :

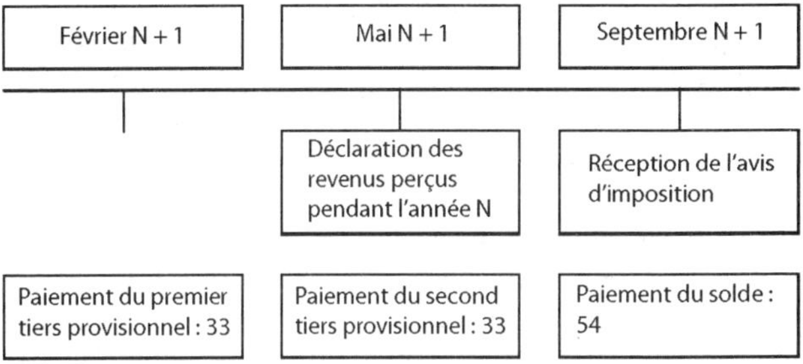

Le système français, où le contribuable déclare ses revenus et paie lui-même l'impôt, est exceptionnel. En effet, de nombreux pays utilisent la technique de la retenue à la source.

2. Retenue à la source

Dans ce système, c'est l'employeur qui déclare les revenus du salarié et paie l'impôt à sa place. En effet, l'IR est versé directement au Trésor avant même que l'employé ne perçoive sa rémunération. On dit que le patron retient l'impôt à la source. On retrouve ici la distinction entre le redevable légal, l'employeur, et le redevable réel, le salarié. La technique utilisée correspond à celle du paiement spontané : l'assiette, la liquidation et le recouvrement de l'impôt sont assurés par les entreprises. Ce système ne fonctionne que pour la catégorie des traitements et salaires, mais la très grande majorité des contribuables ne perçoit que des gains de cette nature. Pour les autres revenus, on utilise le système français. La retenue à la source réduit le risque de fraude : l'employeur n'a aucun intérêt à déclarer des chiffres inexacts, puisque les salaires représentent pour lui des charges déductibles. De même, l'efficacité du recouvrement est plus grande, par opposition à la France où le contribuable est censé mettre de l'argent de côté en vue du paiement de l'impôt. Mais la retenue à la source ne permet pas de personnaliser l'IR autant que le système français. Depuis des années, en France, il est prévu d'adopter la retenue à la source, mais ce projet est sans cesse reporté.

Quel bilan peut-on faire de l'impôt sur le revenu tel qu'il existe dans notre pays ? Il s'agit d'une imposition progressive et très personnalisée, donc juste. Cependant, le souci de prendre en compte la personne du contribuable en fait un prélèvement trop complexe. Si l'impôt sur le revenu est égalitaire dans son principe, il produit pourtant des inégalités, notamment entre les professionnels indépendants et dépendants, que la majoration de 25 % ne suffit pas à compenser. Que seulement la moitié des ménages paie l'IR participe de la justice voulue par l'impôt, mais du même coup son rendement est médiocre. Les niches fiscales, qui profitent essentiellement aux plus riches, en font une véritable « passoire ». Enfin, l'absence de retenue à la source n'améliore pas son efficacité ni son coût administratif, qui reste élevé. Le système français fait de l'impôt sur le revenu un prélèvement « douloureux », au contraire de la retenue à la source qui le rend indolore. C'est pourquoi la plupart des impôts sociaux sur le revenu sont retenus à la source.

Section II

LES IMPÔTS SOCIAUX SUR LE REVENU (CSG ET CRDS)

L'existence de ces prélèvements s'explique par la nécessité de financer en partie la Sécurité sociale grâce à l'impôt (sous-section 1). Le coût (sous-section 2) qu'ils représentent donne une idée des besoins de financement des régimes de protection sociale.

Sous-section 1

LA FISCALISATION DE LA SÉCURITÉ SOCIALE

Les impôts sociaux sur le revenu sont d'un type particulier, car ils ne sont pas affectés au budget de l'État mais à celui de la Sécurité sociale. Dans la pratique, on les appelle les contributions sociales, mais cette dénomination n'est pas exacte [1]. En effet, on est bien en présence d'impositions [2], soit donc des prélèvements dépourvus de contrepartie. En conséquence, leur paiement ne donne pas droit aux diverses prestations, en matière de maladie et de retraite essentiellement, au contraire des cotisations sociales. Celles-ci constituent le mode normal de financement de la « Sécu » (v. *supra* p. 22-23), mais elles ne suffisent pas à couvrir toutes ses charges. Pour tenter de combler les déficits, on a tout d'abord augmenté les taux des cotisations, à tel point qu'aujourd'hui le budget de la Sécurité sociale est plus élevé que celui de l'État. Cependant, on ne peut pas accroître indéfiniment le poids, déjà très lourd, des

1. Une contribution n'est pas un impôt, v. *supra* p. 23-24.
2. CC, 28 décembre 1990, n° 90-285 DC, *Dr. fisc.* 1991, n° 2-3, comm. 48.

charges sociales, car cela renchérit également le coût du travail. En effet, une partie des cotisations est supportée par les employeurs, l'autre par les salariés. Les entreprises hésitent à embaucher car, outre le salaire, il faudra payer les charges qui l'accompagnent. Ces prélèvements sont donc une source de chômage.

C'est pourquoi on a eu l'idée de fiscaliser une partie du financement de la Sécurité sociale, de couvrir partiellement ses charges grâce à l'impôt. C'est ainsi qu'on a créé, en 1990, la CSG : *contribution sociale généralisée.* Au fil du temps, les taux de la CSG ont augmenté mais, en contrepartie, ceux des cotisations ont baissé. La « contribution » sociale est dite généralisée car elle atteint tous les revenus, du travail comme du capital, alors que les cotisations ne portent que sur ceux du travail. Il est donc plus juste que tout le monde participe ainsi au financement de la Sécurité sociale. Malgré cela, la CSG est critiquable, car elle n'est que proportionnelle. Tout le monde paye, y compris les retraités et les chômeurs, dans la stricte proportion de ses revenus. Ce qui n'est guère conforme à l'idée moderne d'égalité devant l'impôt (v. *supra* p. 32). Seules certaines aides sociales échappent à la CSG, comme le RSA (revenu de solidarité active, ex-RMI, versé aux plus démunis) ou les bourses d'étudiants. Mais d'un autre côté, à l'image de la TVA, autre impôt proportionnel, la CSG est très rentable. Elle rapporte nettement plus d'argent que l'IR.

Néanmoins, la CSG ne parvient à équilibrer les comptes de la Sécurité sociale que lorsque la croissance est suffisamment forte. En revanche, elle ne permet pas le remboursement des emprunts qu'il a fallu contracter pour combler les déficits. C'est pourquoi on a créé, en 1996, la « petite sœur » de la CSG, la CRDS : *contribution au remboursement de la dette sociale*. Il s'agit encore d'un impôt affecté au budget de la Sécurité sociale, plus précisément en vue de rembourser les dettes de celle-ci. Son coût s'ajoute à celui de la CSG pour représenter, avec les cotisations sociales, des sommes considérables. La France dispose d'un très bon système de santé, mais qui coûte extrêmement cher. Il faut bien trouver l'argent nécessaire à son financement.

Sous-section 2
LE COÛT DES IMPÔTS SOCIAUX SUR LE REVENU

Les impôts sociaux ne recherchent pas la justice mais la rentabilité. La CSG, bien qu'elle atteigne le revenu, n'a pas de seuil d'imposition à partir duquel on devient imposable. Il n'est pas non plus question de quotient familial ou d'abattement. La CSG retient bien sûr la théorie de l'enrichissement et ignore celle de la source (v. *supra* p. 110).

Par ailleurs, elle n'est que partiellement déductible de la base imposable à l'IR. Nous avons vu que la CSG avait, en partie, pris la place des cotisations sociales. Ces dernières sont des charges déductibles pour les entreprises, de même les salariés ne sont pas imposables sur les cotisations que leur travail génère. Or, afin de rendre la CSG plus rentable, la loi a limité sa déductibilité. Sur son taux actuel (7,5 %), une partie (2,4 %) n'est pas déductible. Cela a pour conséquence que les 2,4 % viennent majorer la base imposable à l'IR. Soit un revenu de 100, sur lequel le contribuable paye 7,5 de CSG. Il doit en plus acquitter l'IR sur cette même base, mais celle-ci est augmentée de la CSG non déductible : elle n'est donc pas de 100 mais de 102,4. En conséquence, le contribuable est imposé à l'IR sur une base supérieure aux revenus qu'il a perçus. Cela se vérifie sur les bulletins de salaire : le net imposable est plus élevé que le net perçu.

La règle peut sembler abusive, pourtant elle vient corriger partiellement l'injustice représentée par la CSG.

En effet, une partie d'un impôt proportionnel, la CSG, vient majorer la base de l'IR, impôt progressif donc plus juste. Ainsi les hauts revenus payent davantage d'IR à cause de la CSG, ce qui compense le fait que celle-ci soit simplement proportionnelle. Le pauvre doit supporter la CSG, à proportion de ses revenus, en revanche il n'a pas à payer l'IR. Le riche subit non seulement la CSG, mais également un IR dont la progressivité est accrue à raison de la part non déductible de l'impôt social.

La CRDS n'est pas déductible en totalité, mais son taux n'est que de 0,5 %. Elle suit les mêmes principes d'imposition que la CSG. Les revenus du travail, que celui-ci soit dépendant ou indépendant, subissent donc un total d'impôts sociaux de 8 % : 7,5 % de CSG et 0,5 % de CRDS. Les impôts sociaux sur les traitements et salaires sont retenus à la source par l'employeur qui les verse à la Sécurité sociale. Les revenus du capital sont davantage imposés, ce qui n'est pas anormal puisqu'il n'est pas besoin de travailler pour les percevoir ; le taux de la CSG est majoré et s'y ajoutent, en plus de la CRDS, des contributions additionnelles ; le total s'élève à 13,5 %, dont une partie seulement est déductible.

La CSG et la CRDS ne sont dues que par les personnes physiques : particuliers et entreprises individuelles. Les personnes morales sont redevables d'une autre imposition : la *contribution sociale des sociétés*. Mais seules les plus grandes d'entre elles paient effectivement l'impôt. Son taux est de 3,3 %, il porte sur une base qui n'est pas constituée par le bénéfice dégagé mais par l'IS. Il faut donc acquitter 3,3 % de l'impôt sur les sociétés.

Section III
L'IMPÔT SUR LES SOCIÉTÉS

On étudiera son champ d'application (sous-section 1) avant de voir comment il est déterminé (sous-section 2).

Sous-section 1
CHAMP D'APPLICATION

L'IS a été créé en 1948 pour imposer différemment les bénéfices produits par les entreprises constituées sous la forme de personnes morales, les sociétés. À l'inverse, les entreprises individuelles, dirigées par une personne physique, sont restées dans le domaine de l'IR. En réalité, toutes les personnes morales ne sont pas soumises à l'IS, les sociétés de personnes relèvent de l'impôt sur le revenu. Comme leur nom l'indique, ces entreprises attachent beaucoup d'importance à la personne des associés. Lors de leur création, il faut que les associés se connaissent et se fassent confiance car ils vont travailler ensemble. Par exemple, la société en nom collectif regroupe des commerçants qui mettent leur nom en commun, on dit que leur nom est collectif. Le droit fiscal va donc s'attacher à l'élément le plus important de la société, la personne de chaque associé. En conséquence, l'impôt sur les bénéfices n'est pas réclamé à la société, mais à chacun des associés à proportion de la part des bénéfices qu'il a reçue. Si par exemple un associé détient la moitié du capital de la société, il recevra la moitié des bénéfices et sera imposable à l'IR sur ce montant, dans la catégorie des BIC, exactement comme un commerçant à la tête d'une entreprise individuelle.

Autrement dit, le droit fiscal nie la personnalité morale des sociétés de personnes. Il les ignore pour ne considérer que la personne physique des associés, auxquels il réclame directement l'impôt sur les bénéfices, sous la forme de l'IR. Au contraire, une société de capitaux, comme la société anonyme, existe fiscalement. C'est à elle, en tant que personne morale, qu'on réclame le paiement de l'IS. Dans une société de capitaux, on ne soucie guère de la personne des associés, tout ce qui compte est le capital qu'ils apportent. Il s'agit de réunir de l'argent pour, par exemple, construire une usine et lancer une activité industrielle. Comme son nom l'indique on n'est pas censé, dans une société anonyme, connaître le nom de ses associés, les actionnaires. C'est d'autant plus difficile si la société est cotée en bourse, car alors les actionnaires peuvent être très nombreux. Faute de pouvoir les identifier, le droit fiscal ne peut donc réclamer l'impôt qu'à la société. Au contraire, une société de personnes est dite transparente, on peut voir à travers elle et atteindre ses associés pour leur réclamer l'impôt sur les bénéfices. La détermination de l'IS est plus simple que celle de l'IR.

Sous-section 2
DÉTERMINATION DE L'IMPÔT

Le calcul d'un bénéfice imposable à l'IS répond aux mêmes principes que les BIC : il est déterminé grâce à une comptabilité d'engagement et selon la théorie du bilan. Sauf quelques règles propres à l'IS, l'assiette est donc la même. C'est en matière de liquidation et de recouvrement que l'impôt sur les sociétés se distingue. Il est proportionnel pour ne retenir qu'un seul taux, 33 %. Les petites sociétés profitent d'un taux réduit, qui s'élève à 15 %. S'ajoutent, pour les plus grandes, la contribution sociale des sociétés (v. *supra* p. 142) et une contribution exceptionnelle (v. *infra* p. 342). Contrairement à l'IR qui est recouvré par voie de rôle, l'IS suit la règle du paiement spontané : en souscrivant une déclaration, la société calcule elle-même son bénéfice et le montant de l'impôt, qu'elle paie spontanément. Comme en matière d'impôt sur le revenu, des réductions et crédits d'impôt viennent réduire le montant de l'IS. Par exemple, pour inciter les sociétés à faire de la recherche, laquelle est déterminante en termes d'innovation donc de compétitivité, un crédit d'impôt est calculé à partir des dépenses de recherche qu'elles engagent. De manière à se montrer la plus incitative possible, cette niche fiscale n'est pas plafonnée. Mais, du même coup, elle réduit de manière inquiétante le rendement de l'impôt, d'autant plus que l'IS ne connaît pas de plafonnement global.

Les rentrées de l'impôt sur les sociétés sont inférieures à celles de l'IR. L'imposition des entreprises soumises à l'IS est modérée de manière à ce qu'elles puissent rivaliser avec la concurrence internationale. Mais cette modération n'est guère conforme à l'égalité devant l'impôt.

Nous avons déjà remarqué que l'imposition du revenu se cumulait avec celle de la dépense. Le même argent est imposé lorsqu'il est gagné (IR, impôts sociaux) et dépensé (TVA). Il y a un moyen d'échapper à la taxation de la dépense, en épargnant une partie de ses revenus, de manière à enrichir son capital. Mais il existe aussi des impositions sur le capital.

Chapitre III
L'IMPOSITION DU CAPITAL

Le capital est une forme de richesse stable, acquise. C'est particulièrement le cas lorsqu'il est immobilier. Les hommes de la Révolution française ont choisi d'imposer principalement le patrimoine foncier (v. *supra* p. 81) non seulement car il représentait alors la principale richesse, mais aussi parce qu'il était facile à atteindre : on ne peut pas cacher un immeuble aux yeux du fisc. Cependant, aujourd'hui, le capital est bien davantage mobilier : les plus grandes fortunes sont riches de valeurs mobilières, telles que les actions de sociétés. Or ces valeurs sont de plus en plus volatiles : chaque jour un nombre considérable d'actions est échangé en bourse. La cible est donc moins facile à atteindre.

La taxation du capital pose surtout de redoutables difficultés économiques, car elle provoque des impositions multiples. En effet, le capital est déjà taxé au travers des revenus qu'il produit, particulièrement les plus-values, qui forment davantage des gains générés par la cession du capital que des revenus proprement dits (v. *supra* p. 109). Par exemple, un particulier achète une villa sur la Côte d'Azur, d'une grande valeur, pour la donner en location. Lors de l'acquisition du bien, il doit payer des droits d'enregistrement. Puis il lui faudra acquitter l'IR et les impôts sociaux sur les revenus fonciers, également un impôt local : la taxe foncière sur les propriétés bâties, enfin l'ISF (impôt de solidarité sur la fortune). Face à ces ponctions multiples, la matière imposable s'épuise ou s'enfuit. On assiste à une fuite des capitaux, que les contribuables placent dans les États où le régime fiscal est le plus avantageux. Or une économie a besoin de capitaux, pour investir et donc innover.

Par crainte de cette fuite, beaucoup de systèmes fiscaux ne taxent le capital que lorsqu'il bouge, quand il change de propriétaire. C'est le cas par exemple d'une vente d'immeuble, soumise aux droits d'enregistrement. La France est aujourd'hui l'un des rares pays à – en plus – taxer le capital en lui-même, en tant que tel, avec l'ISF. Mais, au total, pour limiter les phénomènes de taxations multiples, l'imposition du capital est d'un faible rendement. Son rôle, bien plus que financier ou économique, est politique. Le souci de la justice fiscale explique que le capital soit frappé par l'impôt, au même titre que le revenu et la dépense. Les droits d'enregistrement (section 1), l'ISF (section 2) et les impôts locaux (section 3) atteignent le capital.

Section I
LES DROITS D'ENREGISTREMENT

Avant d'aborder la question des droits d'enregistrement, il convient d'évoquer leurs cousins : les *droits de timbre*. Il s'agit d'impositions qu'il faut acquitter pour l'obtention de documents officiels, un passeport par exemple. En principe, le redevable paye l'impôt en achetant un timbre fiscal qui est collé sur le document.

Les droits d'enregistrement sont composés de multiples impositions, qui répondent néanmoins à des règles communes, des principes généraux (sous-section 1). On insistera sur deux impôts appartenant à cette famille, les droits de succession et de donation (sous-section 2).

Sous-section 1

Principes généraux de l'enregistrement

Les droits d'enregistrement sont de vieilles impositions (A) qui permettent au redevable de bénéficier d'une contrepartie (B).

A. De vieilles impositions

Les droits d'enregistrement existaient déjà sous l'Ancien Régime. Ils furent l'un des rares impôts de l'ancienne France que la Révolution n'a pas supprimés. À l'origine, l'enregistrement consistait simplement à consigner un acte sur un registre. Il s'agissait d'un registre officiel, car tenu par l'administration, une sorte d'état civil des actes juridiques [1]. En effet, par principe, les droits d'enregistrement sont exigibles lors de l'accomplissement d'actes juridiques, c'est-à-dire des manifestations de volonté qui produisent des effets de droit. Par exemple, la vente d'un immeuble est le résultat de la volonté du vendeur et de l'acheteur de se céder le bien, ce qui a pour effet le transfert de la propriété de celui-ci. De nos jours, les droits d'enregistrement constituent des impositions vieillies dont le rendement budgétaire est modeste. En matière immobilière, ils sont de plus en plus concurrencés par la TVA, qui présente des qualités qu'ils n'ont pas, à savoir un impôt moderne, rentable et neutre [2]. Ainsi les ventes d'immeubles neufs sont soumises à la TVA, alors que celles d'immeubles anciens relèvent des droits d'enregistrement : qui se ressemble s'assemble.

---

1. M. Cozian, F. Deboissy, *Précis de fiscalité des entreprises*, 35e éd., LexisNexis, 2011, n° 1408.

2. *Idem.*

On appelle souvent les droits d'enregistrement des droits de mutation, ce dernier terme désignant le transfert de la propriété d'un bien. En réalité, les opérations soumises aux droits d'enregistrement ne sont pas toutes des mutations. Mais la caractéristique de ces impôts est de frapper le capital en mouvement, lorsque celui-ci bouge, qu'il quitte un patrimoine pour en rejoindre un autre. Une mutation peut être faite à titre onéreux, moyennant une contrepartie, comme une vente d'immeuble. Elle peut également se réaliser à titre gratuit, par l'effet d'une donation ou d'une succession. Une *donation* est conclue entre *vifs*, entre des personnes vivantes. C'est par exemple un père qui fait don d'une somme d'argent à son fils. Une *succession* est une transmission à cause de mort : lorsqu'une personne vient à mourir, son patrimoine est transmis à ses héritiers. Le droit fiscal a horreur de la gratuité, car c'est un cynique : il considère que rien n'est gratuit dans ce monde. Lorsqu'on lui présente un acte fait à titre gratuit, il n'y croit pas et soupçonne donc une fraude, contre laquelle il prévoit une mesure pénalisante. Ainsi, en matière d'enregistrement, les actes faits à titre gratuit sont en règle générale plus lourdement taxés que ceux réalisés à titre onéreux.

Dès lors que les droits d'enregistrement constituent un impôt sur le capital, le redevable est celui qui s'enrichit, en ce sens qu'il reçoit dans son patrimoine un nouvel élément. Pour une vente d'immeuble, il s'agit de l'acheteur. Dans une donation, c'est bien sûr le bénéficiaire de celle-ci, qu'on appelle le *donataire*, tandis que l'auteur du don est le *donateur*. Enfin, s'agissant d'une succession, l'impôt est à la charge des héritiers. Le redevable des droits d'enregistrement profite d'une contrepartie.

B. Une contrepartie

Faire enregistrer un acte suppose de se rendre dans les locaux de l'administration ; l'agent appose un tampon sur l'acte et y mentionne le montant des droits payés. Le recouvrement se fait donc en même temps que la formalité, spontanément, car on est en présence d'impôts indirects : c'est en faisant quelque chose que l'on provoque le fait générateur des droits d'enregistrement. La formalité a l'avantage de conférer *date certaine* à l'acte enregistré. Ce qui permet à son auteur de se ménager des moyens de preuve : il peut démontrer l'existence de l'acte et prouver qu'il a été établi à une date précise. Ainsi lorsqu'une personne prête de l'argent à une autre, il est prudent de faire enregistrer la reconnaissance de dette. Ce qui permettra au prêteur de prouver l'existence et le montant de la dette, si l'emprunteur la conteste. Pour présenter une contrepartie, les droits d'enregistrement ont donc la nature de taxes et non d'impôts. De plus, ils peuvent être facultatifs, ainsi dans l'exemple du prêt on ne les paie que si l'on choisit de faire enregistrer l'acte. Il ne s'agit pas néanmoins de redevances car les droits payés sont souvent bien plus élevés que la valeur du service rendu. Qui plus est, dans certaines hypothèses, la formalité de l'enregistrement est obligatoire, notamment s'agissant d'une vente d'immeuble, d'une cession de fonds de commerce ou d'une succession.

Sachant la diversité des actes susceptibles d'être enregistrés, la nature des tarifs applicables est variable. Il existe tout d'abord des droits fixes, à savoir que le montant de l'impôt est toujours le même. Par exemple, l'enregistrement d'une reconnaissance de dette suppose le paiement d'un droit qui s'élève invariablement à 125 €, quelle que soit la valeur de la somme prêtée. Par ailleurs, on trouve des droits proportionnels, ainsi les ventes d'immeubles sont soumises à un taux de 5,09 %

du prix du bien. Enfin, certains droits d'enregistrement, notamment en matière de succession, sont progressifs.

Qu'il existe ainsi plusieurs sortes de tarifs à l'intérieur d'une même famille d'impositions est un gros défaut, car c'est une incitation à la fraude. En effet, les contribuables tentent de profiter du taux le moins élevé. Par exemple, un oncle souhaite donner un immeuble à son neveu. Mais il apprend que les droits sur une telle donation sont dix fois plus élevés que sur une vente. Il décide donc de présenter à l'enregistrement un acte de vente qui, en réalité, n'est autre qu'une *donation déguisée*. L'administration déjoue cette fraude en vérifiant que le prix est effectivement payé. Si ce n'est pas le cas, elle réclame le complément de droits et y ajoute des pénalités. Une autre fraude se rencontre lors de la vente d'un immeuble, bien réelle celle-ci. Le vendeur et l'acheteur s'entendent pour déclarer dans l'acte un prix inférieur à celui versé. La différence est payée en liquide et échappe donc à l'impôt. Pour combattre cette pratique, l'administration utilise la *méthode des comparaisons*. Elle sélectionne les actes correspondant à la vente d'immeubles comparables à celui en cause : même quartier, même superficie. Par ce moyen, elle peut démontrer que le prix déclaré est inférieur à ceux du marché, donc qu'il a été minoré. La même méthode est utilisée lorsque l'administration soupçonne un contribuable d'avoir sous-estimé la valeur d'un immeuble qui lui a été transmis par voie de succession.

Sous-section 2
Les droits de succession et de donation

Par principe, les droits de succession (A) et de donation (B) suivent les mêmes règles. Ce qui est logique car les donations, bien souvent, ont pour but d'anticiper une succession [1]. Des parents donnent, de leur vivant, des biens à leurs enfants, de façon à limiter les droits de succession que ces derniers auront à payer à leur mort. Les droits de donation se distinguent cependant par des règles leur étant propres.

A. Les droits de succession

Les droits de succession forment une imposition mal vécue par les contribuables (1). Pourtant, une différence de taille existe entre les successions en ligne directe – entre parents et enfants – qui sont rarement imposables et les autres transmissions, lourdement taxées (2).

1. Un impôt mal vécu

Les droits de succession constituent une imposition sensible au sens psychologique du terme. En effet, il s'agit d'un impôt à cause de mort, son fait générateur étant réalisé par le décès d'une personne, ce qui n'est pas joyeux. De plus, l'imposition est particulièrement mal acceptée dans l'opinion publique. Nombreux sont en effet les contribuables à penser que des parents devraient pouvoir, sans payer d'impôt, transmettre à leurs enfants un patrimoine qui peut représenter le travail de toute une vie. Comme tous les impôts sur le capital, les droits de succession sont source de difficultés économiques, tenant à la transmission des entreprises. Lorsque la valeur de celles-ci est élevée, les héritiers doivent parfois la vendre pour être en mesure de payer les droits. Le pire se rencontre lorsqu'ils ne trouvent pas de repreneur. Il faut alors liquider l'entre-

1. M. Collet, *Droit fiscal*, 2e éd., PUF, coll. Thémis, 2009, n° 516.

prise, la faire disparaître, avec les emplois qui sont à la clé. Pour prévenir ce phénomène, la loi prévoit une exonération à hauteur de 75 % de la valeur de l'entreprise, en posant des conditions strictes, notamment que l'un des héritiers en reprenne la direction. Mais les droits de succession présentent, comme nombre d'impôts sur le capital, des vertus égalitaires. Ils permettent de réduire les disparités entre les contribuables qui ont eu la chance de percevoir un gros héritage et ceux qui n'ont peu ou rien reçu. De ce point de vue, il faut opposer les successions en ligne directe et les autres transmissions, par exemple au profit d'un frère ou d'une sœur du défunt.

2. Les successions en ligne directe et les autres

L'impôt sur les premières a été fortement allégé, au contraire des secondes qui sont lourdement imposées. En effet, plus le lien de famille entre le défunt et l'héritier était proche, plus l'impôt est faible. En quelque sorte, le poids des droits de succession est inversement proportionnel au chagrin de l'héritier. Ainsi, les transmissions entre époux et partenaires d'un PACS sont exonérées : la part de l'héritage qui revient au conjoint ou au pacsé ne donne pas lieu à l'impôt. Pour ce qui est des enfants, la valeur du patrimoine qui leur est transmis est soumise à un barème progressif dont les taux vont de 5 à 45 %. On pourrait croire ainsi que l'impôt est lourd, dès lors qu'il est progressif. En réalité, son rendement est réduit par l'application d'abattements importants. En effet, chaque enfant bénéficie d'un abattement de près de 160 000 €. Par exemple, un père meurt en laissant à ses trois enfants un patrimoine de 2 millions d'euros. Le cumul des abattements est de 160 000 x 3 = 480 000. La succession ne sera donc imposable qu'au-delà d'une somme un peu moins élevée que 2 millions – 480 000 = 1 520 000 €. De cette façon, l'immense majorité des successions en ligne directe n'est pas imposable. Seules les plus grosses fortunes sont mises à contribution.

Le redevable, autrement dit l'héritier, peut de plus profiter d'une réduction d'impôt, censée tenir compte de ses charges de famille. En effet, il en bénéficie s'il a au moins trois enfants. Peu importe en revanche que lesdits enfants soient encore à sa charge. C'est un petit lot de consolation, par lequel on caresse le contribuable dans le sens du poil. La réduction d'impôt existe également dans les successions autres qu'en ligne directe, selon les mêmes modalités, mais elle est réduite de moitié.

Dès que l'on sort de la ligne directe, les droits de succession retrouvent leur fonction de niveleurs de fortunes. Par exemple, une transmission entre *collatéraux*, c'est-à-dire frères et sœurs, est soumise à deux taux, 35 et 45 %, après un abattement d'un peu moins de 16 000 €. Le cas le plus douloureux est celui des concubins. Même s'ils ont pu vivre ensemble très longtemps, dès lors qu'ils n'étaient pas unis par le mariage ou un PACS, la part successorale qui revient au concubin survivant est soumise à un seul taux, 60 %, après un abattement dérisoire d'un peu moins de 1 600 €. À l'inverse, si le couple avait été marié ou pacsé, la transmission aurait été exonérée.

On peut limiter le coût fiscal d'une succession en procédant au préalable à des donations.

B. Les droits de donation

Les donations sont particulièrement encouragées au profit des descendants. Il s'agit d'inciter les grands-parents et parents à donner une partie de leur capital à leurs enfants et petits-enfants. En effet, au XIXe siècle, on héritait à 30 ans, à l'âge où l'on se lançait dans la vie. Aujourd'hui on hérite à 50 ans, lorsqu'on a moins besoin d'argent. Les mêmes abattements qu'en matière de succession incitent donc aux transferts de richesses au profit des jeunes générations, car si la donation ne les dépasse pas, elle ne donne lieu au paiement d'aucun droit.

En plus des abattements de droit commun, une autre mesure assez perverse encourage également les donations. Le don d'une somme d'argent à un descendant majeur bénéficie d'un abattement d'un peu moins de 32 000 €. En effet, les jeunes dépensent plus que les vieux, donc ils génèrent davantage de TVA. Il s'agit en conséquence d'inciter les ascendants à donner de l'argent à leur progéniture, qui le dépensera à loisir puisqu'elle a atteint sa majorité. Ce que le Trésor perd en droits de donation d'un côté est donc récupéré de l'autre avec la TVA.

Les plus grandes fortunes, non seulement donnent lieu au paiement des droits de succession et donation, mais aussi, chaque année, à l'ISF.

Section II
L'IMPÔT DE SOLIDARITÉ SUR LA FORTUNE

L'ISF est un impôt très controversé (sous-section 1), une part de l'opinion publique y étant hostile, l'autre favorable [1]. La polémique porte sur le principe même de l'imposition, mais elle se poursuit également quant à ses règles (sous-section 2), notamment les exonérations, qui sont contestées.

---

1. À l'issue d'un cours consacré à l'ISF, deux de mes étudiants ont eu une vive discussion. J'ai dû les séparer de crainte qu'ils ne se battent.

Sous-section 1

LA CONTROVERSE DE L'ISF

L'histoire, chaotique, de l'ISF met en évidence cette polémique. La première forme récente d'impôt sur la fortune en France est apparue en 1981, après l'élection de François Mitterrand à la présidence de la République. La gauche décide la création de *l'impôt sur les grandes fortunes* (IGF). L'appellation est sans ambiguïté : il s'agit de faire payer les riches pour réduire les inégalités. La justice exige qu'à une époque de forte pression fiscale, les patrimoines les plus élevés contribuent davantage aux dépenses publiques. L'impôt est supprimé en 1986 par la droite lorsque celle-ci remporte les élections. Puis il ressuscite en 1988 lorsque la gauche reprend le pouvoir. Son nom est alors changé en *impôt de solidarité sur la fortune*. Car il est censé financer le RMI, revenu minimum d'insertion, aujourd'hui remplacé par le RSA, revenu de solidarité active, versé aux plus démunis. Il devient ainsi un impôt « Robin des bois », puisque les plus riches viennent au secours des plus pauvres. Au plan budgétaire, cette « affectation » n'a pas de sens. En effet, par principe, la caisse de l'État est unique, toutes les recettes servent au financement de l'ensemble des dépenses. De plus, le produit de l'impôt sur la fortune est très insuffisant pour couvrir les charges que représente le RSA.

Pour éviter que l'ISF ne se montrât confiscatoire, il était plafonné en fonction des revenus du contribuable. De cette façon, celui disposant d'une jolie fortune ne pouvait pas être privé de la totalité de ses revenus si l'impôt était égal ou supérieur à leur montant total. Cependant, un gouvernement de droite a voulu, lorsque le patrimoine était très élevé, que les effets du plafond fussent limités. Si bien limités que certains contribuables payaient un ISF égal à plusieurs fois leurs revenus. Dans ces conditions, beaucoup parmi les plus riches ont quitté la France. Les grandes familles d'industriels, notamment, se sont installées en Suisse ou en Belgique. Le départ était d'autant plus tentant que presque tous les pays voisins du nôtre ont supprimé leur impôt sur la fortune.

Pour essayer de faire revenir les riches, la France a ajouté, à partir de 2007, un autre plafond, le *bouclier fiscal*. Il permettait d'éviter que les contribuables, au titre des principaux impôts directs, ne soient privés de plus de la moitié de leurs revenus. L'opinion publique s'est montrée d'autant plus hostile à ce dispositif qu'il produisait de redoutables effets pervers. Ainsi, en 2008, le tarif des impôts sociaux sur les revenus du capital a été augmenté. Or les contribuables les plus riches n'ont pas été touchés par cette hausse puisqu'ils bénéficiaient du bouclier. Ce qui, au regard de l'égalité devant l'impôt, n'était pas admissible.

Une réforme adoptée en juillet 2011 a supprimé les deux plafonds : celui propre à l'ISF et le bouclier fiscal. Elle a également modifié les règles de l'impôt, dans le sens de son allégement. Or l'ISF souffre du plus grave défaut qui puisse affecter une imposition : il rapporte très peu d'argent. Avant la loi de 2011, son rendement se situait autour de 4 milliards d'euros, ce qui représente une goutte d'eau parmi les recettes fiscales de l'État. Outre son insignifiance budgétaire et les effets antiéconomiques qu'il produit, l'ISF est source d'injustices. On lui reproche d'atteindre davantage les millionnaires que les milliardaires. Les premiers sont, par exemple, des contribuables propriétaires d'un grand appartement à Paris. Les seconds disposent de suffisamment de moyens pour payer des conseillers qui leur expliquent comment échapper à l'impôt, notamment en plaçant leurs capitaux à l'étranger. C'est jusqu'aux règles de l'ISF qui donnent lieu à la controverse.

Sous-section 2
LES RÈGLES DE L'ISF

La réforme de 2011 a transformé la nature même de l'ISF, car de progressif il est devenu proportionnel (A) ; ce qui ne l'empêche pas de prévoir des exonérations et des réductions d'impôt (B).

A. Un impôt devenu proportionnel

Lors de la création de l'impôt, en 1981, le législateur ne s'est pas beaucoup fatigué, car il a repris de nombreuses règles de l'IR et des droits de succession. Comme l'impôt sur le revenu, l'ISF est un prélèvement annuel dû par les seules personnes physiques ; il est plus précisément à la charge du foyer fiscal. On additionne donc la fortune des époux ou pacsés, mais également celle des concubins, alors même que ces derniers sont ignorés par l'IR et les droits de succession. Cette exception a pour but de ne plus permettre une évasion fiscale qui est apparue dès la création de l'IGF : des couples ont divorcé uniquement pour échapper à l'impôt. De cette façon, leur patrimoine commun se trouvait divisé par deux et la fortune de chacun était inférieure au seuil d'imposition. Celui-ci se situe aujourd'hui à 1 300 000 €. Si le patrimoine du foyer, au 1er janvier de l'année d'imposition, dépasse ce montant, le contribuable doit acquitter l'impôt. Par principe, tous les biens du foyer entrent dans la base imposable : immeubles, placements financiers, comptes bancaires, mobilier, voitures, etc. Leur évaluation suit les mêmes règles qu'en matière de droits de succession.

Avant la réforme de 2011, l'ISF constituait, comme l'IR, un impôt progressif par tranches. Le seuil d'imposition avait également valeur d'abattement, car on ne payait l'impôt que sur la base du patrimoine supérieur à ce seuil. La réforme a baissé les taux, mais elle a supprimé l'abattement. Désormais, le contribuable est imposable dès le premier euro. Si, par exemple, sa fortune s'élève à 1,4 million, l'impôt est calculé sur la base de ce montant et non sur la part du capital supérieure à 1,3 million. Le taux applicable est de 0,25 % si le patrimoine est au moins égal à 1,3 million, sans atteindre 3 millions. Il est doublé, pour s'élever à 0,50 %, lorsque le capital est au moins égal à 3 millions. Là encore, le contribuable est imposé à ce taux dès le premier euro. Si sa fortune est, par exemple, de 4 millions, il doit payer 0,50 % de ce montant. L'ISF est donc devenu un impôt proportionnel car, comme la TVA, il n'applique qu'un seul taux sur chaque base imposable. L'impôt est allégé lorsque la fortune dépasse de peu les seuils de 1,3 et 3 millions.

Les contribuables relevant du premier taux doivent déclarer le montant global de leur patrimoine sur la déclaration d'ensemble des revenus (2042). L'ISF fait ensuite l'objet d'un avis d'imposition, distinct de celui de l'IR. Les plus fortunés, pour être imposables au second taux, doivent déposer une déclaration spéciale, donnant le détail de leur capital, et joindre un chèque en paiement de l'impôt. Il ne s'agit donc plus d'un recouvrement par voie de rôle mais opéré de manière spontanée.

Bien que constituant désormais une imposition proportionnelle, l'ISF comporte des mesures d'exonération et de réductions d'impôt.

B. Les exonérations et réductions d'impôt

Il existe deux exonérations principales. La première intéresse les œuvres d'art : tableaux, sculptures et antiquités sont épargnés. On explique cette mesure par le souci de ne pas pénaliser le marché de l'art en France. Également pour éviter une fuite à la fois financière et culturelle : que des œuvres d'art, qui peuvent valoir très cher, quittent le territoire national pour échapper à l'impôt. Mais il suffit, lorsqu'on en a les moyens, d'acheter un tableau de maître pour faire des économies d'ISF. L'autre exonération se rapporte aux *biens professionnels*, qui ne relèvent pas de la fortune privée du contribuable, bien qu'il en soit propriétaire, dès lors que ces biens constituent un outil de travail. Il s'agit par exemple du magasin d'un commerçant. Mais les parts de sociétés sont également exonérées, sous plusieurs conditions, dont on retiendra les deux principales : qu'elles soient détenues par un contribuable qui travaille dans l'entreprise et y exerce une fonction de direction générale. On estime alors que le capital de la société possédé par le dirigeant constitue son outil de travail. Outre la crainte d'une fuite des capitaux productifs, l'exonération est motivée par le souci d'encourager l'investissement : plus le chef d'entreprise met d'argent dans celle-ci, moins il paie d'ISF. Mais, du même coup, la mesure réduit sensiblement l'assiette de l'impôt.

L'ISF peut être diminué par des réductions d'impôt, en revanche il n'existe pas de crédit d'impôt. Deux réductions ont été « copiées » sur l'IR. Tout d'abord au profit des contribuables qui investissent dans les PME. Par ailleurs, certains dons, notamment au profit des universités, permettent de réduire la note. Enfin, une réduction d'impôt prend en compte les enfants à la charge du foyer.

L'ISF a le mérite de faire porter la pression fiscale globale sur l'ensemble des facultés contributives. De même, il permet de lutter contre la fraude qui affecte les impositions sur le revenu, en mettant en évidence une éventuelle disparité entre le patrimoine et les ressources déclarées. Mais son assiette est trop étroite pour qu'il soit productif. De plus, loin de réduire les inégalités, l'ISF en génère. L'impuissance française à le supprimer, en dépit de ses effets antiéconomiques, s'explique par le symbole politique qu'il est devenu : il laisse entendre que les plus riches sont les plus imposés.

Jusqu'à présent, nous n'avons étudié que des impôts d'État, il est temps de s'intéresser à la fiscalité locale.

Section III
LES IMPÔTS LOCAUX

Parce qu'ils relèvent d'un autre âge, les impôts locaux produisent les plus grandes injustices de notre système fiscal. Ils forment un édifice en plein délabrement (sous-section 1), dont le législateur, en réformant régulièrement mais petitement les règles de la fiscalité locale (sous-section 2), essaie d'éviter la chute.

Sous-section 1
LE DÉLABREMENT DE LA FISCALITÉ LOCALE

Nous savons (v. *supra* p. 83) que durant la première guerre mondiale, les quatre vieilles contributions directes créées par la Révolution, qui jusqu'alors étaient des impôts d'État, sont devenues des impositions locales. On a donc transmis aux collectivités locales du vieux matériel fiscal, techniquement dépassé et peu rentable. Tandis que l'État se dotait, lui, d'impositions modernes et productives : l'impôt sur le revenu et ce qui allait devenir la TVA. Depuis le début du XXe siècle, les choses n'ont guère changé. En effet, les impôts locaux actuels sont les héritiers en ligne directe des quatre vieilles et conservent bon nombre de leurs caractéristiques. Ainsi ils comportent tous dans leur base des immeubles, or la richesse immobilière était celle du XIXe siècle. De même, nous avons vu (p. 48) que par principe les impôts locaux ne sont pas déclaratifs, car tout le travail d'assiette, liquidation et recouvrement est assuré par l'administration ; ce qui constitue le signe d'une désuétude fiscale certaine. Les quatre vieilles se reconnaissent donc facilement dans les impôts locaux actuels. La contribution foncière est aujourd'hui représentée par *les* taxes foncières, car nous verrons qu'il y en a deux. La contribution mobilière s'appelle de nos jours la taxe d'habitation. La contribution des patentes, d'abord rebaptisée en taxe professionnelle, a récemment reçu une nouvelle appellation : la contribution économique territoriale.

Longtemps, le fait que les collectivités locales soient dotées de vieux impôts n'a pas été un souci, car le poids de ces impositions était modéré. Cette situation a changé lorsque, à partir des années 1980, la France s'est engagée dans la voie de la décentralisation. Il s'agissait de conférer davantage de pouvoirs aux collectivités, de manière à ce que l'administration soit plus proche du citoyen et des réalités locales. L'État a donc abandonné aux régions, départements et communes certaines de ses prérogatives. Cependant, il n'a pas transféré tous les crédits nécessaires à l'exercice de ces pouvoirs. Si bien que les collectivités ont dû augmenter sensiblement le poids des impôts locaux. En effet, la décentralisation suppose qu'elles profitent d'une autonomie financière, en décidant elles-mêmes du taux des impositions qu'elles perçoivent. Mais, pour éviter une trop grande disparité géographique, qui serait contraire à l'égalité devant l'impôt, cette compétence est limitée. Le taux des impôts locaux ne peut dépasser un plafond fixé à l'échelle nationale. Malgré cette précaution, les écarts peuvent être très importants d'une collectivité à une autre.

Ce n'est pas la seule injustice que l'on peut reprocher aux impositions locales. En effet, la base immobilière qu'elles ont toutes en commun est constituée par la *valeur locative cadastrale*. Le cadastre est un document tenu par l'administration fiscale, sur lequel est déterminée la superficie des immeubles. Pour estimer la valeur locative, l'administration calcule le loyer que les biens pourraient produire s'ils étaient donnés en location. Or la dernière évaluation de l'ensemble des biens immobiliers en France remonte à 1970. Cette date beaucoup trop ancienne provoque des inégalités criantes. Certes, les évaluations sont actualisées régulièrement, mais de façon forfaitaire donc approximative. Le pouvoir politique ne veut pas prendre le risque d'une nouvelle évaluation générale, car elle conduirait à de telles variations dans le montant des impôts que cela pourrait mener à l'émeute. Il se contente, de temps en temps, de changer certaines règles.

Sous-section 2

LES RÈGLES DES IMPÔTS LOCAUX

Les impôts locaux retiennent tous le même fait générateur, fixé au 1er janvier de l'année d'imposition. Par exemple, toute personne occupant un logement à cette date est redevable de la taxe d'habitation. Il faut donc éviter de déménager au début de l'année car, même si le contribuable n'est resté dans les lieux que peu de temps, il doit payer la totalité de l'impôt.

Les impôts locaux atteignent les particuliers ou les entreprises, ou encore les deux en même temps. Cette dernière hypothèse se rencontre avec les taxes foncières, au contraire de la taxe d'habitation qui n'est due que par les particuliers (A), tandis que seules les entreprises sont redevables de la contribution économique territoriale (B).

A. Les taxes foncières et la taxe d'habitation

La taxe foncière sur les propriétés bâties a pour base la valeur des bâtiments, qu'il s'agisse d'une habitation ou d'un immeuble à usage professionnel. La taxe foncière sur les propriétés non bâties porte sur les terres, principalement agricoles. Les deux forment des impositions qui frappent directement le capital, plus précisément la propriété immobilière. En effet, elles sont dues par les propriétaires d'immeubles – au sens juridique du terme : terrains et constructions. Leur base est uniquement composée de la valeur locative des biens.

La même valeur est utilisée pour asseoir la taxe d'habitation, qui n'atteint, elle, que les particuliers. En sont redevables toutes les personnes qui occupent un logement, à quelque titre que ce soit : propriétaire, locataire ou occupant à titre gratuit. On comprend donc que lorsqu'on détient la propriété d'une habitation, il faut acquitter deux impôts locaux : la taxe d'habitation et la taxe foncière sur les propriétés bâties. À l'inverse, un locataire ne doit payer que la première, la seconde étant à la charge de son propriétaire. La taxe d'habitation est un peu personnalisée, dès lors que des abattements prennent en considération les enfants à la charge du foyer. Les personnes sans ressources, ou disposant de faibles revenus, sont exonérées ou bénéficient d'un allégement. Les étudiants logés en résidence universitaire sont épargnés par la taxe d'habitation, il en va de même pour ceux qui louent une chambre dans un logement occupé à titre principal par une autre personne.

La taxe d'habitation est sans doute l'impôt le plus injuste que connaisse notre système fiscal. En effet, en 1970, date de la dernière évaluation générale, les centres-villes étaient désertés au profit des périphéries, lesquelles offraient des immeubles présentant de meilleures conditions de confort. Aujourd'hui, cette situation s'est inversée : les centres-villes ont été rénovés tandis que les immeubles des périphéries se sont dégradés. Il est donc particulièrement injuste de devoir payer plus de taxe d'habitation parce qu'on habite une tour lointaine et délabrée plutôt qu'un immeuble central et en bon état. La contribution économique territoriale s'expose un peu moins à la critique.

B. La contribution économique territoriale (CET)

Elle n'est due que par les entreprises, au sens fiscal du terme : commerçants, sociétés, professions libérales ; en revanche, les agriculteurs et les petits artisans en sont exonérés. L'ancienne taxe professionnelle a longtemps détenu la palme de l'impôt le plus bête du monde. En effet, à l'origine, sa base comportait trois éléments : tout d'abord la valeur locative des immeubles utilisés par l'entreprise, ensuite la valeur du matériel employé, enfin les salaires versés. Ce dernier élément constituait une source de chômage, car l'employeur était assuré, s'il embauchait un nouveau salarié, de payer plus d'impôt. Le deuxième élément, la valeur du matériel, était lui un frein à l'investissement, car si l'entreprise achetait une nouvelle machine, par exemple, sa note augmentait également. On s'est donc résolu à supprimer le troisième élément, qu'on appelait la part salariale. De même, la dernière réforme qui, à partir de 2010, a remplacé la taxe professionnelle par la CET, a éliminé le deuxième élément, la valeur du matériel.

La CET est en réalité composée de deux impositions distinctes : la *cotisation foncière des entreprises*, qui porte sur la valeur locative des immeubles utilisés pour l'exploitation, et la *cotisation sur la valeur ajoutée des entreprises*, pour laquelle on retient comme base le chiffre d'affaires diminué de certaines charges, particulièrement les frais généraux. La CET reste un frein à l'investissement immobilier, les immeubles étant par ailleurs déjà atteints par les taxes foncières.

Les impôts locaux font régulièrement l'objet de petites réformes, qui tendent à cacher la réalité : ce sont des prélèvements dont le principe même est beaucoup trop ancien. Ils portent essentiellement sur une richesse dépassée, l'immobilier. Ils retiennent une méthode qui en réalité est indiciaire : plus un immeuble est grand, plus celui qui l'occupe est censé être riche, ce qui reste à démontrer. Les impôts locaux ne tiennent pas compte des facultés contributives réelles de ceux qui les paient, car ils sont déconnectés de la réalité. Ils provoquent en conséquence des inégalités insupportables, qu'on continue néanmoins de souffrir car on en a l'habitude. La fiscalité locale mériterait une réforme ambitieuse. On pourrait certes conserver les taxes foncières, à condition de mettre les bases à jour. La taxe d'habitation devrait devenir un impôt sur le revenu et la CET ne devrait porter que sur la valeur ajoutée. Les impositions locales forment la plus déplorable illustration du conservatisme fiscal, dont la devise pourrait être la suivante : « Les impôts sont comme les chaussures : ce sont les plus vieux qui font le moins mal [1]. » En réalité, lorsque des souliers ne sont plus à la bonne taille, ils demeurent invariablement douloureux.

Avec l'étude des principales impositions, nous avons ainsi terminé de déballer le matériel fiscal, il convient désormais de lire le mode d'emploi.

1. P.-M. Gaudemet, J. Molinier, *Finances publiques*, t. 2, 5e éd., Montchrestien, 1992, p. 65.

Deuxième partie

LES SOURCES DU DROIT FISCAL

Déterminer les sources d'un droit consiste à remonter à l'origine des normes qui le composent. Il s'agit alors de regrouper les règles fiscales par catégorie : par exemple, distinguer celles issues de la loi de celles résultant d'un décret. En effet, ces différentes sources forment une hiérarchie, les unes se situant au-dessus des autres ; elles leur sont supérieures car leur valeur juridique est plus grande. Ainsi la loi s'impose au décret ; si donc un décret contredit une loi, c'est cette dernière qui l'emporte, qu'il faut appliquer.

L'intérêt que présente l'étude des sources d'un droit est de savoir comment les utiliser. De quelle façon sont-elles élaborées et quelle est leur valeur juridique respective ? Il s'agit donc de déchiffrer un véritable mode d'emploi qui, en matière fiscale, est complexe. Il est essentiel de le comprendre pour être en mesure de pratiquer le droit fiscal. On ne peut pas utiliser les règles de l'impôt sans connaître leurs origines, donc leur valeur.

En principe, le droit fiscal ne devrait utiliser que certaines sources. Cette obligation est posée par le principe de la légalité de l'impôt, selon lequel les normes fiscales doivent être issues de la loi. Il ne devrait donc exister de règles de l'impôt que celles décidées par le législateur. Sauf bien sûr à recourir aux sources supérieures à la loi que sont les règles constitutionnelles et internationales. Ces différentes normes, issues de la Constitution, des traités internationaux et de la loi, peuvent être appelées les sources de principe du droit fiscal. Car, par principe, le droit de l'impôt ne devrait contenir que des règles qui y trouvent leur origine.

En réalité, ce n'est pas possible. La loi ne peut pas tout prévoir, elle ne saurait contenir tout le détail des règles fiscales. Elle doit être complétée par d'autres sources, que sont le règlement et la jurisprudence. Le règlement est un acte du pouvoir exécutif, pris sous la forme d'un décret ou d'un arrêté, qui contient des règles de portée générale. Par exemple, le décret de nomination d'un fonctionnaire n'est pas un règlement, car il n'est pas général : il n'intéresse qu'une personne, celle nommée. À l'inverse, un décret pris pour modifier le statut d'une catégorie de fonctionnaires a une portée générale et donc réglementaire ; en effet, il concerne tous les agents relevant de cette catégorie. La jurisprudence est formée par un ensemble de décisions de justice qui, en résolvant une difficulté juridique particulière, ont adopté la même solution. Il arrive que le juge ait à trancher une querelle causée par le silence de la loi et du règlement : on ne parvient pas à résoudre le différend car, précisément, les textes n'en disent rien ; dans cette hypothèse, la jurisprudence crée la règle de droit qui faisait défaut.

Les règles inférieures issues du règlement et de la jurisprudence peuvent être appelées les sources dérivées du droit fiscal. Car elles découlent en principe des sources supérieures, principalement la loi, pour venir en préciser le détail. Même si la réalité peut être bien différente, retenons pour l'instant que les sources dérivées (chapitre II) ont pour objet de venir compléter les sources de principe (chapitre premier).

Chapitre premier
LES SOURCES DE PRINCIPE

Si la Constitution (section 1) et les traités internationaux (section 2) forment les normes suprêmes du droit, le droit fiscal puise – ou, plus exactement, devrait puiser – l'essentiel de ses règles à la source de la loi (section 3).

Section I
Les sources constitutionnelles

De nos jours, les règles constitutionnelles représentent un ensemble de normes qui composent ce qu'on appelle le bloc de constitutionnalité. On y trouve des textes mais également des principes fondamentaux, qui résultent essentiellement de la jurisprudence du Conseil constitutionnel, organe chargé de vérifier la conformité des lois à la Constitution. Les textes sont formés par la Constitution elle-même, qui date de 1958, mais également par des sources plus anciennes comme la Déclaration des droits de l'homme et du citoyen de 1789. C'est dans cette Déclaration que l'on trouve les plus grands principes fiscaux (sous-section 1), notamment celui de l'égalité devant l'impôt (sous-section 2).

Sous-section 1

La Déclaration des droits de l'homme et du citoyen de 1789

Ce texte fondamental, qui commande toute notre organisation politique, comporte deux articles (13 et 14) relatifs à l'impôt. Le Conseil constitutionnel y fait référence pour censurer les lois contraires aux grands principes fiscaux. Cependant, il ne faut pas ignorer que la Déclaration date de plus de deux siècles et qu'elle a été adoptée dans un contexte politique bien particulier (v. *supra* p. 67). Il convient donc de l'adapter aux nécessités fiscales modernes. Ainsi l'article 13 énonce : « Pour l'entretien de la force publique, et pour les dépenses d'administration, une contribution commune est indispensable : elle doit être également répartie entre tous les citoyens, en raison de leurs facultés » (contributives). Le texte limite le domaine de l'impôt à des dépenses qui étaient celles de l'État gendarme : assurer l'ordre et la sécurité. Il ne correspond plus aux besoins financiers de l'État providence, dont les interventions en matière économique et sociale supposent une pression fiscale importante.

De même, l'article 14 ne doit pas être pris à la lettre : « Tous les citoyens ont le droit de constater, par eux-mêmes ou par leurs représentants, la nécessité de la contribution publique, de la consentir librement, d'en suivre l'emploi, et d'en déterminer la quotité, l'assiette, le recouvrement et la durée. » Le terme de quotité est synonyme de quote-part, autrement dit de taux. En apparence, l'article 14 reconnaît le droit de consentir à l'impôt non seulement aux représentants des citoyens, les parlementaires, mais également au contribuable lui-même. Or, par nature, l'impôt est obligatoire, son débiteur doit le payer, sans qu'il soit besoin de lui demander son consentement. Comment expliquer ce laxisme ? On ne peut douter qu'en adoptant l'article 14 les révolutionnaires ont voulu réagir aux abus de l'Ancien Régime. Mais, surtout, la Révolution a créé des impôts de répartition (v. *supra* p. 26-27) pour lesquels, à l'échelon local, le partage des contributions était assuré par de simples citoyens [1]. De cette façon, le contribuable participait effectivement à l'établissement de l'impôt. Toutefois, cela ne signifiait pas qu'il pouvait donner son accord pour acquitter ou non l'imposition. Par ailleurs, de nos jours, la Constitution ne prévoit pas que les questions fiscales puissent faire l'objet d'un référendum.

On remarquera que la Déclaration insiste sur la nécessité de l'impôt : « une contribution commune est indispensable » (article 13) ; « la nécessité de la contribution publique » (article 14). On a le sentiment que les députés de 1789 sont désolés : même régie par un ordre nouveau, une société ne peut fonctionner sans impositions… Cette idée est devenue le *principe de nécessité de l'impôt*, qui signifie simplement que celui-ci est indispensable à toute vie en collectivité. De ce précepte, le Conseil constitutionnel a déduit que la lutte contre la fraude fiscale était légitime. Cependant, les pouvoirs donnés dans ce but à l'administration doivent respecter un autre principe, également maintes fois rappelé par la Déclaration, celui de liberté. Le contrôle fiscal ne doit donc pas trop attenter à la liberté et à la vie privée du contribuable. De même, le droit fiscal doit respecter l'égalité devant l'impôt.

Sous-section 2

LE PRINCIPE D'ÉGALITÉ DEVANT L'IMPÔT

Après avoir examiné les fondements du principe d'égalité devant l'impôt (A), on verra comment il est

1. R. Stourm, *Systèmes généraux d'impôts*, 2e éd., Guillaumin, 1905, p. 323.

mis en œuvre par la jurisprudence du Conseil constitutionnel (B).

A. Fondements

Le principe d'égalité pris en général interdit les discriminations. Sauf exception dûment justifiée, la loi ne peut faire de distinction entre les individus selon leur sexe, leur âge, leurs origines, leur religion, etc. Tout au contraire, l'égalité devant l'impôt ne serait pas respectée si la loi fiscale n'opérait pas de discriminations, au sens positif du terme. Ainsi, l'impôt sur le revenu serait particulièrement injuste s'il ne tenait pas compte des ressources et des charges des contribuables, autrement dit des inégalités économiques qui les distinguent. Et c'est précisément parce que la TVA n'opère pas ces distinctions qu'elle est critiquable (v. *supra* p. 31-32). L'idée de justice face à l'impôt est donc tout à fait particulière car elle recherche une égalité de sacrifice : chaque contribuable doit se priver d'une partie de sa richesse correspondant à l'étendue de celle-ci.

La conception de l'égalité fiscale a beaucoup évolué dans l'histoire. Au XIXᵉ siècle, il s'agissait d'une égalité stricte, représentée par l'impôt proportionnel : tous les citoyens participent aux dépenses publiques à proportion de leur richesse. La Révolution a ainsi proclamé le principe de l'*universalité de l'impôt*, en réaction aux privilèges de l'Ancien Régime. Ce précepte rejoint celui de l'égalité, car tous les contribuables profitant des services publics, il est juste que tous participent à leur financement. Cependant, l'universalité peut être contraire à l'égalité. Ainsi, de nos jours, le fait que tout le monde paie la TVA n'est pas conforme à l'idée de justice, car cet impôt est plus lourd à supporter pour les pauvres que pour les riches. Au XXᵉ siècle, l'égalité ne doit plus seulement se vérifier face à l'impôt mais également se réaliser *par* l'impôt. Le prélèvement progressif, en épargnant les pauvres pour frapper les riches, permet une redistribution des richesses, donc un nivellement des inégalités économiques.

Toute la difficulté de l'égalité devant l'impôt est non seulement de ne pas rendre celui-ci confiscatoire, mais aussi de ne pas créer de privilèges. Le mot privilège est issu d'un terme latin qui signifie loi privée. Il peut caractériser une discrimination fiscale qui ne serait pas justifiée et bénéficierait donc abusivement à certains contribuables seulement. Ceux-ci profiteraient alors d'une règle fiscale « privée », qui leur serait propre. C'est ce que la jurisprudence du Conseil constitutionnel essaie d'éviter.

B. La jurisprudence du Conseil constitutionnel

Le Conseil, dans son contrôle des discriminations créées par la loi d'impôt, s'assure tout d'abord que les contribuables placés dans la même situation reçoivent le même traitement fiscal (1). Si ce n'est pas le cas, il vérifie que la dérogation au principe d'égalité est justifiée (2).

1. « À situation égale, traitement identique »

Par exemple, les personnes vivant seules mais qui ont élevé un ou plusieurs enfants bénéficient d'une demi-part supplémentaire de quotient familial. La loi tient ainsi compte des charges qu'elles ont dû supporter pour élever leur progéniture, mais aussi de l'isolement dans lequel elles se trouvent. Or, la loi de finances pour 1997 a voulu abaisser le plafond du quotient familial (v. *supra* p. 132) applicable à ces personnes dès lors que l'avantage dont elles bénéficient est contestable. En effet, elles n'ont plus à payer de dépenses au titre d'enfants devenus grands. Cependant, la loi a prévu que la baisse du plafond serait plus importante pour les célibataires et les divorcés que pour les veufs. Donc les personnes veuves devaient profiter d'un avantage plus grand que celles dont l'isolement résultait du célibat ou d'un divorce. Or rien ne justifiait cette distinction, car tous les contribuables en cause se trouvaient dans la même situation, donc devaient recevoir le même traitement. Que l'on sache, la solitude n'est pas plus difficile à supporter lorsqu'elle résulte du veuvage ou d'une autre cause. La loi a donc été déclarée contraire à la Constitution pour avoir méconnu le principe d'égalité devant l'impôt [1].

Ce principe est très lié à celui de la légalité de l'impôt, que l'on étudiera avec la loi comme source du droit fiscal (v. *infra* p. 191). En effet, la circonstance que les règles de l'impôt soient issues d'un texte législatif forme l'assurance que tous les contribuables reçoivent le même traitement. Car la généralité et l'impersonnalité de la loi sont des remparts contre les privilèges. Par ailleurs, le Conseil constitutionnel a reconnu que la progressivité de l'impôt sur le revenu constituait un principe à valeur constitutionnelle [2], pour former le mécanisme essentiel permettant à l'IR d'atteindre l'égalité devant l'impôt.

Il est rare néanmoins que le Conseil déclare une loi inconstitutionnelle pour avoir méconnu la justice fiscale. Le plus souvent, pour s'y résoudre, il exige une *rupture caractérisée* de l'égalité devant l'impôt, autrement dit une violation flagrante du principe. De même, le juge constitutionnel contrôle le respect de l'égalité en ne considérant la situation des contribuables qu'au regard d'un seul impôt. Il se refuse à exercer le même examen au vu de l'ensemble du système fiscal. Cet exer-

1. CC, 30 décembre 1996, n° 96-385 DC, *RJF* 1997.2.154.
2. CC, 21 juin 1993, n° 93-320 DC, *RJF* 1993.8/9.1198.

cice serait plus que périlleux car la France n'est guère respectueuse du principe d'égalité devant l'impôt. En effet, sachant qu'une imposition juste est aujourd'hui progressive, notre système ne compte pourtant que trois prélèvements de cette nature : l'IR, la contribution exceptionnelle sur les hauts revenus et certains droits d'enregistrement. De plus, la très grande majorité de nos impôts sont déclaratifs, ce qui engendre la fraude donc l'inégalité. Par ailleurs, le Conseil admet que l'on puisse déroger au principe d'égalité devant l'impôt.

2. Les dérogations au principe d'égalité

Le législateur peut valablement faire exception au principe, mais il doit pour cela respecter trois conditions. La première exige que la discrimination retienne des critères objectifs et rationnels, ce qui n'était pas le cas dans l'hypothèse susvisée des personnes isolées. La deuxième condition suppose que la différence de traitement soit en rapport avec l'objet de la loi qui l'établit. Ainsi la loi de finances pour 2010 a voulu créer une taxe carbone, frappant les activités polluantes, de manière à limiter l'émission de gaz à effet de serre. Cependant, pour ne pas pénaliser les entreprises françaises par rapport à leurs concurrentes, des exonérations très larges ont été prévues. Si bien que plus de 90 % des activités polluantes échappaient à l'imposition. Or l'objet de la loi étant de réduire la pollution, il était certain que de cette façon elle n'était pas en mesure d'atteindre cet objectif. Les discriminations au profit des personnes exonérées n'étaient donc pas fondées et la loi a été censurée par le Conseil constitutionnel [1]. L'idée de la taxe carbone a, pour l'instant, été abandonnée.

La troisième condition est la plus importante : la dérogation doit être justifiée par un motif d'intérêt

---

1. CC, 29 décembre 2009, n° 2009-599 DC, *RJF* 2010.3.274.

général. Par exemple, nous avons vu (*supra* p. 152-153) que la valeur d'une entreprise bénéficiait d'une exonération de 75 % au titre des droits de succession. Il s'agit d'un avantage très important qui profite aux enfants de patrons et pas aux autres. Mais le Conseil constitutionnel a admis cette dérogation au principe d'égalité, car la mesure tend à éviter la disparition d'entreprises [1]. Or leur pérennité va dans le sens de l'intérêt général, notamment afin de préserver l'emploi.

Cependant, le Conseil peut faire un usage très critiquable de cette condition tenant à l'intérêt général. Ainsi, en 1986, une loi a autorisé les contribuables ayant irrégulièrement placé de l'argent à l'étranger à rapatrier les fonds, moyennant une imposition de 10 %. Or, si les sommes en cause avaient été déclarées en France, elles auraient subi une taxation bien plus élevée. De plus, la loi constituait une incitation à la fraude, car celui qui avait malhonnêtement placé de l'argent en Suisse, par exemple, était bien mieux traité que le contribuable ayant régulièrement déclaré ses revenus. Alors même que la rupture d'égalité devant l'impôt était manifeste, le Conseil constitutionnel a refusé de censurer la loi, car l'économie nationale avait alors besoin de l'apport de capitaux [2]. Il était donc dans l'intérêt général de tolérer cette violation du principe d'égalité [3].

Il existe d'autres principes constitutionnels appliqués à l'impôt, sans être néanmoins spécifiquement fiscaux. Le principe d'intelligibilité de la loi, qui demande simplement que celle-ci soit compréhensible, pourrait avoir une coloration fiscale tellement les textes, dans le

---

1. CC, 31 juillet 2003, n° 2003-477 DC, *Dr. fisc.* 2003, n° 39, comm. 661.

2. CC, 3 juillet 1986, n° 86-209 DC, *RJF* 1986.11.995.

3. « On peut considérer que l'intérêt général est lui-même méconnu lorsque le principe de l'égalité devant l'impôt subit une aussi grave atteinte » (J. Lamarque, O. Négrin, L. Ayrault, *Droit fiscal général*, 2e éd., LexisNexis, 2011, n° 672).

domaine de l'impôt, sont complexes. On négligera cependant ces préceptes car ils relèvent davantage du droit constitutionnel que du droit fiscal.

Les sources internationales du droit de l'impôt forment aussi des références permettant de faire respecter ses grands principes.

Section II
LES SOURCES INTERNATIONALES

Il s'agit des conventions fiscales internationales (sous-section 1) et du droit européen (sous-section 2).

Sous-section 1
LES CONVENTIONS FISCALES INTERNATIONALES

Ce sont des traités internationaux, des accords conclus entre États, qui poursuivent un double but ; d'une part éliminer les doubles impositions (A), d'autre part lutter contre l'évasion et la fraude fiscales internationales (B).

A. La lutte contre les doubles impositions

Après avoir étudié le phénomène des doubles impositions (1), on examinera le statut des conventions (2).

1. Les doubles impositions

L'appétit vorace des États modernes en matière de ressources fiscales conduit certains à s'attaquer à l'assiette du voisin, autrement dit à revendiquer le produit d'impositions qui devraient logiquement revenir à un autre État. Par exemple, un pays soutient qu'un contribuable réside sur son territoire – alors qu'en réalité il n'y fait que de brefs séjours – pour lui réclamer l'impôt sur le revenu. Dans cette hypothèse, l'intéressé subit une double imposition, celle de son État réel de résidence, et celle opérée par le pays revendicatif. Il y a de quoi dégoûter le malheureux, qui risque de fuir les deux États en même temps si son sort n'est pas amélioré. Le risque de double imposition se présente surtout en matière d'IR, d'impôt sur les sociétés et de taxation du capital. En revanche, il n'existe pas au regard de la TVA, dès lors que tous les États la pratiquant retiennent les mêmes règles de territorialité. À savoir que les exportations sont exonérées tandis que les importations sont imposables. Dans ces conditions, seul un État peut imposer la consommation, celui importateur.

Pour éviter les doubles impositions, les États signent des traités de « paix fiscale », dans lesquels ils s'entendent pour décider lequel pourra percevoir l'impôt. Ce sont les conventions fiscales internationales. Elles retiennent principalement deux méthodes pour éliminer une double imposition. La première est celle dite de *l'exonération* (ou exemption) : un seul des deux États est en droit d'imposer le revenu, qui est donc exonéré dans l'autre. Le pays qui impose l'ensemble des gains du contribuable est le plus souvent celui de la résidence de l'intéressé, mais il peut également s'agir de celui de la source du revenu. Par exemple, un salarié est domicilié en France, car sa famille y réside, mais il travaille à l'étranger. Les salaires perçus sont imposables dans l'État de la source, dès lors que la richesse est créée sur le territoire étranger. En revanche, lorsque le contribuable prendra sa retraite, ses pensions seront exclusivement imposables en France, État de résidence. Car un retraité, ne travaillant plus, ne peut être identifié qu'à raison de sa résidence.

La technique de l'exonération s'emploie le plus souvent pour les revenus du travail. S'agissant de ceux du capital, à l'inverse, on utilise par principe l'autre méthode, celle de *l'imputation*, où le produit de l'impôt est partagé entre les deux États. Par exemple, un Français est actionnaire d'une société allemande, laquelle lui distribue des dividendes. Avant que les revenus ne quittent son territoire, l'Allemagne pratique une retenue à la source, à taux unique. Les dividendes sont également imposables en France mais, pour éviter la double imposition, la retenue à la source allemande est imputée sur l'IR français : elle vient diminuer l'impôt dû en France. La méthode de l'imputation permet de limiter la fraude en matière de revenus du capital mobilier. En effet, il est à craindre qu'un contribuable étranger ne déclare pas à son État de résidence les dividendes qu'il a perçus. Le manque à gagner est alors compensé par la retenue opérée par l'État de la source.

Pour éliminer les doubles impositions, il faut nécessairement que les conventions disposent d'un statut juridique qui les place au-dessus du droit des États.

2. Le statut des conventions

L'article 55 de la Constitution donne aux traités internationaux une valeur supérieure à celle de la loi. La législation française, comme toutes les normes qui lui sont inférieures, doit donc respecter les engagements pris par la France. Les conventions fiscales internationales suivent le régime des traités, mais elles se distinguent par quelques particularités.

La grande majorité des conventions fiscales est bilatérale : elles sont signées entre deux États seulement. Il n'existe que quelques traités fiscaux multilatéraux, engageant plus de deux États, notamment au sein de l'Union européenne. Ce phénomène bilatéral s'explique par le fait que toutes les législations fiscales sont différentes, aucune ne correspond exactement à une autre. Or il est déjà difficile de concilier deux législations, pour éviter qu'elles ne se chevauchent et ne provoquent des doubles impositions, en associer davantage tendrait vers l'impossible.

Si donc toutes les conventions fiscales sont elles-mêmes différentes, pour accorder des législations nécessairement distinctes, elles ne le sont que dans le détail. En effet, leur structure est souvent la même car elles suivent deux modèles, élaborés par deux organisations internationales. La première est l'OCDE (organisation de coopération et de développement économiques), qui rassemble une trentaine de pays développés. Elle propose un modèle que suivent ces États, dont la France, et qui recherche un strict équilibre dans le partage du gâteau fiscal. En effet, les deux États signataires de la convention doivent recevoir une part égale d'impositions. La seconde organisation est l'ONU (organisation des nations unies), qui a élaboré un modèle de convention unissant un pays développé à un pays en développement. Ce modèle n'est pas égalitaire, il favorise l'État du tiers-monde sachant que celui-ci a plus de besoins de financement que l'autre.

Les conventions sont régulièrement mises à jour pour tenir compte de l'évolution des législations fiscales. Si, par exemple, un État crée un nouvel impôt, il ne faut pas que celui-ci provoque une double imposition avec un prélèvement préexistant de l'autre État. C'est pourquoi les conventions sont mises à jour grâce à des *avenants*, des révisions qui ont le même statut juridique que le traité. Lorsque la convention devient trop ancienne, qu'en particulier elle comporte un trop grand nombre d'avenants, les États contractants négocient un nouvel accord. La vieille convention peut être en effet comparée à une chambre à air à bout de souffle, car bardée de rustines : les avenants ; il est alors plus simple de la remplacer par une neuve.

Les conventions ont le souci d'éliminer les doubles impositions, mais également de lutter contre la fraude et l'évasion fiscales [1] internationales.

B. La lutte contre l'évasion et la fraude fiscales internationales

Les conventions prévoient des modalités de coopération entre les administrations fiscales des États signataires, de manière à lutter contre la fraude et l'évasion internationales. Il s'agit essentiellement d'échanger des informations. Par exemple, l'Allemagne prévient la France qu'un contribuable résidant sur le territoire français a perçu des dividendes d'une société allemande. Le fisc français peut alors s'assurer que les revenus ont bien été déclarés en France.

Le malheur, au plan international, réside dans le fait qu'il n'existe pas seulement des contribuables tricheurs, mais aussi des États tricheurs. Ce sont ceux qu'on appelle des *paradis fiscaux* ou, plus officiellement, des États à fiscalité privilégiée. Il s'agit le plus souvent de petits États et de paradis tout court, comme les Bermudes ou les Bahamas. Les paradis fiscaux s'abstiennent autant que possible de conclure des conventions, car ils veulent la guerre fiscale. Leur souci est d'attirer les capitaux en offrant un régime fiscal très avantageux, voire pas d'impôt du tout.

Les paradis fiscaux ont été accusés d'avoir favorisé la crise financière de 2008, en participant à l'opacité des marchés financiers. Car, en pratiquant le secret bancaire, ils dissimulent une partie des transactions financières mondiales. Sous la pression internationale,

1. Sur ces deux notions, voir *supra* p. 71-73.

beaucoup ont accepté de signer des accords de coopération avec d'autres États. Reste à savoir s'ils vont effectivement lever le secret sur les opérations qui se déroulent sur leur territoire.

Outre la coopération internationale, les États « vertueux », dont le système fiscal est normal, utilisent également leur législation interne afin d'y prendre pour cible les paradis fiscaux. Ainsi, lorsqu'une entreprise française verse de l'argent en direction d'un État à fiscalité privilégiée, ce paiement est systématiquement interprété comme une manœuvre tendant à échapper à l'impôt français, pour bénéficier du traitement de faveur étranger. La loi française pose de la sorte une présomption, selon laquelle l'opération en cause est réputée fictive. En conséquence, et par principe, l'entreprise ne peut pas déduire la charge correspondant à la somme payée. Elle n'est en droit de le faire que si elle fournit la preuve qu'elle a bénéficié d'une contrepartie réelle. Par exemple, elle a recouru aux services d'un avocat établi aux Bermudes, qui a effectivement travaillé pour elle. Si cette preuve est apportée, la charge est déductible.

En apparence donc, il existerait d'un côté des États vertueux, de l'autre des paradis fiscaux ; autrement dit, les bons et les méchants. En réalité, c'est à une guerre fiscale généralisée que se livrent tous les États. Chacun essaie d'attirer vers lui les capitaux et les riches contribuables, en offrant le système fiscal le plus attractif possible. En témoigne le Luxembourg, qui a signé des kilomètres de conventions, ce qui ne l'empêche pas de taxer avec clémence les sociétés financières, précisément celles qui apportent des capitaux. De même, certains États vertueux tolèrent sur leur territoire des satellites paradisiaques, ce qui montre l'ambiguïté des relations fiscales internationales. La France, quant à elle, voisine, au sud de l'hexagone, avec deux États offrant des facilités fiscales, les principautés d'Andorre et de Monaco.

Si la loi fiscale française doit respecter les conventions internationales, elle est également soumise à une contrainte bien plus grande, celle du droit européen.

Sous-section 2
Le droit européen

On trouve ici deux sources du droit fiscal, tout d'abord l'Union européenne (A) et par ailleurs la Convention européenne des droits de l'homme (B).

A. Le droit de l'Union européenne

Ce droit a trouvé sa source initiale dans le traité de Rome de 1957, qui a donné naissance à la Communauté économique européenne. Le but de ce groupement d'États fut de constituer un grand marché économique, régi par les principes du libéralisme. Il s'agissait – et il s'agit toujours – de favoriser la liberté de circulation des personnes et des biens entre les États membres de la Communauté, pour y faire jouer la concurrence. À la suite de l'accord fondateur signé à Rome, plusieurs traités ont été conclus, tendant à une plus grande intégration des États vers une union non plus seulement économique mais également politique. En dernier lieu, le traité de Lisbonne, entré en vigueur en 2009, a fait disparaître l'appellation de Communauté au profit de celle d'Union européenne. On continue néanmoins, en souvenir de la Communauté, de parler de droit communautaire, comme synonyme de celui de l'Union européenne.

Dès lors que l'impôt peut constituer une entrave à la liberté de circulation, le droit fiscal des États a connu de ce fait de grandes transformations, imposées par le droit communautaire. Après avoir présenté l'ordre juridique que forment les règles issues de l'Union (1), on mesurera l'œuvre accomplie dans le domaine de l'impôt (2).

1. L'ordre juridique communautaire

Outre les traités, le droit communautaire se compose également de sources dérivées de ceux-ci que sont, pour l'essentiel, les directives et règlements. Une directive impose aux États membres d'intégrer dans leur droit interne les règles qu'elle comporte. Il convient donc d'adopter une loi ou un décret qui va transposer la norme européenne dans le droit national. À l'inverse, un règlement européen est directement applicable dans chaque État, sans besoin pour celui-ci d'adopter une mesure pour l'intégrer dans sa législation. En matière fiscale, on trouve peu de règlements et de nombreuses directives, car ces dernières sont plus respectueuses de la souveraineté des États. En effet, elles ne les contraignent qu'à raison des objectifs à atteindre, en les laissant libres de choisir les moyens juridiques d'y parvenir. Or, dans le domaine de l'impôt, les États sont soucieux de conserver leurs pouvoirs. Pour preuve, les règles fiscales communautaires sont prises à l'unanimité des États membres ; d'où un processus de décision très lourd.

Les droits nationaux se doivent néanmoins de respecter les traités, règlements et directives, comme la jurisprudence de la Cour de justice de l'Union européenne (CJUE) [1]. Cette juridiction tranche les litiges entre les États membres et l'Union. Par exemple, il est couramment reproché à des États de ne pas avoir transposé une directive, ou de manière insuffisante, ce que les intéressés contestent. De plus, chaque citoyen de l'Union

1. Avant le traité de Lisbonne, cette juridiction s'appelait la Cour de justice des communautés européennes (CJCE).

européenne peut se plaindre d'une norme nationale qui ne serait pas respectueuse du droit communautaire. Les divers instruments juridiques dont dispose l'Union lui ont permis d'accomplir une œuvre fiscale de grande ampleur.

2. L'œuvre fiscale communautaire

Le souci d'assurer la liberté de circulation *(a)* a conduit à l'harmonisation partielle des impôts sur la dépense *(b)* ; mais aussi à celle insidieuse, non officielle, des impôts directs *(c)*.

a) La liberté de circulation

Afin de favoriser la liberté de circulation, le droit communautaire a commencé par supprimer les droits de douane entre les États membres. De ce point de vue, il n'existe plus de frontières au sein de l'Union. Car aucun État ne peut réclamer de droits de douane sur des marchandises provenant d'un autre État membre. Sont également interdites les *taxes d'effet équivalent à des droits de douane*. Il s'agit de prélèvements qui constituent une entrave à la liberté de circulation, pour opérer une discrimination entre les produits nationaux et étrangers.

Ainsi la France a dû renoncer à percevoir ce qu'on appelait les *taxes parafiscales*. Celles-ci étaient le plus souvent collectées par des personnes privées, pour financer des activités d'intérêt général de nature économique ou sociale. Par exemple, une association regroupant les membres d'une même profession, les producteurs de betteraves, organisait des stages de formation professionnelle, financés par une taxe parafiscale. Ce type de prélèvement n'était pas un impôt dès lors qu'il offrait une contrepartie, telle que la formation professionnelle. Mais, comme son nom l'indiquait, il était presque fiscal car obligatoire : le betteravier qui ne voulait pas suivre les stages devait néanmoins les financer. La Cour de justice a condamné les taxes parafiscales car elles frappaient tous les produits vendus en France, même ceux provenant de l'étranger, alors que seuls les professionnels français bénéficiaient des contreparties [1]. Les taxes parafiscales ont en conséquence été transformées en taxes (fiscales).

L'œuvre principale du droit communautaire a consisté dans l'harmonisation des impôts sur la dépense, qui demeure cependant inaboutie.

b) L'harmonisation inachevée des impôts sur la dépense

Il n'est pas surprenant que l'imposition de la dépense ait été harmonisée en Europe, puisque c'est elle qui forme la première entrave à la liberté de circulation des marchandises. En effet, à l'origine, les États européens taxaient la consommation de manière différente, ce qui faussait la concurrence dans leurs échanges commerciaux. Car les produits étaient moins chers dans les pays qui pratiquaient l'imposition la plus faible. Le droit communautaire a non seulement obligé les États membres à adopter la TVA, mais de plus les règles de celle-ci ont été harmonisées, ce sont les mêmes dans toute l'Union européenne. Le régime de la TVA, exposé plus avant, est donc composé pour une très grande part de droit communautaire, et pour le reste de droit français.

Au principe de l'harmonisation il existe cependant une exception importante. Les taux de la TVA pratiqués par les États membres ne sont pas les mêmes. L'Union se contente en effet de fixer des planchers, au-dessus desquels les États peuvent choisir le tarif de l'impôt. Le taux réduit doit être au moins égal à 5 % et le taux normal doit s'élever au moins à 15 %. De cette

1. CJCE, plén., 11 mars 1992, aff. 78/90, *Cie commerciale de l'ouest*, *RJF* 1992.10.1441.

façon, un pays ne peut se livrer à une concurrence fiscale déloyale, en retenant des tarifs trop bas. De plus, les États membres tiennent à conserver cette marge de manœuvre, qui leur permet notamment d'utiliser la TVA comme outil de régulation de la conjoncture économique (v. *supra* p. 62-63). Mais les écarts d'un pays à l'autre sont importants. Ainsi la Suède pratique un taux normal de 25 %, contre 15 % au Luxembourg. Il en résulte que la neutralité de la TVA, au regard de la liberté de circulation, n'est pas satisfaite. Par ailleurs, les autres impôts sur la dépense que sont les contributions indirectes, ou accises, n'ont été que faiblement harmonisés. En revanche, on assiste à une harmonisation rampante des impôts directs.

c) L'harmonisation insidieuse des impôts directs

Les impôts directs relèvent en principe de la seule compétence des États membres. Là encore, chacun souhaite conserver sa souveraineté et pratiquer la concurrence fiscale aux dépens de ses voisins. Officiellement, l'Union européenne n'a pas l'ambition d'harmoniser les impôts directs. Pourtant, à terme, cette harmonisation sera indispensable [1], car le principe de liberté veut qu'une entreprise puisse s'implanter dans n'importe quel État membre. Or les divergences fiscales, notamment quant à l'impôt sur les bénéfices, exercent nécessairement une influence sur le choix d'une implantation. Seules quelques directives sont intervenues en matière d'impôts directs et dans des domaines de portée restreinte. Par exemple, les fusions entre des sociétés établies dans des États membres différents ont été réglementées par une directive.

Cependant, la Cour de justice exerce une forte influence sur le système d'impôts directs des États, en

1. D. Gutmann, *Droit fiscal des affaires*, 2e éd., Montchrestien, 2011, n° 79.

luttant contre les discriminations fiscales. En effet, comme on l'a vu avec les taxes parafiscales (*supra* p. 185-186), les droits nationaux ne peuvent pas comporter de normes qui favorisent les ressortissants par rapport aux étrangers. Par exemple, la France avait créé une imposition sur les voitures de forte cylindrée. Or toutes les automobiles en cause étaient importées. Cette mesure avait donc pour effet de favoriser les constructeurs nationaux aux dépens des étrangers. La Cour de justice a dès lors contraint la France à supprimer cette imposition [1].

Dans le même esprit, le droit communautaire interdit les *aides d'État* qui, dans le domaine de l'impôt, prennent la forme de dépenses fiscales. En effet, en accordant une aide représentée par une exonération notamment, un État réduit les charges des entreprises nationales, ce qui les rend plus compétitives par rapport aux autres et fausse ainsi la concurrence. Chaque fois qu'un État est ainsi condamné à raison d'une mesure discriminatoire, d'autres États membres corrigent spontanément leur législation, en adoptant des règles souvent identiques. Si bien qu'au total le droit communautaire conduit, insidieusement, à l'harmonisation des impôts directs [2].

L'autre source du droit européen est issue de la Convention européenne des droits de l'homme.

B. La Convention européenne des droits de l'homme

Après avoir présenté la Convention (1), on étudiera la principale application qui en est faite dans le domaine de l'impôt : l'assimilation des sanctions fiscales aux peines pénales (2).

1. CJCE, 9 mai 1985, aff. 112/84, *RJF* 1985.6.986.
2. A. Maitrot de la Motte, *Souveraineté fiscale et construction communautaire. Recherche sur les impôts directs*, LGDJ, 2005.

1. Présentation

La Convention européenne de sauvegarde des droits de l'homme et des libertés fondamentales (c'est son nom officiel) est un traité multilatéral et non fiscal qui a pour objet le respect des droits de l'homme en Europe. Son initiative est due au Conseil de l'Europe, institution distincte de l'Union européenne, qui regroupe davantage d'États que cette dernière. Le respect de la Convention est assuré par la Cour européenne des droits de l'homme (CEDH). Cette juridiction peut être saisie par toute personne qui se plaindrait d'une violation des droits de l'homme par un État signataire de la Convention. Il est également possible, devant les tribunaux nationaux, de dénoncer une norme interne qui serait contraire au traité.

En matière fiscale, cependant, la portée de la Convention européenne des droits de l'homme est très réduite. En effet, les États signataires ont tenu à conserver leur souveraineté s'agissant des fonctions régaliennes (du latin *regalis*, « royal »), celles qui sont inhérentes à l'exercice du pouvoir politique, notamment la prérogative de lever l'impôt. C'est donc l'ensemble du droit public, dont fait partie le droit fiscal, qui est exclu du champ de la Convention. À ce principe d'exclusion de l'impôt du domaine de la Convention, il existe néanmoins des exceptions. La principale se rapporte aux sanctions fiscales, que la Cour a assimilées aux peines pénales.

2. L'assimilation des sanctions fiscales aux peines pénales

Les sanctions fiscales sont des majorations d'impôt (v. *infra* p. 297) et des amendes, qui viennent punir le contribuable lorsqu'il ne respecte pas ses obligations, notamment déclaratives. Les sanctions fiscales ne doivent pas être confondues avec celles du droit pénal.

Les premières sont appliquées par l'administration des impôts, tandis que seul le juge pénal peut infliger les secondes. Il existe cependant des peines de nature pénale qui viennent sanctionner la faute la plus grande dans le domaine de l'impôt, la fraude fiscale. L'administration, lorsqu'elle est victime de graves malversations de la part d'un contribuable, porte plainte auprès du procureur, lequel décide du déclenchement d'un procès. Si celui-ci a lieu, il peut conduire le tribunal correctionnel à prononcer une amende (pénale), voire une peine d'emprisonnement (v. *infra* p. 304-305). La CEDH a cependant estimé que les sanctions fiscales et pénales devaient être assimilées, à raison de leur identité de nature. Elles ont, en effet, le même objet : punir le contrevenant afin de le dissuader de commettre la faute une nouvelle fois. La Cour en a déduit que les sanctions fiscales devaient suivre les mêmes principes que les peines pénales[1]. L'assimilation n'est cependant pas totale. Ainsi le droit pénal interdit le cumul des peines : une même infraction ne peut être punie plusieurs fois. Or une faute grave, dans le domaine de l'impôt, peut faire l'objet de sanctions à la fois fiscales et pénales.

Parmi les normes répressives qui ont été appliquées aux sanctions fiscales figure le pouvoir modérateur du juge. Dans le procès pénal, la juridiction peut estimer que la peine prévue par la loi est disproportionnée par rapport à la gravité de l'infraction commise, elle est alors en droit de l'adoucir. Pour la CEDH, la même faculté est ouverte au juge de l'impôt lorsqu'il contrôle l'application des sanctions fiscales par l'administration. Cependant, le Conseil d'État, le plus important des juges fiscaux, refuse d'appliquer cette règle[2]. Il consi-

1. CEDH, 24 février 1994, *Bendenoun*, *RJF* 1994.04.503. Le Conseil constitutionnel (français) avait retenu la même solution dès 1982.

2. CE, sect., avis, 5 avril 1996, req. n° 176611, *Houdmond*, *Dr. fisc.* 1996, n° 25, comm. 765 ; CE, avis, 8 juillet 1998, req. n° 195664, *Fattell*, *Dr. fisc.* 1998, n° 40, comm. 842.

dère que seule la peine prévue par la loi doit être infligée.

On voit donc que l'application à l'impôt de la Convention européenne des droits de l'homme est encore bien imparfaite. Elle est sans doute appelée à se développer, ce dont on pourrait se féliciter si la jurisprudence de la CEDH était de bonne qualité, ce qui n'est pas toujours le cas (v. *infra* p. 351-352).

Nous mesurons maintenant toutes les contraintes qui pèsent sur la loi. Non seulement elle doit respecter les règles constitutionnelles, mais également se soumettre au droit international et surtout européen. Malgré cela la loi est – ou plus exactement devrait être – la source principale du droit fiscal.

Section III
LA LOI

Si, en vertu du principe de la légalité de l'impôt (sous-section 1), la loi doit composer l'essentiel des règles fiscales, reste à savoir comment l'utiliser, en étudiant les règles qui gouvernent l'application de la loi fiscale (sous-section 2).

Sous-section 1
LE PRINCIPE DE LA LÉGALITÉ DE L'IMPÔT

Le principe voulant que l'impôt puise ses règles à la source de la loi est doté d'une valeur constitutionnelle. En effet, l'article 34 de la Constitution donne compétence au législateur pour décider des règles fiscales. Cette prérogative est issue du principe du consentement à l'impôt (v. *supra* p. 65-67), voulant que les citoyens, au travers de leurs représentants que sont les parlementaires, autorisent l'État à lever les impositions. Il revient donc au législateur de donner cette autorisation, par le vote de la loi de finances, et du même coup d'adopter les réformes fiscales. Si le principe de la légalité de l'impôt a connu la grandeur (A), il a ensuite sombré dans le déclin (B).

A. Grandeur du principe

Le principe de la légalité a longtemps constitué un pilier du droit fiscal. Non seulement le Parlement décidait seul des règles de l'impôt, mais de plus il était interdit aux autres pouvoirs d'empiéter sur cette compétence exclusive. L'administration fiscale devait bien sûr respecter la loi, mais également l'appliquer strictement. Cela signifiait que le fisc ne pouvait pas interpréter la loi, autrement dit porter une appréciation sur le sens à lui donner. Si par exemple le législateur décidait la création d'un impôt sur les chevaux, l'administration ne pouvait étendre l'imposition aux ânes, avec l'idée qu'après tout les ânes sont de petits chevaux. De cette façon le contribuable était protégé contre les abus du fisc. On disait que l'administration avait *compétence liée*, que son pouvoir, sa compétence, était liée par la loi. Elle ne pouvait rien faire en dehors de la volonté du législateur. De même, le juge de l'impôt était soumis à la règle de l'*interprétation stricte de la loi fiscale* ; il devait l'appliquer à la lettre, en limitant le plus possible l'appréciation du sens à lui donner. Le principe de la légalité de l'impôt a donc été une réalité jusque dans les années 1930, période durant laquelle la seconde révolution fiscale (*supra* p. 82-84) s'est le plus fait ressentir. C'est à partir de cette époque que la décadence du principe s'est amorcée.

B. Décadence du principe

Ce déclin fut croissant au fil des IIIe et IVe Républiques (1), il est devenu plus relatif sous la Ve (2).

1. Le déclin du principe sous les IIIe et IVe Républiques

Les nouvelles impositions issues de la première guerre mondiale, impôt sur le revenu et taxe sur le chiffre d'affaires, étaient beaucoup plus lourdes et compliquées que les anciennes. Non seulement les parlementaires étaient rebutés par la complexité du nouveau système, mais surtout ils mécontentaient les contribuables en adoptant des textes qui accroissaient sans cesse la pression fiscale. Or, pour être réélu, un député ou sénateur ne doit pas déplaire aux électeurs. Ces raisons ont conduit, à partir de 1934, à une véritable démission fiscale du Parlement. Ce d'autant plus que les conséquences budgétaires désastreuses que produisit la crise de 1929 exigeaient de prendre des mesures rapides et douloureuses, que les parlementaires n'étaient pas capables d'adopter. Ainsi le législateur, de plus en plus, s'est déchargé de sa compétence financière sur le gouvernement, trop content de laisser à celui-ci la décision d'alourdir les impôts.

Cette démission a pris la forme de *décrets-lois*, c'est-à-dire des règlements dotés d'une valeur législative. Le Parlement votait une loi d'habilitation, autorisant le gouvernement à prendre des mesures en matière fiscale, sous la forme de décrets immédiatement applicables. Puis une loi de ratification était adoptée de manière à conférer auxdites mesures une valeur législative. Ces décrets-lois se sont multipliés, au mépris du principe de la légalité de l'impôt. En effet, ce n'était plus le Parlement qui décidait des règles fiscales, il se contentait d'approuver les textes pris par le gouvernement. Outre le phénomène des décrets-lois, les textes législatifs en matière fiscale sont devenus trop généraux, imprécis. En adoptant des généralités, des vœux pieux, le législateur laissait au pouvoir exécutif le soin de décider des règles concrètes, effectivement applicables et impopulaires. Le déclin de la légalité de l'impôt a conduit à celui des principes de compétence liée de l'administration et d'interprétation stricte de la loi fiscale. Car il faut nécessairement interpréter une loi imprécise pour la rendre applicable à une situation déterminée.

Imaginons par exemple qu'une loi décide la création d'un impôt sur les tables, sans préciser la notion de celles-ci. Selon une définition classique, une table est un meuble formé d'un plateau monté sur des pieds. Mais certaines tables modernes sont dépourvues de pieds. Faute de définition légale, l'administration et le juge doivent déterminer si le législateur a entendu n'imposer que les tables au sens classique ou également au sens moderne.

La IVᵉ République a voulu réagir face aux dérives de la IIIᵉ. La constitution de 1946 a en effet interdit les décrets-lois, de manière à protéger la compétence du Parlement, en particulier dans le domaine fiscal. Mais cette interdiction n'a pas été respectée, toujours pour les mêmes raisons, la poursuite de l'alourdissement et de la complexité de l'impôt. La démission parlementaire est devenue complète, puisque les grandes réformes fiscales de la IVᵉ République ont été adoptées au moyen de décrets-lois. La Vᵉ République a également émis le vœu de préserver les compétences fiscales du Parlement.

2. Le timide renouveau du principe sous la Vᵉ République

On peut cependant douter de la volonté des auteurs de la Constitution de 1958 de rétablir le principe de la légalité de l'impôt, car ils ont rendu réguliers les décrets-lois. L'article 38 de la Constitution prévoit en effet les conditions dans lesquelles le Parlement peut déléguer ses compétences au pouvoir exécutif, au moyen de textes désormais appelés ordonnances. Mais les graves abus commis naguère avec les décrets-lois ne se rencontrent plus s'agissant de ces ordonnances.

La Ve République a formellement proclamé que l'impôt relevait du domaine de la loi *(a)*, donc de la compétence du législateur. Malgré cela, il faut regretter qu'il soit porté atteinte au domaine de la loi fiscale *(b)*.

a) Le domaine de la loi fiscale

La grande nouveauté de la Ve République fut la création d'un domaine de la loi. Alors qu'auparavant le Parlement pouvait intervenir dans toutes les matières, désormais sa compétence est réduite à certains domaines, limitativement énumérés par l'article 34 de la Constitution. Il s'agit par exemple des libertés publiques, du droit pénal ou du droit du travail. Les autres champs d'intervention relèvent de la compétence du règlement, donc de l'exécutif, qui exerce le pouvoir réglementaire. En matière fiscale, l'article 34 affirme le principe de la légalité de l'impôt, puisqu'il prévoit que « la loi fixe les règles concernant [...] l'assiette, le taux et les modalités de recouvrement des impositions de toutes natures ». À la lecture de ce texte, on pourrait penser que la compétence fiscale du législateur est vaste, puisque sont visées toutes les opérations qui concourent à l'établissement de l'impôt : assiette, liquidation et recouvrement. Mais, en réalité, l'article 34, dans sa dimension fiscale, a été interprété de façon restrictive par le Conseil d'État et le Conseil constitutionnel. L'expression *a priori* large d'« impositions de toutes natures » a été entendue par le juge comme ne visant que les impôts et taxes, à l'exclusion des autres prélèvements publics, qui en sont pourtant proches (v. *supra* p. 22).

De plus, par principe, seules les règles de fond du droit fiscal relèvent du domaine de la loi, à l'exclusion des règles de procédure, qui ressortissent donc à la compétence du pouvoir réglementaire. Le fond du droit est constitué par les normes relatives à l'assiette, la liquidation et le recouvrement. La procédure se rapporte essentiellement au contrôle et au contentieux de l'impôt. Or la liberté comme la vie privée du contribuable sont bien davantage menacées par les règles de procédure que par celles de fond. Ainsi, un pouvoir de perquisition, le droit de visite et de saisie (v. *infra* p. 266-269), autorise l'administration fiscale à pénétrer dans tout lieu, afin d'y saisir les preuves d'une fraude passible de sanctions pénales. Dès lors que cette prérogative met en cause les libertés publiques, le Conseil constitutionnel l'a rattachée au domaine de la loi. Il en va de même, en principe, pour les procédures qui se rapportent au contrôle de l'impôt. Il est néanmoins regrettable que l'ensemble de la procédure fiscale ne relève pas de la compétence du législateur, car la loi offre plus de garanties que le règlement.

En effet, les projets et propositions de loi [1] sont discutés publiquement devant les assemblées parlementaires, donc portés à la connaissance de tous. Ce qui permet aux citoyens de faire valoir leur désaccord au moyen de pétitions ou de manifestations. Certes, les projets de règlement peuvent faire l'objet d'une concertation avec les personnes intéressées par le texte. Mais un décret ou un arrêté n'est connu qu'au jour de sa publication. Qui plus est, en matière fiscale, les textes sont souvent rédigés par l'administration qui, dans le domaine de la procédure, est plus soucieuse de la lutte contre la fraude que de la protection du contribuable. Le principe de la

1. Un projet de la loi est issu du gouvernement, tandis qu'une proposition de loi est due à l'initiative d'une parlementaire.

légalité existe aussi en matière pénale, mais il s'applique tant au fond du droit qu'à la procédure ; et il ne viendrait à l'esprit de personne de confier l'élaboration des normes répressives aux services de police.

Non seulement le domaine de la loi fiscale est étroit, mais, de plus, il subit des atteintes.

b) Les atteintes au domaine de la loi fiscale

Les champs d'intervention de la loi et du règlement ne sont pas totalement étanches. S'il est exact que la procédure fiscale relève du pouvoir réglementaire, cela n'interdit pas au législateur d'intervenir en ce domaine. Ce qui est logique puisque la valeur juridique de la loi est plus grande que celle du règlement. Mais, en toute hypothèse, la compétence du législateur n'est que de principe. S'agissant du fond du droit fiscal, il revient au Parlement de décider des règles les plus importantes, tandis que celles d'application sont prises par le pouvoir réglementaire. Le domaine de la loi n'exclut donc pas non plus le règlement.

De nos jours encore, députés et sénateurs ont trop tendance à se décharger des questions fiscales sur l'exécutif. Ils adoptent rapidement des textes qui sont presque toujours d'origine gouvernementale et qui souffrent d'une trop grande généralité. L'imprécision de la loi a pour conséquence que les normes effectivement applicables se trouvent dans le règlement. Lorsque cette délégation de pouvoir est abusive, le Conseil constitutionnel censure l'*incompétence négative* du Parlement, c'est-à-dire le refus de celui-ci d'exercer sa propre compétence. La loi trop générale est alors déclarée non conforme à la Constitution pour contrevenir au principe de la légalité de l'impôt. Fut par exemple censurée une loi permettant aux chambres de commerce de fixer elles-mêmes le montant d'une taxe [1]. C'est donc avant

1. CC, 30 décembre 1987, n° 37-239 DC, *Dr. fisc.* 1988, n° 1, comm. 5.

tout le législateur qui porte lui-même atteinte à son propre domaine de compétence. Mais le même reproche peut être fait au pouvoir réglementaire, qui profite de l'imprécision de la loi pour l'interpréter abusivement, le plus souvent afin d'alourdir le poids de l'impôt.

L'irrespect du principe de la légalité de l'impôt se vérifie en examinant le Code général des impôts (CGI), qui comporte cinq parties : d'abord le code proprement dit, qui contient les règles à valeur législative, puis quatre annexes, qui rassemblent les normes issues des règlements. Or le volume occupé par la loi représente moins des deux tiers du total. Le CGI date de 1950 : auparavant, le droit fiscal faisait l'objet de six codes distincts, un par grande famille d'impôt, par exemple celui de l'enregistrement. Tous ces volumes ont donc été rassemblés pour n'en faire qu'un seul, le CGI. Du coup, celui-ci est devenu énorme ; surtout, il y règne un désordre indescriptible. Car dès lors que chaque année 20 % des articles sont modifiés, il faut trouver de la place entre les règles préexistantes pour y introduire les nouvelles. C'est ainsi qu'il existe soixante articles 39. En effet, à la suite de ce dernier, vient l'article 39 A, puis l'article 39 AA, l'article 39 AA *bis*, 39 AA *ter*, etc.

L'« obésité » du CGI pourrait être pire. Car, en 1982, on en a retiré les règles de procédure afin de les placer dans le Livre des procédures fiscales (LPF). Ne demeurent plus dans le Code général des impôts que les normes de fond. La numérotation du LPF est moins délirante que celle du CGI, notamment parce qu'on y a adopté le système des lettres : un L devant un article du LPF signifie que la règle est issue de la loi, un R (pour règlement) d'un décret, un A d'un arrêté.

Une fois connu le domaine de la loi fiscale, reste à appliquer celle-ci.

Sous-section 2

L'APPLICATION DE LA LOI FISCALE

S'agissant d'appliquer la loi, il existe deux dimensions, l'espace et le temps. La question de l'espace relève du droit fiscal international, dont les grandes lignes ont déjà été évoquées ci-dessus (v. p. 177-181). L'application de la loi dans le temps tient tout d'abord à sa date d'entrée en vigueur, soit le jour à compter duquel les règles qu'elle contient doivent être respectées. On relève, dans ce domaine, le grave problème de la rétroactivité de la loi fiscale (A), c'est-à-dire de son application sur le passé. Il ne suffit pas de connaître la date d'entrée en vigueur de la loi, il faut également savoir quel est le texte applicable au contribuable dans une situation donnée (B).

A. La rétroactivité de la loi fiscale

Par principe, la loi entre en vigueur le lendemain de sa publication au Journal officiel. Cependant, le législateur peut prévoir une date différente, de manière à retarder ou avancer l'entrée en vigueur du texte.

Il est fréquent que la loi fiscale retarde le jour où elle produira ses effets. Car elle est alors trop imprécise pour être mise en pratique, on ne pourrait pas l'appliquer en l'état. Le texte prévoit donc l'intervention d'un décret d'application qui viendra la compléter. Dans cette hypothèse, la loi entre en vigueur le lendemain de la publication du décret au Journal officiel.

L'avancement de l'entrée en vigueur de la loi a pour conséquence que le texte s'applique non seulement pour le présent et l'avenir mais également sur le passé. Ses effets sont alors rétroactifs, le préfixe « rétro » signifiant « en arrière ». En principe, la rétroactivité de la loi est interdite, mais il existe des exceptions, particulièrement en matière fiscale. Après avoir étudié l'interdiction théorique de la rétroactivité (1), on verra selon quelles modalités elle s'exerce en matière fiscale (2), et enfin les limites qu'elle rencontre (3).

1. L'interdiction de principe de la rétroactivité de la loi

Cette interdiction est posée par l'article 2 du Code civil : « La loi ne dispose [1] que pour l'avenir ; elle n'a point d'effet rétroactif. » Quelle que soit sa nature, civile, commerciale, fiscale, ou autre, la loi ne peut normalement pas produire d'effet sur le passé, cela par nécessité de sécurité juridique. Imaginons une loi entrée en vigueur lors de l'année N qui prévoit la création d'un impôt sur les chevaux. Ayant pris connaissance du texte, un éleveur décide d'intensifier son élevage de mulets de manière à limiter l'imposition de ses chevaux. Puis une seconde loi est adoptée lors de l'année N+1, par laquelle le législateur décide que les mulets sont également imposables, le Parlement donnant en outre à ce texte un effet rétroactif. Le malheureux éleveur devra donc désormais acquitter l'impôt sur ses mulets non seulement au titre des années N+1 et suivantes mais également à raison de l'année N, alors même qu'il avait précisément choisi de multiplier les mulets pour alléger sa charge fiscale. Dès lors que la loi revient ainsi sur le passé pour changer les règles, le contribuable ne peut

---

1. La loi ou le règlement dispose, ou encore énonce, édicte, dit, mais en aucun cas ne stipule. En effet, stipuler signifie prévoir par un contrat le respect d'une obligation. Par exemple, un contrat de vente stipule que l'acheteur doit payer un prix au vendeur. Ou encore la Convention européenne des droits de l'homme stipule que toute personne a droit à un procès équitable ; car un traité international est doué d'une nature contractuelle pour résulter d'un accord entre des États.

pas faire de choix fiscaux durables : l'insécurité juridique est complète. D'où le principe de l'interdiction des lois rétroactives.

Hélas, les dispositions du Code civil n'ont qu'une valeur législative. Il est dès lors possible de déroger à l'article 2 en adoptant une norme de même nature, donc une loi d'une part, rétroactive d'autre part. Le seul domaine où l'interdiction de la rétroactivité est absolue se trouve en matière pénale. La Déclaration des droits de l'homme de 1789 impose qu'une sanction ne puisse être infligée qu'en application d'une loi entrée en vigueur avant les faits punissables. Car il serait trop répressif de punir une personne à raison d'un acte qui, au jour où il a été commis, n'était pas répréhensible. Ce fut le cas, par exemple, des téléchargements gratuits de films ou de musique sur Internet : à l'origine ce n'était pas explicitement interdit.

Si la rétroactivité n'est strictement prohibée qu'en matière pénale, c'est dire qu'elle est tolérée dans d'autres domaines. C'est particulièrement le cas du droit fiscal, où elle est fréquente, ce qui cause une grande insécurité juridique. Mais le plus souvent la rétroactivité de la loi fiscale joue en faveur du contribuable. Ainsi, l'exonération des biens professionnels au titre de l'ISF (v. *supra* p. 160) n'était pas prévue à l'origine par le texte qui avait créé l'impôt sur les grandes fortunes. C'est la loi de finances pour 1984 qui a introduit l'exonération, de façon rétroactive : les contribuables ont donc pu en bénéficier sur les années précédentes. Dans le cas inverse, où la rétroactivité est favorable à l'administration, elle cause un grand préjudice au contribuable, comme dans l'exemple exposé ci-dessus de l'éleveur de mulets et de chevaux. Outre cette hypothèse de loi brutalement rétroactive, le retour en arrière peut s'exercer selon d'autres modalités.

2. Les modalités de la rétroactivité de la loi fiscale

Toutes les lois de finances annuelles sont rétroactives *(a)*. Par opposition à cette rétroactivité permanente, il en existe une autre, de circonstance, que le législateur utilise au cas par cas. Elle se traduit par l'adoption de lois de validation ou de lois interprétatives *(b)*.

a) La rétroactivité des lois de finances

Les lois de finances annuelles, ou initiales, adoptées en vue de prévoir le budget de l'État de l'année suivante, sont rétroactives au regard de l'IR et de l'IS. On a vu (v. *supra* p. 40) que s'agissant d'un impôt direct, une loi lui était applicable dès lors qu'elle entrait en vigueur pendant l'année d'imposition. Or les lois de finances annuelles produisent normalement leurs effets au 1er janvier de l'année suivant leur adoption. Par exemple, la loi de finances pour 2011 est entrée en vigueur le 1er janvier 2011, sauf s'agissant des impôts sur le revenu et sur les sociétés pour lesquels cette date fut avancée au 31 décembre 2010. Dès lors que le texte entre en vigueur pendant un jour de 2010, même le dernier, il est applicable aux impositions correspondant à cette année. Cette manœuvre permet de donner à la loi un effet rétroactif, car les règles applicables à l'IR et l'IS de 2010 ont normalement été prévues par la loi de finances pour 2010. Il est encore possible de les modifier, notamment pour accroître les ressources budgétaires, car les déclarations relatives à l'année 2010 ne seront déposées qu'en 2011.

Ce procédé est source pour le contribuable d'une insécurité juridique, car les règles applicables à une année d'imposition devraient être définitivement arrêtées avant que cette année ne commence. Comme l'écrit M. Cozian, le discours tenu au contribuable est le suivant : « Jouez d'abord, on vous donnera les règles du jeu à la fin de la partie [1]. » On parle de la « petite rétroactivité » de la loi de finances pour la distinguer d'une autre, plus grave, qui nécessite l'adoption d'une loi de validation ou d'une loi interprétative.

b) Les lois de validation et les lois interprétatives

Les *lois de validation*, ou validations législatives, ont pour but de directement faire échec à une décision de justice. L'hypothèse est celle d'un juge fiscal qui tranche une difficulté juridique en faveur du contribuable, lequel est donc déchargé de l'impôt réclamé par l'administration. Cette décision a pour conséquence que toutes les personnes se trouvant dans la même situation que le requérant – celui qui a saisi le juge – seront également libérées du poids de l'impôt. Parce que la jurisprudence en cause fait perdre de l'argent au Trésor, le gouvernement présente au Parlement un projet de loi en vue de valider l'imposition pourtant condamnée par le juge. Une fois le texte adopté, les contribuables ne peuvent plus contester l'impôt, qui a été lavé de son irrégularité par la loi.

Le procédé de la validation législative est non seulement déloyal et source d'insécurité, mais surtout il est contraire à un principe fondamental de notre organisation politique, celui de la séparation des pouvoirs. De manière à éviter des abus dans l'exercice de la puissance publique, l'organe qui adopte les lois (le Parlement) est distinct de celui qui les applique (le gouvernement) et de l'autorité qui règle les litiges qu'elles provoquent (le juge) [2]. Une loi ne devrait donc pas être adoptée pour faire échec à une décision de justice.

---

1. M. Cozian, F. Deboissy, *Précis de fiscalité des entreprises*, 35e éd., LexisNexis, 2011, n° 39.
2. Voir F. Rouvillois, *Droit constitutionnel*, t. 1, 3e éd., Flammarion, coll. Champs Université, 2011, p. 171 et s.

Le même résultat peut être obtenu par le vote d'une *loi interprétative*. Dans son principe, celle-ci n'est pas critiquable, elle est même la bienvenue. En effet, elle a pour objet d'interpréter, et de rendre ainsi plus claire, une loi votée précédemment, qui brillait par son obscurité. La loi interprétative s'expose cependant aux mêmes critiques que les validations législatives lorsqu'elle est détournée de sa finalité pour faire échec à une décision de justice. Par exemple, une loi décide d'imposer les chevaux. Elle est comprise par l'administration comme taxant également les ânes. Un éleveur conteste l'imposition réclamée sur ses ânes en soutenant que la loi ne vise que les chevaux. Le juge lui donne raison. Parce que cette décision fait perdre de l'argent au Trésor, le Parlement adopte une seconde loi prétendument interprétative de la première. Le second texte dispose donc que dès le départ le premier devait être interprété comme taxant également les ânes, lesquels ne sont que de petits chevaux.

Une loi n'a de caractère interprétatif, donc d'effet rétroactif, que si elle le prévoit expressément. À défaut, elle ne produit de conséquences que sur le présent et l'avenir, non sur le passé. Ainsi la loi interprétative de celle instituant l'impôt sur les chevaux dira : « L'imposition est également due s'agissant des ânes, cette disposition a un caractère interprétatif. »

Les lois de validation et celles interprétatives aboutissent toutes au même résultat : contredire une décision du juge de l'impôt parce qu'elle fait perdre de l'argent au Trésor. La loi de validation a le mérite de la franchise, elle dispose : l'imposition condamnée par le juge est rendue régulière. La loi interprétative est hypocrite : elle soutient que dès le départ un texte précédant devait être interprété de façon contraire au sens que lui a donné le juge. Mais c'est le principe même de la loi rétroactive qui est contestable. Il rencontre, heureusement, des limites.

3. Les limites à la rétroactivité de la loi fiscale

Une loi ne peut être rétroactive qu'à la condition d'être motivée par l'intérêt général *(a)*. Par ailleurs, la rétroactivité est interdite s'agissant des sanctions fiscales et ne peut pas s'appliquer au contribuable qui a bénéficié d'une décision de justice passée en force de chose jugée *(b)*.

a) L'intérêt général

La Déclaration des droits de l'homme de 1789 proclame avec force la nécessité de la séparation des pouvoirs, qui fait partie des principes constitutionnels les plus fondamentaux. Il revient au Conseil constitutionnel de la faire respecter, particulièrement face aux lois fiscales rétroactives, dès lors que leur enjeu est essentiellement financier : elles ont pour but de remplir la caisse du Trésor ou, le plus souvent, d'empêcher qu'elle ne soit dégarnie. Pourtant, le Conseil constitutionnel tolère le phénomène des lois rétroactives, à la condition qu'elles soient exceptionnelles. Il précise que les textes législatifs qui reviennent sur le passé ont cette nature extraordinaire dès lors qu'ils poursuivent un but d'intérêt général. Or le propre de toute loi, rétroactive ou non, est précisément de rechercher l'intérêt général. Les parlementaires sont les représentants de la nation, dont l'intérêt est commun à tous les citoyens qui la composent. C'est bien ce que dit la Déclaration de 1789 : « La loi est l'expression de la volonté générale. » On ne voit donc pas comment une loi rétroactive pourrait être exceptionnelle car poursuivant un but d'intérêt général, alors que cette finalité est commune à toutes les lois.

En réalité, cette limite de l'intérêt général n'en est pas une. Cependant, le Conseil constitutionnel, au fil du temps, s'est montré de plus en plus exigeant pour tolérer les lois rétroactives. Il ne reconnaît leur conformité que si elles satisfont un intérêt général « suffisant ». En matière fiscale, cela signifie qu'elles permettent d'éviter une perte budgétaire très importante : le Trésor risquerait de perdre beaucoup d'argent si elles n'étaient pas adoptées. Le Conseil va loin dans ses exigences, car il a reconnu contraire à la Constitution une loi de validation dont l'enjeu financier approchait le milliard d'euros [1].

Malgré cela, la Cour européenne des droits de l'homme offre au contribuable une protection plus grande, car elle n'admet la validité d'une loi rétroactive qu'à la condition que celle-ci réponde à un motif d'intérêt général « impérieux », soit plus que « suffisant ». La France s'expose donc à des condamnations prononcées par la Cour [2], à raison de validations régulières au regard du droit national mais pas du droit européen.

La rétroactivité de la loi fiscale est interdite en matière de sanctions, tandis que sa portée est réduite par la force de chose jugée.

b) Sanctions et force de chose jugée

L'interdiction de la rétroactivité en matière pénale s'applique également au domaine de l'impôt, puisque la Cour européenne des droits de l'homme a assimilé les sanctions fiscales aux peines pénales (v. *supra* p. 189-191). En conséquence si, en règle générale, la rétroactivité de la loi fiscale est tolérée, elle est interdite s'agissant des sanctions qu'elle prévoit. Cela pour la même raison qu'en droit pénal, de manière à éviter une répression qui serait trop sévère.

Une autre limite à la rétroactivité de la loi bénéficie au contribuable qui a saisi le juge et obtenu de celui-ci une décision favorable et passée en force de chose jugée, c'est-à-dire devenue définitive. Une décision de justice définitive est celle qui n'est plus susceptible de faire

1. CC, 29 décembre 2005, n° 2005-531 DC, *RJF* 2006.3.291.
2. Par exemple : CEDH, 23 juillet 2009, aff. 30345/05, *Joubert c/ France*, *RJF* 2009.11.1041.

l'objet d'un recours. Par exemple, l'administration n'a pas fait appel d'un jugement qui a donné raison au contribuable, ce jugement est devenu définitif. Même si la décision du juge est contredite par une loi rétroactive, celle-ci n'est pas applicable au requérant qui a saisi la justice et obtenu irrévocablement gain de cause. C'est la façon, dérisoire, que l'on a de respecter le principe de séparation des pouvoirs. En adoptant la loi validant l'imposition condamnée par le juge, le Parlement dit à celui-ci : « Votre jugement est réduit à néant, sauf s'agissant du contribuable auquel vous avez donné raison et pour lequel nous respectons votre décision, au nom de la séparation des pouvoirs… » En revanche, tous les autres contribuables, bien qu'ils se trouvent dans la même situation que celle du requérant, se verront appliquer la loi.

On peut comprendre que lorsque le déséquilibre des finances publiques risque d'être fortement aggravé, on puisse tolérer une loi rétroactive. De même, celle-ci permet d'éviter les effets d'aubaine. Ainsi, la France, par la loi de finances pour 1999, a créé un mécanisme appelé *exit tax* (« impôt de sortie »), afin de lutter contre le départ des contribuables fuyant le pays pour échapper à l'ISF. Cette technique permettait d'imposer les plus-values latentes réalisées par les exilés, c'est-à-dire la valeur prise par leurs biens, alors même que ceux-ci n'avaient pas été cédés. Par exemple, un candidat à l'exil possédait un immeuble qui, le temps passant, valait plus cher que le prix de son acquisition ; son départ le conduisait à devoir payer un impôt à raison de la valeur prise par le bien, alors même que celui-ci n'avait pas été vendu. La règle a reçu un effet rétroactif au jour où le projet de loi a été connu, de manière à éviter une fuite massive entre l'annonce du projet et l'entrée en vigueur de la loi. La France a par la suite dû supprimer l'*exit tax*, car celle-ci était contraire au principe communautaire de liberté de circulation [1].

Malgré le souci des pertes budgétaires et des effets d'aubaine, l'irrespect de la séparation des pouvoirs demeure très grave. Car contrarier un principe fondamental conduit à fragiliser l'ensemble de l'édifice juridique. Pourquoi devrait-on respecter les règles de droit si le législateur lui-même peut violer une norme essentielle ?

Il ne suffit pas de connaître la date d'entrée en vigueur de la loi, il faut également savoir quel est le texte applicable au contribuable dans une situation donnée.

B. La détermination de la loi fiscale applicable

Le fait générateur de l'impôt permet de se situer dans le temps fiscal (v. *supra* p. 39). Grâce à lui, le contribuable peut savoir quel est le texte régissant sa situation particulière. Cependant, la détermination de la loi applicable varie selon la nature de l'impôt (1), et d'après celle de la règle de droit qu'il s'agit de mettre en pratique (2).

1. Nature de l'impôt

Pour les impôts indirects comme la TVA, la règle est simple. Soit une loi entrée en vigueur le 1er janvier de l'année N : si le fait générateur est antérieur à cette date, l'ancienne législation continue de s'appliquer ; si, à

1. La première loi de finances rectificative pour 2011 a instauré un dispositif identique. Cependant, il ne s'applique pas lorsque le contribuable quitte la France pour s'installer dans un autre État européen, ce qui devrait rendre la nouvelle *exit tax* conforme au droit communautaire.

l'inverse, il advient à compter du 1er janvier, l'opération imposable est régie par la loi nouvelle.

La même règle s'applique normalement aux impôts directs, dont le fait générateur est fixé par principe au 1er janvier de l'année d'imposition. C'est par exemple le cas de l'ISF : si la fortune du contribuable, au premier jour de l'an, dépasse le seuil d'imposition, l'impôt doit être payé. Ainsi la loi de finances pour l'année N est applicable à l'ISF correspondant à cette année, car elle est entrée en vigueur le 1er janvier, jour du fait générateur de l'impôt.

L'hypothèse de l'IR est plus complexe. Le fait générateur y est constitué par la libre disposition d'un revenu. La périodicité annuelle de l'impôt regroupe tous les faits générateurs intervenus dans l'année ; ainsi tous les gains encaissés par le contribuable sont soumis à l'IR. Il s'agit donc de totaliser ces revenus afin de notamment savoir s'ils sont suffisamment élevés pour que le contribuable ait un impôt à payer. On retient dès lors la situation du foyer au 31 décembre. La loi effectivement applicable à l'IR de l'année N est donc celle entrée en vigueur au plus tard le 31 décembre.

La périodicité annuelle des impositions directes conduit au *principe d'annualité de l'impôt*. Mais, en réalité, ce précepte est plus budgétaire que fiscal. Il signifie que chaque année le Parlement doit consentir à l'impôt, en adoptant la loi de finances. Au plan fiscal, le principe a pour conséquence que toute loi entrée en vigueur pendant une année d'imposition s'applique à l'IR correspondant à cette période. L'annualité de l'impôt sur le revenu permet de fixer sur un an la situation de fait et la situation de droit du contribuable. La situation de fait est normalement prise en compte au 1er janvier. Sauf si, au 31 décembre, elle est plus favorable. Dès lors, par exemple, qu'un enfant naît pendant l'année, on retiendra le 31 décembre, de manière à prendre en compte la demi-part ou part entière représentée par le nouveau-né. La situation de droit regroupe l'ensemble des règles juridiques applicables à l'année d'imposition.

Outre le fait que l'on se trouve face à un impôt direct ou indirect, la détermination de la loi applicable dépend également de la nature de la règle qu'il s'agit d'appliquer.

2. Nature de la règle applicable

Par principe on identifie la règle applicable à une situation donnée en fonction du fait générateur de l'impôt. Mais certaines normes sont dites d'application immédiate, à savoir qu'elles produisent leurs effets dès l'entrée en vigueur de la loi qui les contient, indépendamment de tout fait générateur. Il s'agit des règles relatives aux sanctions plus douces *(a)* d'une part, à la procédure fiscale et au recouvrement de l'impôt d'autre part *(b)*.

a) Les sanctions plus douces

Les sanctions constituent l'accessoire des impositions, elles assurent leur efficacité en punissant ceux qui ne respectent pas les normes qui y sont attachées. L'accessoire suit donc le principal, la sanction répond aux mêmes règles que l'impôt s'agissant de déterminer le texte applicable. Par exemple, une loi entrée en vigueur au 1er janvier de l'année N prévoit la création d'un impôt sur la vente de zèbres. En outre, elle dispose que toute cession dudit animal qui n'aurait pas été déclarée donnera lieu, en plus du paiement de l'imposition, à une majoration de 80 % de celle-ci. La vente de zèbres intervenue à partir du 1er janvier constituera donc le fait générateur de l'impôt. Un éleveur est furieux de la réforme intervenue et refuse de s'y soumettre. Le 3 janvier il cède dix zèbres et ne déclare pas la vente. Son voisin, jaloux de sa prospérité, le dénonce à l'administration. L'éleveur doit payer l'impôt et la majoration de 80 % qui l'accompagne. La somme qu'il acquitte, tant au titre de l'imposition que de la sanction, est due car le fait générateur, la vente des zèbres, est intervenu après l'entrée en vigueur de la loi. On applique donc la même règle à l'impôt et à la majoration.

Notre contribuable n'est pas le seul à subir ce triste sort. Nombreux sont les éleveurs de zèbres refusant de payer l'impôt. Ils protestent si bien que le Parlement adopte une loi abaissant la majoration de 80 à 30 %. Ce nouveau texte entre en vigueur le 1er septembre de l'année N. Entre-temps, notre éleveur a persisté dans son refus de l'impôt. En effet, il a procédé à une nouvelle vente de zèbres, le 1er août, toujours de l'année N, sans la déclarer. Cette fois-ci, son voisin n'a pas pu le dénoncer car il était en vacances. Mais comme à la campagne tout se sait, l'administration finit par apprendre la réalisation de la vente. Le 1er octobre, elle réclame à l'éleveur le paiement de l'impôt. En revanche, elle ne peut exiger de lui que la majoration de 30 %.

En effet, elle doit respecter la règle dite de l'*application immédiate de la sanction la plus douce*. Il s'agit à nouveau d'un principe du droit pénal transposé aux sanctions fiscales. Par mesure de bienveillance, la peine la plus clémente est appliquée dès l'entrée en vigueur de la loi ayant adouci la sanction, en faisant abstraction du fait générateur. Dans notre exemple, s'agissant de la seconde vente non déclarée, la sanction aurait normalement dû être rattachée à l'impôt. Celui-ci résulte d'une loi entrée en vigueur le 1er janvier, son fait générateur s'est déroulé après cette date, le 1er août. En principe, donc, la majoration, pour suivre l'impôt, aurait dû être de 80 %. Mais le 1er septembre un autre texte l'a rendue moins lourde. Dès lors que la sanction a été appliquée le 1er octobre, soit après l'entrée en vigueur de la seconde loi, elle ne doit plus être que de 30 %.

On notera pourtant que l'application de cette majoration adoucie est rétroactive. En effet, la seconde loi est entrée en vigueur le 1er septembre, or elle vient régir une sanction qui résulte d'un fait générateur antérieur, pour dater du 1er août. Cela alors même qu'une loi se rapportant à une sanction ne peut normalement pas être rétroactive. Le retour sur le passé est ici permis car il adoucit la peine. La loi ne risque donc pas d'être trop répressive, tout au contraire. C'est ce qu'on appelle en droit pénal la rétroactivité *in mitius*, « en mieux » : le sort du fautif est amélioré.

La loi fiscale réduisant la sévérité d'une sanction est donc applicable dès son entrée en vigueur, sans dépendre du fait générateur de l'impôt auquel est attachée la punition. La même règle régit la procédure fiscale et le recouvrement de l'impôt.

b) Procédure fiscale et recouvrement de l'impôt

Si le principe du fait générateur s'applique aux règles d'assiette et de liquidation, ce n'est pas le cas pour le recouvrement, ni s'agissant de la procédure fiscale, laquelle regroupe, pour l'essentiel, les normes relatives au contrôle et au contentieux de l'impôt. Les règles du recouvrement et de la procédure sont en effet immédiatement applicables, dès l'entrée en vigueur des lois qui les contiennent, indépendamment de tout fait générateur. Car le législateur souhaite que ces normes produisent leurs effets le plus tôt possible. C'est particulièrement le cas lorsqu'il accorde au contribuable une garantie nouvelle face au contrôle fiscal.

Par exemple, le contrôle d'une petite entreprise ne peut excéder trois mois, de façon à limiter le traumatisme qu'il est susceptible de représenter. Revenons sur la loi qui a créé cette garantie, en supposant qu'elle soit entrée en vigueur le 1er juin de l'année N. La règle nouvelle s'applique à tous les contrôles entrepris à compter de cette date. Mais, que se serait-il passé si la garantie avait suivi le principe du fait générateur, celui applicable aux règles d'assiette et de liquidation de l'impôt ? Au titre de l'année N-2, une petite entreprise réalise un chiffre d'affaires suffisant pour être soumise à la TVA. Elle fait l'objet d'un contrôle à compter du 1er septembre de l'année N. L'inspecteur procède à un rappel de TVA à raison d'une vente qui n'a pas été déclarée sur l'année N-2, mais il reste plus de trois mois dans l'entreprise.

Si le principe du fait générateur était applicable, l'entreprise ne pourrait pas bénéficier de la nouvelle garantie, car le fait générateur de la TVA rappelée s'est déroulé en N-2, soit avant l'entrée en vigueur de la loi, le 1er juin de l'année N. Mais dès lors qu'on est en présence d'une règle de procédure, celle-ci s'applique à tous les contrôles menés à compter de cette date ; ce qui est bien le cas ici, puisque le contrôle a commencé le 1er septembre de l'année N. Ainsi le contribuable peut bénéficier de la garantie le plus tôt possible. Le dépassement du délai de trois mois conduit à la nullité du contrôle : le Trésor ne pourra pas encaisser la TVA rappelée.

En revanche, si le législateur adopte une règle de procédure qui accroît les pouvoirs de contrôle de l'administration, son application sera également immédiate ; ce qui ne va pas dans le sens des intérêts du contribuable.

Résumons-nous. La loi applicable est celle qui entre en vigueur avant la réalisation du fait générateur, ou le même jour, dès lors qu'elle se rapporte à l'assiette et à la liquidation de l'impôt. Ce principe vaut également pour les sanctions, qui ne sont que l'accessoire des impositions. Il en va différemment pour les sanctions plus douces, qui sont d'application immédiate : la loi produit ses effets dès son entrée en vigueur, indifféremment de tout fait générateur. Enfin, la même règle de l'application immédiate régit les lois qui se rapportent à la procédure et au recouvrement.

La loi fiscale donne décidément lieu à des normes bien complexes, la plus ardue correspondant à la question suivante : peut-on encore dire aujourd'hui que la loi forme la principale source des règles de l'impôt ? Son domaine est restreint, elle est soumise au respect des normes constitutionnelles, internationales et européennes. Surtout, son imprécision donne au pouvoir exécutif une compétence déterminante dans l'édiction des règles de l'impôt. D'où l'importance des sources dérivées de la loi que sont le règlement et la jurisprudence.

Chapitre II

LES SOURCES DÉRIVÉES

La place qu'occupent aujourd'hui, parmi les sources du droit fiscal, le règlement (section 1) et la jurisprudence (section 2), montre qu'ils forment bien plus que le simple complément de la loi. Dans la hiérarchie des règles de droit, la jurisprudence se situe normalement au-dessus du règlement, car sa force juridique est plus grande. Mais, en matière fiscale, ce n'est pas toujours le cas. En effet, l'administration dispose de moyens pour imposer sa volonté au juge.

Section I

LE RÈGLEMENT

Après l'examen des actes réglementaires (sous-section 1), on étudiera une règle conçue pour empêcher la rétroactivité de certains de ces actes : la garantie contre les changements de doctrine (sous-section 2).

Sous-section 1

LES ACTES RÉGLEMENTAIRES

À côté des décrets et arrêtés, qui sont des textes licitement réglementaires (A), donc en eux-mêmes conformes au droit, on trouve d'autres actes, qui peuvent avoir une nature réglementaire mais sont alors illégaux ; ils sont regroupés dans un ensemble appelé la doctrine administrative (B).

A. Décrets et arrêtés

Le règlement a pour objet de compléter la loi, que celle-ci prévoie ou non l'intervention d'un décret d'application. Les décrets sont eux-mêmes précisés par des arrêtés. Bien entendu, tous les règlements ainsi édictés doivent être respectueux de la volonté du législateur. Mais le pouvoir réglementaire est dit autonome lorsqu'il intervient en dehors du domaine de la loi. L'exécutif est ainsi libre de prendre, en dehors de toute habilitation législative, des décrets et arrêtés, par exemple afin d'aménager l'organisation de l'administration fiscale.

Les collectivités locales disposent également d'un pouvoir réglementaire. Certes, hormis certaines collectivités d'outre-mer, elles ne peuvent pas créer d'impositions, seul le législateur en est juridiquement capable. Mais elles déterminent le taux des impôts locaux et peuvent décider ou non de percevoir un prélèvement. C'est par exemple le cas de l'enlèvement des ordures ménagères, pour lequel les collectivités ont la faculté d'instaurer un prélèvement, soit sous la forme d'une taxe, soit d'une redevance.

Si l'exécutif, en matière fiscale, dispose d'un pouvoir réglementaire trop étendu, le principe même des décrets et arrêtés n'est nullement contraire au droit. Ce n'est pas le cas des actes composant la doctrine administrative.

B. La doctrine administrative

En droit, on appelle doctrine (tout court) les opinions émises par les auteurs : universitaires, ou praticiens du droit comme les avocats. Dans des livres, des articles, des commentaires de jurisprudence, les auteurs donnent leur avis sur les difficultés que rencontre l'application du droit. Ces écrits peuvent exercer une réelle influence sur le législateur comme sur le juge. Ainsi, en droit fiscal, le professeur Maurice Cozian a inspiré des réformes législatives et des jurisprudences innovantes. Cependant, aussi géniaux soient certains juristes, leurs avis ne sont qu'indicatifs, ils n'ont pas de force juridique, ne constituent pas une source du droit.

À l'inverse, la doctrine administrative, l'opinion du fisc, peut, dans certaines situations, s'imposer. Après avoir étudié les sources (1) de cette doctrine de l'administration fiscale, c'est-à-dire les actes qui la composent, on verra quel usage en est fait (2) et enfin quelle est leur valeur juridique (3).

1. Les sources de la doctrine administrative

Il s'agit d'une part des instructions et réponses ministérielles *(a)*, d'autre part des rescrits et de la documentation de base *(b)*.

a) Les instructions et réponses ministérielles

Les décrets et arrêtés ne sont pas les seuls actes à venir compléter la loi fiscale. Le ministre du budget prend également des *instructions*, qui peuvent encore être appelées circulaires ou notes. Ces textes composent l'essentiel de la doctrine administrative. Ils sont adressés aux agents de l'administration, pour leur dire, entre autres, comment appliquer la loi. En effet, celle-ci est trop souvent imprécise et mal rédigée. Les instructions viennent l'éclairer et la compléter, de manière à la rendre applicable à des situations fiscales précises. De plus, le ministre, en édictant ces textes, s'assure que la loi est appliquée de la même façon sur l'ensemble du territoire national. Les instructions sont publiées au Bulletin officiel des impôts (BOI), familièrement appelé « BO ». Dans le langage de l'administration, un BO est synonyme d'instruction.

Une autre source de la doctrine administrative est constituée par les *réponses ministérielles*. Le plus souvent, elles ont pour origine l'électeur d'un député ou sénateur qui sollicite le parlementaire afin qu'il pose une question au ministre du budget. Car l'électeur-contribuable se trouve face à une difficulté fiscale qu'il aimerait voir éclaircie. Il demande donc au parlementaire d'interroger le ministre afin d'obtenir une solution autorisée. Les réponses ministérielles sont publiées au Journal officiel, ce qui leur assure une publicité plus grande que les instructions, qui paraissent au BOI. En effet, la diffusion du « JO » est plus large que celle du Bulletin officiel des impôts. Il est troublant de constater que les parlementaires, qui devraient être à l'origine de l'essentiel du droit fiscal, en vertu du principe de la légalité de l'impôt, consultent fréquemment le ministre. Un autre moyen d'obtenir la résolution officielle d'une difficulté fiscale consiste à formuler une demande de rescrit.

b) Les rescrits et la documentation de base

Le *rescrit* est une procédure inspirée de la Rome antique, où il était répondu au nom de l'empereur à des questions juridiques notamment posées par les magistrats ; le mot est issu du latin *rescribere* : écrire en retour, répondre [1]. Pour revenir à notre époque, le contribuable, dans certaines hypothèses, peut interroger l'administration sur sa situation, afin de savoir si elle est régulière. Le fisc dispose généralement de trois mois pour prendre une décision. À l'intérieur de ce délai, l'autorité compétente peut répondre expressément, de manière positive ou négative. Dans la plupart des cas,

1. L. Agron, *Histoire du vocabulaire fiscal*, LGDJ, 2000, p. 347.

une fois le délai expiré, si l'administration ne s'est pas manifestée, son silence est assimilé à une réponse positive. Ce qui l'incite à réagir, de manière à ne pas donner, implicitement, son approbation à une situation qu'elle estimerait irrégulière. Cette procédure de l'accord tacite n'est pas générale, elle n'existe que pour certains régimes fiscaux. C'est par exemple le cas du crédit d'impôt recherche (v. *supra* p. 145), à propos duquel il est souvent difficile de savoir si un projet correspond à de la vraie recherche, ou se réduit à apporter de simples améliorations techniques à un produit. En interrogeant l'autorité compétente, l'entreprise saura si son projet pourra lui permettre de bénéficier du crédit d'impôt. Certes, elle peut en profiter dès qu'elle en remplit les conditions, mais si le rescrit lui est favorable, l'administration ne pourra plus soutenir que le projet en cause ne correspond pas à de la vraie recherche.

L'administration peut décider de publier, sur son site internet (www.impots.gouv.fr), certains rescrits, correspondant à des hypothèses fréquemment rencontrées. Dans ce cas, les rescrits, comme les réponses ministérielles, concerneront tous les contribuables se trouvant dans la même situation que celle visée dans la solution.

Toutes les sources de la doctrine administrative sont compilées dans un énorme traité fiscal : la *documentation de base* (DB) [1], encore appelée documentation administrative (D. adm.). Dans ces dizaines de milliers de pages, l'administration exprime toute l'étendue de sa « pensée » : de quelle façon les agents doivent-ils interpréter la loi, mais aussi quelle décision leur faut-il prendre face à une situation donnée ?

Voyons quel usage l'administration fait de sa doctrine.

1. À la suite d'une malheureuse suppression de postes au sein de l'administration fiscale, la DB n'est plus mise à jour depuis 2002. Mais le ministère du budget a annoncé qu'il allait la reprendre.

2. L'usage de la doctrine administrative

On se doute que le ministre du budget ne peut à lui seul prendre toutes les instructions, ou encore répondre à chacune des questions des parlementaires. Ce travail est assuré par les services centraux de l'administration, particulièrement la *direction de la législation fiscale*. L'administration centrale du ministère du budget est à l'origine de presque toutes les sources du droit fiscal. C'est elle qui prépare les projets de loi de finances, elle qui négocie les conventions internationales avec les États étrangers, elle encore qui rédige les projets de décrets et arrêtés, enfin c'est elle qui édicte la doctrine administrative. Le fisc peut donc placer où il le souhaite les règles qui lui conviennent. Ainsi il est fréquent que les projets de lois de finances comportent des dispositions sévères pour le contribuable, ce dont les parlementaires se rendent rarement compte. Après l'adoption de la loi, l'administration adoucit le texte par l'interprétation qu'elle en donne, dans les décrets et arrêtés, mais surtout les instructions. C'est une façon de protéger celles-ci, car dès lors qu'elles sont plus favorables que la loi, aucun contribuable ne viendra s'en plaindre.

Par ce procédé de la loi adoucie par les instructions, l'administration se donne le beau rôle. À côté d'un législateur sévère, elle paraît bienveillante. Le contribuable est conduit à se référer non à la loi, dure et indéchiffrable, mais à la doctrine administrative, accommodante et surtout beaucoup plus précise. C'est ainsi que l'administration fait « sa loi ». Le contribuable peut consulter la doctrine administrative dans les locaux des services fiscaux et également sur Internet (www.impots.gouv.fr).

De plus, la même technique d'adoucissement permet au fisc d'éviter une application brusquée des textes législatifs. Lorsque certaines dispositions de la loi rencontrent l'hostilité d'un groupe de contribuables, l'administration peut les tempérer grâce à une interprétation favorable donnée par sa doctrine. Elle crée ainsi des tolérances, contestables au regard du principe d'égalité devant l'impôt. Par exemple, lors des débats au Parlement sur le projet de loi de finances pour 1983, le ministre du budget a annoncé que si les organismes de formation professionnelle devaient être assujettis à la TVA, une instruction viendrait, dans certaines hypothèses, prévoir des exonérations [1].

L'interprétation de la loi par le fisc se fait bien davantage par la doctrine administrative qu'au moyen des décrets et arrêtés. Les chiffres en sont la preuve. En 2009, 16 lois et 2 ordonnances comportant des règles fiscales sont entrées en vigueur, 64 décrets et arrêtés ont été publiés ainsi que 178 instructions. Le nombre des textes d'application montre la maigreur de la loi (elle pourrait faire des défilés de mode). Car les règles qu'elle ne contient pas doivent bien se trouver autre part. Si les instructions sont aussi nombreuses, en comparaison des décrets et arrêtés, c'est parce que en principe elles n'ont pas de valeur juridique.

3. La valeur juridique de la doctrine administrative

Grâce à sa doctrine, l'administration dispose d'un pouvoir réglementaire de fait *(a)* et non de droit. Car si en principe cette doctrine n'est pas opposable *(b)* au contribuable, qui n'est donc pas tenu de la respecter, la réalité est bien différente.

a) Le pouvoir réglementaire de fait de l'administration

Il arrive qu'un contribuable saisisse le juge pour contester la légalité d'un décret ou arrêté qui n'est pas

1. J.-C. Martinez, P. di Malta, *Droit fiscal contemporain*, t. 1, Litec, 1986, n° 73.

respectueux de la volonté du législateur. Si c'est le cas, le juge [1] annule le règlement. C'est pourquoi l'administration préfère placer son interprétation de la loi dans les instructions plutôt que dans les décrets et arrêtés. En effet, pour être normalement dénuées de force juridique, les instructions ne peuvent pas faire l'objet d'un contrôle du juge. Car ce dernier ne connaît que le droit, on ne peut donc contester devant lui un acte dépourvu de valeur juridique.

Pourtant, il arrive que le juge accepte de contrôler la régularité d'une instruction. Cela se produit lorsque celle-ci fait une interprétation abusive de la loi, qui n'est pas respectueuse de la volonté du Parlement. Ainsi il est fréquent qu'une instruction ajoute des règles au texte législatif. Dans cette hypothèse, l'acte est dit réglementaire, car il comporte des normes d'application générale, comme un règlement. La doctrine administrative dans son ensemble est édictée au nom du ministre du budget. Or un ministre n'a pas de pouvoir réglementaire général, lequel n'est détenu que par le président de la République et le premier ministre. Une instruction qui ajoute à la loi est donc prise par une autorité incompétente et, comme telle, doit être annulée par le juge.

Malgré cela, les annulations d'instructions réglementaires sont très rares. En effet, lorsque cela se produit, trop souvent l'administration demande au gouvernement de présenter un projet de loi de validation, qui reprend le texte de l'instruction. La loi adoptée donne alors à celle-ci valeur législative et le juge est bien obligé de l'appliquer. De plus, les lacunes de la loi doivent être comblées, travail auquel s'emploie la doctrine administrative. À quoi servirait-il d'annuler les instructions réglementaires, alors qu'elles ne font qu'accomplir le travail que le législateur ne fait pas, du moins pas assez ? Enfin, dès lors que l'administration se trouve à l'origine

---

1. Il s'agit, en l'occurrence, du juge de l'excès de pouvoir (v. *infra* p. 327-331).

de l'essentiel des lois fiscales, n'est-elle pas la mieux placée pour les interpréter ?

Les sources du droit fiscal se distinguent donc par des actes licitement réglementaires, les décrets et arrêtés, et d'autres qui le sont irrégulièrement. Ce sont les instructions qui ajoutent à la loi et qui pourtant continuent de s'appliquer car elles n'ont pas été annulées. Nombreux sont les auteurs à refuser de reconnaître les instructions comme des actes réglementaires, car si elles ont cette nature c'est qu'elles sont illégales. Pourtant, il faut bien se résoudre à l'idée que l'administration dispose d'un pouvoir réglementaire de fait et non de droit [1].

De plus, dire que la doctrine administrative est dépourvue de valeur juridique n'est pas tout à fait exact. En effet, si, en principe, elle n'est pas opposable au contribuable, la pratique démontre le contraire.

b) L'opposabilité de la doctrine administrative

En droit administratif, les actes tels que les instructions sont des mesures d'ordre intérieur. À savoir qu'ils n'ont de valeur que dans le périmètre de l'administration, puisqu'ils ne s'adressent qu'aux agents de celle-ci. Ce qui explique qu'ils ne sont pas opposables aux administrés : les contribuables ne sont pas, en principe, tenus de respecter les instructions. À l'inverse, la doctrine est opposable à l'administration, en vertu du principe voulant qu'on soit tenu par la règle que l'on se donne à soi-même [2]. Ainsi les services fiscaux doivent suivre les instructions, de même qu'ils ne peuvent retenir une solution contraire à celle donnée par une

1. J.-J. Bienvenu, Th. Lambert, *Droit fiscal*, 4e éd., PUF, coll. Droit fondamental, 2010, p. 84. « La doctrine administrative [...] dès lors qu'elle ajoute à la loi revêt nécessairement le caractère d'un acte réglementaire » (G. Bachelier, concl. sur CE, 11 février 1994, req. n° 117302, *SA Éts Dupeux*, *Dr. fisc.* 1994, n° 19, comm. 886).

2. En latin, *Tu patere legem quam ipse fecisti* : « Subis les conséquences de ta propre loi. »

réponse ministérielle ou un rescrit. Et un contribuable peut se plaindre d'une décision prise à son encontre, dès lors qu'elle n'est pas conforme à la doctrine administrative. De plus, l'agent qui ne respecterait pas celle-ci s'exposerait aux réprimandes de ses supérieurs.

En pratique cependant, nombreux sont les contribuables à suivre la doctrine. Reprenons l'exemple de la loi créant un impôt sur les chevaux, pour laquelle le fisc publie une instruction où il estime que les ânes sont également imposables. L'éleveur qui, dans le respect de la loi, ne déclare pas ses ânes, s'expose, en cas de contrôle, à un rappel d'impôt. Certes, il peut saisir le juge et obtiendra probablement gain de cause. Mais nombre de contribuables n'osent pas s'attaquer à la puissante administration fiscale. Ils préfèrent suivre la doctrine, même si elle est illégale.

C'est précisément dans cette situation que la valeur juridique de la doctrine administrative est renforcée par une règle censée protéger le contribuable, la garantie contre les changements de doctrine.

Sous-section 2

La garantie contre les changements de doctrine

Cette garantie a officiellement pour objectif de protéger le contribuable contre la doctrine, en interdisant à celle-ci de produire un effet rétroactif. On retrouve ici le phénomène de la rétroactivité, déjà abordé avec la loi (v. *supra* p. 199-208). Si les textes législatifs ne peuvent produire d'effets sur le passé que dans certaines hypothèses, pour ce qui est du règlement l'interdiction de la rétroactivité est totale. Toujours par souci de sécurité juridique, un règlement ne peut en aucun cas revenir sur le passé pour changer les règles applicables. Cette interdiction absolue s'étend aux actes réglementaires de fait que peut comporter la doctrine administrative.

La garantie contre les changements de doctrine forme un régime complexe. Pour bien la comprendre, il faut revenir à ses origines (A). Elle produit des effets graves sur la hiérarchie des normes en droit fiscal (B) car, dans certaines situations, la doctrine peut faire échec à l'application de la loi.

A. Les origines de la garantie

L'histoire explique l'état du droit actuel. Elle se décompose en deux périodes, qu'on nommera de façon un peu romanesque : l'entêtement (1) et la vengeance du juge (2).

1. L'entêtement du juge

La démission fiscale des parlementaires, amorcée à l'issue de la première guerre mondiale (v. *supra* p. 193), a donné à l'administration un rôle normatif important, qu'elle a particulièrement exercé au moyen de sa doctrine. Lorsque, par celle-ci, elle faisait une interprétation abusive de la loi, le contribuable s'en plaignait devant les tribunaux. Mais le juge refusait de contrôler la légalité de la doctrine administrative, en considérant qu'elle était dénuée de toute valeur juridique. Malgré l'importance croissante prise par les instructions, le Conseil d'État niait leur nature réglementaire, puisque celle-ci était illégale. En l'absence de tout contrôle, l'administration pouvait donc faire ce qu'elle voulait de sa doctrine, notamment lui donner un effet rétroactif.

Par exemple, une année N, un contribuable se conforme à une instruction indiquant qu'il n'est pas redevable d'un impôt. Puis l'administration change d'avis. Lors de l'année N+1, une nouvelle instruction est publiée, rapportant la première, pour décider que l'imposition est due à l'avenir comme sur le passé. Le contribuable est donc exposé à un rappel d'impôt, alors même qu'il a respecté la doctrine administrative.

Cette situation est rapidement devenue insupportable. Si bien que l'administration, dans une instruction de 1928, commanda à ses agents de ne pas donner d'effet rétroactif à la doctrine. Certes, elle se réservait le droit de changer d'opinion, mais sans que cela ne produise de conséquences sur le passé. Le fisc s'engageait ainsi à ne pas remettre en cause une situation fiscale conforme à une première doctrine, tant que celle-ci n'avait pas été modifiée par une seconde. Malheureusement, cet engagement n'a pas toujours été suivi. Lorsqu'il y avait beaucoup d'argent en jeu, il arrivait que l'administration cédât à la tentation de la rétroactivité. Le contribuable qui en était la victime ne pouvait attendre aucun secours du juge. Car, devant celui-ci, il reprochait à l'administration de ne pas avoir respecté l'engagement pris dans l'instruction de 1928. Or le juge refusait de sanctionner le non-respect d'un acte dénué de valeur juridique.

En 1958, le fisc publia une nouvelle instruction, offrant une plus grande sécurité juridique au contribuable. Elle était cependant limitée à l'hypothèse d'une vérification de comptabilité. Il s'agit d'un contrôle fiscal mené dans les locaux d'une entreprise. À cette occasion, il était possible pour le contribuable d'interroger le vérificateur – l'agent chargé du contrôle – sur la situation fiscale de l'entreprise. Par exemple, cette dernière avait-elle eu raison de considérer qu'une charge était déductible ? La réponse écrite et favorable du vérificateur engageait l'administration. Si, à l'occasion d'un nouveau contrôle, elle considérait que finalement la même charge ne pouvait pas être déduite, l'entreprise était en droit de lui opposer la réponse précédemment faite.

Le plus souvent le fisc respectait son engagement. Mais il arrivait qu'il passe outre et opère un rappel d'impôt. De nouveau, le juge refusa de sanctionner cette pratique : il reconnaissait la validité du rappel dès lors que celui-ci était conforme à la loi, et à elle seule. L'insécurité dont souffrait le contribuable était donc toujours aussi grande. Le gouvernement se décida alors à obtenir du Parlement l'adoption d'une loi, du 28 décembre 1959. Cette disposition législative ne fit que reprendre l'instruction de 1958. Elle contraignait désormais le juge à sanctionner le non-respect des engagements de l'administration, donc à reconnaître l'existence juridique de la doctrine. Le Conseil d'État n'aime pas qu'on lui force la main ; et lorsque cela arrive, il se venge.

2. La vengeance du juge

Cette revanche s'est faite par l'interprétation que le juge a donnée de la loi de 1959 *(a)*, qui allait dans un sens bien différent de celui retenu par l'administration. Un conflit s'est alors élevé entre le fisc et le Conseil d'État et pour une fois le juge a gagné. En effet, le législateur lui a donné raison en procédant à l'extension de la loi de 1959 *(b)*.

a) L'interprétation de la loi de 1959

Pendant des années, le juge, très fâché, a refusé d'appliquer la disposition législative en cause, aujourd'hui codifiée à l'article L. 80 A du Livre des procédures fiscales. Il continuait de considérer qu'une instruction étant dépourvue de valeur juridique, on ne pouvait pas lui interdire de produire des effets rétroactifs. Puis le Conseil d'État se décida à appliquer la loi, mais en lui donnant une interprétation bien différente de celle retenue par l'administration. Pour celle-ci, en effet, la loi de 1959 n'était que la transposition de l'instruction de 1958. La protection était donc limitée à une entreprise faisant l'objet d'une vérification de comptabilité, et ayant obtenu du fisc une décision individuelle, qui n'intéressait qu'elle-même.

Le juge a lui donné à la règle légale un champ d'application beaucoup plus large. Il a considéré que l'interdiction de la rétroactivité ne concernait pas seulement les décisions individuelles, mais également toutes les positions prises par l'administration dans un acte d'application générale, comme une instruction ou une réponse ministérielle. Le contribuable pouvait désormais obtenir du juge que le fisc respecte sa parole, quelle que fût la forme de son expression. Cependant, l'étendue de cette protection était limitée. Car l'instruction de 1958, pour réduire la portée de ses propres règles, ne visait que les impositions antérieures : l'engagement pris par le vérificateur ne pouvait concerner que les impôts et taxes auxquels l'entreprise était déjà soumise, en empêchant leur rehaussement rétroactif. La loi de 1959, en tant qu'elle a repris l'instruction de 1958, était également limitée aux impositions antérieures, elle ne pouvait donc pas intéresser les impositions primitives.

Prenons un exemple pour comprendre la distinction entre impositions antérieures et primitives. Une société fait l'objet d'une vérification de comptabilité, lors de laquelle l'administration procède à deux rectifications. Une rectification, encore appelée un redressement, consiste à rehausser la base d'imposition. Tout d'abord le fisc reproche à l'entreprise de ne pas avoir déclaré un produit sur l'année N, et entend donc rectifier sa base imposable à l'IS. Or, au titre de cette même année, l'entreprise a déjà payé de l'impôt sur les sociétés. La rectification concerne donc une imposition antérieure, déjà établie, qu'il s'agit de majorer. On se trouve ainsi dans le champ de l'article L. 80 A. La société peut dès lors contester le redressement en faisant valoir qu'une réponse ministérielle, par exemple, prévoit qu'un tel produit n'est pas imposable.

La seconde rectification intéresse la taxe sur les véhicules de sociétés (TVS). Il s'agit d'une imposition qui frappe les voitures de tourisme utilisées par les sociétés. Non seulement son tarif est élevé mais de plus elle n'est pas déductible. Les entreprises concernées sont donc tentées de ne pas déclarer les automobiles qu'elles utilisent. C'est bien ce qui se passe dans notre exemple : le vérificateur découvre que la société possède une voiture de tourisme qu'elle n'a pas déclarée. Elle devra donc payer la TVS, qui constitue alors une imposition primitive, puisque l'entreprise ne l'a pas déjà acquittée. On se trouve donc en dehors du champ de l'article L. 80 A.

Malgré cette restriction, la jurisprudence du Conseil d'État représentait un grand progrès pour le contribuable. Car celui-ci pouvait enfin obtenir du juge qu'il empêche la doctrine administrative de produire un effet rétroactif. L'interprétation que le Conseil d'État a faite de la loi de 1959 a été reprise par le législateur qui a étendu sa portée.

b) L'extension de la loi de 1959

Une loi du 9 juillet 1970 a ajouté un second alinéa – un deuxième paragraphe – à l'article L. 80 A. Cet alinéa a repris la jurisprudence afin de poser la règle suivante. Dès lors que le contribuable a appliqué une instruction, l'administration ne peut pas lui infliger une rectification en soutenant une position différente de celle donnée dans le texte. Cela signifie que le fisc ne saurait changer d'opinion en donnant à ce revirement un effet rétroactif. L'article L. 80 A alinéa 2 ne vise que les instructions, mais la jurisprudence a ajouté les réponses ministérielles. Seules les instructions et les réponses ministérielles peuvent donc être invoquées sur le fondement du second alinéa, à l'exclusion des autres actes de la doctrine administrative. En revanche, ce même paragraphe intéresse tant les impositions antérieures que primitives.

Aujourd'hui encore, l'article L. 80 A est composé de ces deux alinéas, le premier issu de la loi de 1959, le second de la loi de 1970. Leur combinaison, pour le moins complexe, ne s'explique que par des raisons historiques. Il faut donc, pour bénéficier de la garantie contre les changements de doctrine, invoquer l'un ou l'autre des alinéas. Ce choix doit s'effectuer d'une part en fonction du type de doctrine que l'on invoque, et d'autre part selon le genre d'imposition en cause. Le premier alinéa intéresse tous les actes composant la doctrine administrative, tandis que le second ne permet de se prévaloir que des instructions et des réponses ministérielles. Le premier ne protège que les impositions antérieures, en empêchant leur rehaussement, tandis que le second intéresse tant les impositions antérieures que primitives.

Pour bien comprendre cette combinaison, reprenons notre exemple favori. Le législateur crée un impôt sur les chevaux. L'administration publie une instruction en soutenant que l'imposition est également due s'agissant des mulets mais pas des ânes. Un éleveur d'ânes se trouve protégé de l'impôt par l'alinéa 2 de l'article L. 80 A. Car si d'aventure le fisc lui en réclamait le paiement, il pourrait invoquer à son profit une instruction. De plus, si l'administration persistait dans ses intentions, elle ferait naître une imposition primitive, dès lors que l'éleveur n'a jamais payé l'impôt sur les chevaux. Peu importe d'ailleurs qu'il s'agisse d'une imposition primitive ou antérieure, puisque l'alinéa 2 vise les deux hypothèses.

Considérons maintenant le cas d'un éleveur d'ânes et de mulets. Il paye l'impôt s'agissant des mulets, bien que l'instruction soit illégale. Car la loi ne vise que les chevaux. Mais le contribuable ne veut pas d'ennuis avec les impôts. En revanche, il s'abstient de déclarer ses ânes, puisque l'administration a expressément indiqué qu'ils n'étaient pas imposables. Mais l'éleveur s'inquiète du sort des ânes car il a appris qu'un autre contribuable avait été redressé sur ses poneys. N'y tenant plus, il interroge son inspecteur des impôts. La réponse de celui-ci confirme que les ânes ne sont pas imposables. L'éleveur d'ânes et de mulets est protégé par l'alinéa 1er de l'article L. 80 A. En effet, il peut invoquer à son profit une décision individuelle, mais l'instruction aurait suffi à le protéger. De plus, l'impôt sur les chevaux ayant déjà été payé, c'est une imposition antérieure que rehausserait l'administration si elle ne respectait pas sa parole.

En voulant ainsi protéger le contribuable, le législateur a conduit à ce que la garantie contre les changements de doctrine produise hélas des effets désastreux.

B. Les effets de la garantie

La règle contenue à l'article L. 80 A du LPF conduit à des conséquences graves (1), alors même qu'en fin de compte elle n'offre qu'une faible protection au contribuable (2) ; on cherchera des remèdes à ce déplorable état du droit (3).

1. Des conséquences graves

La garantie contre les changements de doctrine a bouleversé la hiérarchie des normes en droit fiscal *(a)* – c'est-à-dire l'ordre et la valeur de certaines sources de celui-ci – en instaurant un système d'une rare perversité *(b)*.

a) Le bouleversement de la hiérarchie des normes

Dans certaines situations, la doctrine administrative peut faire échec à l'application de la loi (I), ce qui traduit sa véritable nature juridique (II).

I. Échec à la loi

Prenons tout de suite un exemple. Le législateur décide la création d'un impôt sur les équidés. À savoir que tout animal ressemblant à un cheval donne lieu à l'imposition : les chevaux eux-mêmes, mais aussi les ânes, mulets, poneys, zèbres, etc. Pour l'application de cette loi, l'administration publie une instruction selon laquelle l'impôt n'est dû que s'agissant des chevaux, à l'exclusion de tout autre animal. Un éleveur de chevaux et d'ânes suit l'instruction : il ne déclare que ses chevaux, puisque l'administration elle-même dit vouloir épargner les ânes. Bien évidemment, l'instruction est illégale, car la loi prévoit d'imposer les équidés et non seulement les chevaux. Une logique juridique élémentaire voudrait donc que l'on écarte l'instruction pour appliquer la loi et taxer les ânes. Mais l'article L. 80 A l'interdit : dès lors que l'éleveur a respecté la doctrine administrative, il n'est pas possible de revenir en arrière pour imposer ses ânes. Certes, l'administration peut prendre une nouvelle instruction, cette fois-ci respectueuse de la loi, mais qui ne vaudra que pour le présent et l'avenir, pas sur le passé puisqu'elle aurait alors un effet rétroactif.

En conséquence, dès lors que la doctrine prévoit un régime plus favorable que la loi, elle protège le contribuable tant qu'elle n'est pas rapportée. Dans notre exemple, l'éleveur échappera à l'impôt sur les ânes jusqu'à la publication de la seconde instruction, conforme à la volonté du législateur. Donc une doctrine plus douce que la loi fait échec à l'application de celle-ci. Situation totalement absurde puisque des actes en principe dénués de valeur juridique, ceux formant la doctrine administrative, s'imposent face à la source reine du droit fiscal, la loi. Comment est-ce concevable ? Simplement parce que le législateur lui-même l'a voulu ainsi : en adoptant les lois de 1959 et 1970, il a renoncé à la prééminence de la loi au profit de la doctrine administrative, plus douce. C'est la suite logique, et désolante, de la démission parlementaire en matière fiscale.

Que la loi puisse être primée par la doctrine administrative montre la véritable nature juridique de celle-ci.

II. La véritable nature juridique de la doctrine administrative

Officiellement, l'article L. 80 A n'a pour effet que de limiter le droit de reprise de l'administration. Ce droit permet au fisc, lors d'un contrôle, de récupérer – reprendre – les impositions qui lui sont dues car le contribuable ne les a pas acquittées. Ce pouvoir est limité par l'article L. 80 A car l'administration ne peut pas opérer de rectification qui résulterait d'une application rétroactive de la doctrine. Pour se rapporter au contrôle fiscal, la règle figure donc dans le Livre des procédures fiscales et non dans le Code général des impôts. Mais la réalité est bien plus grave : si la doctrine administrative plus favorable que la loi permet d'écarter celle-ci, elle a nécessairement, dans cette hypothèse, une valeur législative. Puisque seule une loi, ou une norme supérieure à celle-ci, permet de déroger à une autre loi. Le Conseil d'État et de nombreux auteurs refusent d'admettre cette réalité, car elle est juridiquement inacceptable. Elle correspond, pourtant et malheureusement, à l'état du droit.

Le juge soutient que la doctrine administrative est du non-droit, pour être faite de simples mesures d'ordre intérieur. Mais, d'un autre côté, il est bien obligé de reconnaître qu'elle produit des effets de droit, puisqu'elle peut écarter l'application de la loi, ce qui n'est pas rien. Or il n'est pas concevable que du non-droit puisse produire des conséquences juridiques, surtout aussi grandes.

D'une certaine façon, le Conseil d'État a raison de vouloir minimiser l'importance de la doctrine administrative. Car lui reconnaître une valeur juridique serait contraire aux plus grands principes du droit fiscal. On a vu en effet comment la doctrine pouvait méconnaître le principe d'égalité, avec les tolérances qu'elle consent. Elle est également contraire au principe de la légalité de l'impôt, puisqu'elle permet à l'administration de décider des règles d'assiette, de liquidation et de recouvrement. Curieusement, le Conseil constitutionnel n'a jamais été valablement saisi de la conformité de l'article L. 80 A à la Constitution. Or cette inconstitutionnalité n'est pas douteuse puisque la garantie permet à l'administration d'intervenir dans le domaine de la loi. Si donc le Conseil d'État a des raisons majeures de vouloir nier la valeur juridique de la doctrine administrative, il a tort de se voiler la face devant la réalité. Ainsi il refuse d'interpréter la doctrine, car cela reviendrait à reconnaître sa nature normative ; pourtant, cette interprétation est inévitable, ne serait-ce que pour savoir si la doctrine offre un régime plus favorable que la loi.

On a peine à imaginer la perversité du système engendré par la garantie contre les changements de doctrine.

b) La perversité du système

La garantie a créé un cercle vicieux. En effet, dès lors qu'une instruction, par exemple, prévoit un régime plus favorable que celui de la loi, c'est qu'elle est nécessairement illégale. Elle ne peut pas respecter la volonté du législateur puisqu'elle édicte des règles différentes de celles voulues par lui. Or, c'est précisément lorsque la doctrine est illégale qu'elle s'impose à la loi. L'article L. 80 A forme donc une prime à l'illégalité.

Afin de mesurer les effets produits par une instruction, pour conserver l'exemple d'un tel texte, il faut distinguer plusieurs hypothèses. Tout d'abord l'acte administratif est conforme à la loi : il en reproduit les dispositions y en apportant certes des précisions, mais respectueuses de la volonté du législateur ; dans ce cas c'est bien la loi que l'administration applique. Ensuite, hypothèse inverse, l'instruction n'est pas conforme à la volonté du Parlement, il faut alors opposer deux situations. Dans la première, l'acte prévoit un régime plus sévère que celui adopté par le législateur, il doit être écarté au profit de la loi. Dans la seconde, l'instruction offre un régime plus favorable que celui voté par le Parlement, elle s'impose à la loi.

On se doute que l'administration profite de ce système, car elle peut imposer les règles qui lui conviennent. On comprend mieux maintenant l'intérêt de la technique de la loi adoucie par les instructions (v. *supra* p. 220-221) : en faisant une interprétation bienveillante des textes législatifs, le fisc fait triompher sa doctrine. Certes, on aimerait qu'il soit plus respectueux de la loi, mais il faut bien comprendre qu'en comblant les lacunes de celle-ci, il ne fait qu'exercer les compétences que le Parlement lui a déléguées. Mais comment, dans ces conditions, intéresser députés et sénateurs à la discussion des projets de lois de finances, alors que les mesures qu'ils adoptent peuvent être neutralisées par une simple instruction ? Le rôle du juge est lui aussi bien ingrat : même lorsqu'il reconnaît la « parfaite » illégalité d'une doctrine, il est tenu d'en conserver le bénéfice au profit du contribuable protégé par l'article L. 80 A.

Le juge, après avoir donné toute son ampleur à la doctrine administrative, par l'interprétation de la loi de 1959, s'est rendu compte des effets très graves qu'elle produisait. Faisant marche arrière, il a alors tout mis en œuvre pour les limiter. Mais, du même coup, il a sensiblement réduit la protection du contribuable.

2. Une faible protection du contribuable

Nombreuses sont les requêtes en justice qui vont valoir la doctrine administrative, pour demander au juge le bénéfice de la garantie. Or très peu de contribuables obtiennent gain de cause sur ce fondement. En effet, la jurisprudence a posé des conditions très exigeantes pour valablement faire jouer l'article L. 80 A.

En premier lieu, la doctrine invoquée par le contribuable doit procéder à l'interprétation d'un texte fiscal, autrement dit une loi, un règlement, ou une convention internationale. Il s'agira par exemple d'une instruction indiquant le sens à donner à une disposition législative. Cependant, les interprétations du fisc relatives à la procédure ne peuvent pas être invoquées sur le fondement de la garantie. Or ce sont les règles du contrôle fiscal qui menacent le plus la liberté et la vie privée du contribuable (v. *supra* p. 196). La portée de la garantie est donc déjà sensiblement réduite. En second lieu, seul un acte comportant une *prise de position formelle* de l'administration engage celle-ci. Cela signifie que l'interprétation retenue par le fisc doit être explicite et impérative. Le contribuable ne peut donc invoquer qu'une doctrine claire d'une part, qui commande aux agents de respecter la solution retenue d'autre part. À l'inverse, une simple recommandation faite aux fonctionnaires ne constitue pas une prise de position formelle. En troisième lieu, la situation du contribuable doit correspondre exactement à celle visée par la doctrine pour qu'il soit en mesure d'invoquer celle-ci ; en conséquence, tout changement pouvant affecter l'intéressé lui fait perdre le bénéfice de la garantie.

Ces conditions valent tant pour l'application de l'article L. 80 A que l'article L. 80 B du LPF. Le second, issu d'une loi du 8 juillet 1987, se rapporte spécifiquement aux décisions individuelles, pour préciser que la garantie s'applique également lorsque l'administration a formellement pris position sur une situation de fait au regard d'un texte fiscal. Autrement dit, dès lors que le fisc a reconnu la régularité de la situation d'un contribuable, il ne peut pas, tant que sa décision n'est pas rapportée, revenir sur cette appréciation. Le législateur a dû introduire cette précision face à la réticence du juge à reconnaître l'application de l'article L. 80 A aux décisions individuelles. Alors même que ce sont elles qui ont fait naître la garantie. L'attitude du juge s'expliquait à nouveau par la volonté de réduire le champ d'application de l'article L. 80 A. En tant qu'il fait référence à l'alinéa 1er de ce dernier, pour en quelque sorte l'interpréter, l'article L. 80 B est également limité aux impositions antérieures, à l'exclusion donc des impositions primitives. Enfin, ce même article prévoit les conditions dans lesquelles peut être formulée une demande de rescrit.

En l'état du droit, le contribuable se trouve très mal protégé face à l'administration. Car trop souvent le fisc soutient qu'il n'entre pas dans les prévisions de la doctrine administrative, de manière à lui dénier le bénéfice de la garantie. Or l'intéressé ne peut attendre du juge qu'un maigre secours, tellement la jurisprudence se montre exigeante pour valablement invoquer les articles L. 80 A et B du LPF.

Quels remèdes peut-on trouver à cette situation juridique regrettable ?

3. Les remèdes à l'état du droit

Les effets produits par la doctrine administrative pourraient être sensiblement réduits si le législateur faisait son travail. S'il adoptait des lois fiscales suffisamment précises, l'administration ne pourrait plus les interpréter abusivement. Certes, il n'est pas possible qu'une loi donne tout le détail des régimes fiscaux, qui sont trop complexes. Mais il faudrait qu'elle puisse être applicable en elle-même, qu'il ne faille régler après son adoption que des questions de détail. À cette fin, le Conseil constitutionnel devrait sanctionner plus sévèrement l'incompétence négative du Parlement en matière fiscale. De même, l'encadrement des lois rétroactives doit continuer de se resserrer, car c'est par ce moyen que l'administration impose sa volonté au juge. Pour peu qu'une jurisprudence déplaise au fisc, celui-ci obtient l'adoption d'une loi qui fait taire le juge. Pour l'heure, le Conseil d'État ne fait qu'opposer à l'administration une résistance passive, car c'est tout ce qu'il peut faire. Il limite les effets de la garantie contre les changements de doctrine et refuse de reconnaître la valeur juridique de celle-ci. Si la loi était précise, si elle ne servait plus à contredire les décisions de justice, la jurisprudence fiscale pourrait retrouver la place qui aurait toujours dû être la sienne, au-dessus du règlement.

Section II
LA JURISPRUDENCE

Seul rival de l'administration, le juge peut s'opposer à elle quant à l'interprétation de la loi. Reste à savoir quels sont les pouvoirs des magistrats pour interpréter la volonté du législateur (sous-section 1). Si les auteurs sont très partagés sur cette question, il n'est pas douteux que la création du droit par la jurisprudence est grande (sous-section 2).

Sous-section 1
LES POUVOIRS DU JUGE POUR INTERPRÉTER LA LOI FISCALE

Deux théories s'opposent sur ce point. Tout d'abord celle de l'interprétation stricte de la loi fiscale (A), puis celle de l'autonomie et du réalisme du droit fiscal (B).

A. La théorie de l'interprétation stricte de la loi fiscale

Ce prétendu principe entend réduire les pouvoirs d'interprétation du juge (1), particulièrement lorsque la loi est claire (2), qu'elle ne devrait donc pas poser de difficultés d'application.

1. Limitation des pouvoirs du juge

La théorie est née à la Révolution (v. *supra* p. 192) qui voulut réagir contre une pratique de l'Ancien Régime. Elle reprochait aux juges de l'ancienne France de créer des règles de droit, contenues dans la jurisprudence. Désormais, seule la loi pouvait créer des normes juridiques, particulièrement dans le domaine fiscal. D'où l'interdiction faite à l'administration et au juge d'interpréter la loi, puisque cela reviendrait à y ajouter des règles. Cette prohibition existe toujours, elle est prévue à l'article 5 du Code civil, qui interdit les *arrêts de règlement*. Il s'agit de décisions de justice qui ne se contentent pas de trancher le litige en cause, mais profitent de cette occasion pour édicter une règle de droit à portée générale, au même titre qu'un règlement. Les tribunaux étaient donc tenus de respecter la règle de l'interprétation stricte de la loi fiscale ; à savoir qu'ils devaient l'appliquer à la lettre, strictement, sans se prononcer sur le sens à lui donner. En réalité, cette théorie ne pouvait pas être appliquée à l'état pur, car il faut toujours interpréter un texte pour être en mesure d'en faire application à une situation concrète. Mais lorsque les lois fiscales étaient suffisamment précises, le pouvoir d'interprétation du juge s'en trouvait nécessairement réduit.

Le déclin du principe de la légalité de l'impôt (v. *supra* p. 193-194) conduisit le législateur à adopter des lois trop générales. Il n'était alors plus possible d'en faire une interprétation stricte, il fallait nécessairement en apprécier le sens pour les rendre applicables. Ce d'autant plus que le nouveau système fiscal du XXe siècle a substitué des impôts généraux à des impositions spéciales (v. *supra* p. 82-83). Au titre de l'IR, par exemple, le juge devait désormais apprécier la situation d'ensemble du contribuable et non plus réduire son analyse à une opération imposable isolée. Pourtant, certains auteurs restent convaincus que le juge doit appliquer strictement la loi fiscale, du moins, précisent-ils, lorsque celle-ci est claire.

2. Théorie de la loi claire

Dans cette hypothèse, le sens du texte ne poserait pas de difficultés. En réalité, on ne peut pas dire dans l'absolu si une loi se montre claire ou non. La réponse à cette question ne saurait être donnée que lorsqu'on applique le texte à une situation donnée [1]. Nous pouvons reprendre ici l'exemple de l'impôt sur les tables (v. *supra* p. 194). *A priori*, la loi qui le crée est claire, car tout le monde sait ce qu'est une table. Elle l'est beaucoup moins quand on se trouve face à des objets qui ne répondent pas à la définition classique de la table, à savoir ceux qui ne sont pas des meubles formés d'un plateau monté sur des pieds. Un objet dépourvu de pieds mais composé d'une surface plane surélevée est-il une table au sens de la loi ? Une interprétation stricte de celle-ci ne devrait conduire qu'à l'imposition des tables au sens classique. Mais le souci de l'égalité devant l'impôt voudrait que l'on taxe tout ce qui ressemble à une table.

Lorsqu'une loi présente de pareilles difficultés, il faut rechercher la volonté du législateur, savoir quel objectif

---

1. J.-J. Bienvenu, Th. Lambert, *Droit fiscal*, 4e éd., PUF, coll. Droit fondamental, 2010, p. 60.

a poursuivi le Parlement. On le peut en recourant aux *travaux préparatoires*, qui ont précédé l'adoption de la loi. Il s'agit tout d'abord de l'*exposé des motifs*, qui indique le fondement des règles contenues dans le projet ou la proposition de loi. On peut ensuite se référer aux *débats parlementaires*, qui se sont déroulés devant l'Assemblée nationale et le Sénat. Les explications fournies par l'auteur du texte, à la suite des questions des parlementaires, peuvent éclairer la loi adoptée. Tant les projets et propositions de loi – avec l'exposé des motifs qu'ils contiennent – que les débats parlementaires, sont reproduits au Journal officiel.

Même lorsqu'une loi ne présente pas ou plus de difficultés d'application, il n'est pas certain que le juge en fasse une interprétation stricte. Si par exemple la loi retient une définition classique de la table, la jurisprudence peut l'étendre aux objets se rapprochant de cette notion, par souci d'égalité devant l'impôt. La théorie de l'interprétation stricte de la loi fiscale ne forme donc pas un principe d'application générale, pas plus que celle qui prétend à l'autonomie et au réalisme du droit fiscal.

B. La théorie de l'autonomie et du réalisme du droit fiscal

Après avoir exposé cette théorie (1), on procédera à sa critique (2).

1. Exposé de la théorie

En sens inverse de l'interprétation stricte de la loi, s'est développée parmi les auteurs l'idée que le juge aurait acquis une très grande liberté pour rechercher le sens des textes législatifs. Dès lors que les lois fiscales se sont montrées de plus en plus imprécises, il est exact que la jurisprudence, au même titre que la doctrine administrative, a créé des règles pour pallier les lacunes du législateur. Mais, selon les mêmes auteurs, le pouvoir créateur de la jurisprudence se serait montré si grand, en construisant des notions propres au droit fiscal, que celui-ci serait devenu original. Pour être fait de règles qu'on ne trouve pas ailleurs, le droit de l'impôt aurait gagné son indépendance sur les autres disciplines. Il aurait acquis son autonomie, mot dérivé du grec *autonomos*, où l'on reconnaît les termes normes et auto ; ce dernier signifiant par soi-même, comme automobile, qui se déplace par soi-même. Un droit autonome est donc celui qui crée ses propres règles.

Toujours d'après les mêmes auteurs, le droit fiscal serait également devenu réaliste. À savoir qu'il s'attacherait à la réalité des faits et non à la qualification qu'en donnent les autres droits [1]. Par exemple, les revenus des activités illicites sont imposés au même titre que les autres, peu importe pour le droit fiscal que les premières soient condamnées par le droit pénal. On voit ainsi le lien nécessaire entre l'autonomie et le réalisme : si le droit de l'impôt est réaliste, qu'il retient les faits tels qu'ils se présentent, et non d'après la qualification qu'en donnent les autres disciplines juridiques, il doit nécessairement créer ses propres règles. Pour écarter les normes des autres branches du droit, il n'a pas d'autre choix que de construire les siennes.

La théorie de l'autonomie et du réalisme a donné lieu à une fameuse querelle, autour des années 1930, entre deux grands professeurs de droit, François Gény et

1. Cette idée a particulièrement été illustrée par le commissaire du gouvernement (aujourd'hui rapporteur public) Corneille : « Qu'est-ce en effet qu'une loi fiscale ? C'est une loi destinée à frapper la matière fiscale, la matière imposable et qui la saisit là où elle se trouve, qui la saisit telle qu'elle apparaît, en fait, sans se préoccuper de ce qu'elle vaut en droit. La loi fiscale frappe donc des états de fait et non des situations de droit » (concl. sur CE, 21 janvier 1921, *Syndicat des agents généraux d'assurances de Belfort*, *S.* 1921, p. 33).

Louis Trotabas. Le premier a défendu le point de vue des civilistes pour combattre la théorie. En effet, outre les économistes, les premiers fiscalistes étaient des spécialistes du droit civil, qui étudiaient l'impôt en tant qu'il portait sur la propriété immobilière, comme les quatre vieilles ou les droits d'enregistrement. Pour eux, le droit fiscal ne pouvait pas être autonome car il dépendait nécessairement du droit civil. Ainsi les droits de succession sont calculés à raison de la part du patrimoine du défunt qui revient à chaque héritier, or cette répartition est déterminée par les règles civiles. Cependant, à l'issue de la première guerre mondiale, le droit fiscal a changé de nature, pour devenir un droit de la puissance publique, à l'image du droit administratif (v. *supra* p. 83). Trotabas, spécialiste de droit public, a mis en évidence ce bouleversement pour soutenir que le droit fiscal se serait détaché du droit civil, notamment à raison des notions originales créées par le juge de l'impôt. Cette idée a rencontré un grand succès auprès des auteurs, à tel point que le professeur Cozian l'a appelée la « tarte à la crème » du droit fiscal [1] ; à savoir une formule vide de sens par laquelle, lorsqu'on ne comprend pas le fondement d'une règle de l'impôt, on l'explique en invoquant l'autonomie. De nos jours, la majorité de la doctrine reconnaît que la théorie de l'autonomie et du réalisme du droit fiscal ne résiste pas à la critique.

2. Critique de la théorie

On peut réfuter la théorie de l'autonomie et du réalisme dans l'absolu, de façon abstraite *(a)*, mais il est également possible de le faire d'un point de vue pratique *(b)*.

---

1. M. Cozian, F. Deboissy, *Précis de fiscalité des entreprises*, 35e éd., LexisNexis, 2011, n° 66.

a) Réfutation abstraite

Cette théorie peut se comprendre lorsque l'on considère la finalité du droit fiscal : son but est de remplir les caisses publiques. Or on ne trouve pas d'équivalent à cet objectif dans les autres matières juridiques. De nos jours, le droit douanier n'a plus d'enjeux proprement budgétaires, son premier objet est la régulation du flux des marchandises (v. *supra* p. 22). Le droit de la Sécurité sociale consiste également à percevoir des cotisations, mais pour lui l'argent n'est pas une fin en soi, il est le moyen d'assurer une protection sociale.

Malgré cela, l'autonomie et le réalisme du droit fiscal ne peuvent être admis comme un principe d'ordre général. Tout d'abord parce que aucun droit ne peut être totalement autonome, il est nécessairement dépendant de l'ensemble des disciplines juridiques. C'est particulièrement le cas des règles de l'impôt qui forment un droit de superposition, se situant au-dessus des autres, de façon à extraire des activités humaines ce qui l'intéresse : l'argent. Ainsi le bénéfice d'une entreprise est avant tout calculé à partir de la comptabilité tenue par celle-ci, de ce point de vue le droit fiscal est nécessairement tributaire du droit comptable. Ensuite, l'autonomie des règles de l'impôt ne pourrait que nuire à la cohérence générale du droit comme à la sécurité juridique. Par exemple, afin de définir des salaires, le droit fiscal renvoie au droit social pour utiliser la même notion. S'il retenait une définition différente, le statut juridique des professionnels dépendants n'aurait plus aucune cohérence. Un salarié au regard du droit du travail et de la Sécurité sociale ne le serait plus au sens fiscal.

La théorie de l'autonomie et du réalisme du droit de l'impôt n'est pas seulement un débat doctrinal, qui oppose les auteurs, elle emporte également des conséquences pratiques.

b) Réfutation pratique

En pratique, on rencontre trois situations [1]. Dans la première, la loi fiscale fait référence à une notion qui existe déjà dans un autre droit et dit l'emprunter telle qu'elle s'y trouve. Le juge de l'impôt doit alors retenir cette notion en l'état. Par exemple, la livraison d'un bien, fait générateur de la TVA, correspond exactement à la notion de délivrance telle qu'elle existe en droit civil.

Deuxième situation : la loi fiscale utilise une notion déjà connue dans une autre branche du droit, mais sans préciser si elle la retient purement et simplement. Dans ce cas, le juge doit l'appliquer en l'état, sauf si elle n'est pas compatible avec le droit fiscal. Il faudra alors la modifier pour qu'elle puisse s'insérer parmi les règles de l'impôt. Ainsi une distribution de dividendes, lorsqu'elle est régulière, est définie de la même façon par le droit des sociétés et le droit fiscal. Elle découle alors d'une décision de la société de distribuer tout ou partie de ses bénéfices. Mais la notion devient purement fiscale lorsque la distribution est irrégulière. Il s'agit par exemple d'un dirigeant de société qui fait payer à celle-ci une dépense personnelle ; on considère alors qu'il a appréhendé une partie des bénéfices, à raison d'un montant qui est imposable en tant que revenu de capitaux mobiliers. La notion de distribution de dividendes a donc été fiscalement corrigée pour correspondre à cette hypothèse.

La troisième situation est la plus rare : la loi procède à la création d'une notion purement fiscale, pour ne pas exister dans les autres branches du droit. Dans cette hypothèse, le juge devra utiliser ce concept propre à l'impôt. C'est par exemple le cas du domicile, qui n'est pas défini de la même façon par le droit civil et le droit

1. J.-J. Bienvenu, Th. Lambert, *Droit fiscal*, 4e éd., PUF, coll. Droit fondamental, 2010, p. 67.

fiscal, car son utilité pour les deux matières est différente. En droit civil, la notion permet de situer géographiquement une personne. En droit fiscal, il s'agit de déterminer si un individu entretient des liens suffisamment étroits avec un État pour être redevable des impôts de celui-ci. Il est rare que le droit fiscal ait ainsi besoin de créer des concepts originaux. Car, en réalité, il ne construit ses propres notions qu'à défaut de les avoir trouvées dans les autres branches du droit, dont il reste très dépendant. Si bien que la théorie de l'autonomie et du réalisme ne constitue pas un principe mais une exception.

Au total, si le juge de l'impôt utilise des techniques pour interpréter la loi, on ne peut pas dire qu'il suive, pour ce travail, un principe directeur : tout dépend du contexte que présente le litige qu'on lui soumet. Il peut appliquer le texte à la lettre s'il trouve que l'administration en a fait une lecture abusive, aux dépens du contribuable. Mais il arrive également qu'il l'interprète très largement, pour ne pas dire illégalement, si le régime conçu par le législateur ne lui convient pas. À ce titre, on ne peut nier que le pouvoir créateur du juge de l'impôt soit grand.

Sous-section 2
LE POUVOIR CRÉATEUR DU JUGE DE L'IMPÔT

Après avoir identifié les différents juges intervenant en matière fiscale (A), on étudiera l'œuvre créatrice de la jurisprudence (B).

A. Les différents juges de l'impôt

Il existe plusieurs juges en matière fiscale. Au sommet de la hiérarchie des normes, on trouve ceux qui doivent assurer le respect des règles constitutionnelles et internationales. La jurisprudence du Conseil constitutionnel a ainsi permis la construction du principe d'égalité devant l'impôt (v. *supra* p. 173-177). La Cour de justice de l'Union européenne forme l'autorité suprême pour interpréter les règles de la TVA, impôt communautaire ; mais elle exerce également une influence déterminante en matière d'impôts directs (v. *supra* p. 187-188). La Cour européenne des droits de l'homme a bouleversé le régime des sanctions fiscales, afin de mieux protéger le contribuable (v. *supra* p. 189-191). L'œuvre créatrice de ces juridictions est d'autant plus importante qu'elle occupe la place la plus élevée dans la hiérarchie des normes juridiques.

Mais lorsqu'il s'agit de contester directement la légalité d'un impôt, le contribuable doit s'adresser aux tribunaux ordinaires. Le contentieux fiscal est partagé entre les deux ordres de juridictions, judiciaire et administratif. Le premier se compose des tribunaux de grande instance, des cours d'appel et de la Cour de cassation. Le juge judiciaire de l'impôt est compétent pour connaître des litiges essentiellement relatifs aux droits d'enregistrement et à l'ISF. En volume, ce contentieux est très faible par rapport à celui traité par l'autre ordre de juridiction. Les tribunaux administratifs, les cours administratives d'appel et le Conseil d'État traitent le contentieux né des impôts directs et de la TVA. C'est donc très largement au juge administratif de l'impôt qu'il revient d'interpréter la loi fiscale. Sachant que celle-ci prend rarement la peine de définir les notions qu'elle emploie, des concepts aussi fondamentaux que ceux de revenu ou de charge ont été élaborés par la jurisprudence. L'œuvre créatrice du juge est donc essentiellement le fait du Conseil d'État.

B. L'œuvre créatrice du juge

Dans son travail d'interprétation de la loi, le juge de l'impôt se distingue par le souci de modérer celle-ci (1). Mais l'œuvre la plus grande du Conseil d'État a été réalisée dans le domaine de la gestion fiscale de l'entreprise (2).

1. La modération de la loi par le juge

Le juge vient adoucir la loi lorsque celle-ci, souvent à l'initiative de l'administration, se montre trop sévère pour le contribuable. Ainsi en matière de distributions irrégulières de bénéfices (v. *supra* p. 245) : à l'origine la loi considérait que tout redressement infligé à une société était censé avoir profité à quelqu'un, donc avait donné lieu à une distribution. Cette trop grande sévérité aboutissait parfois à des situations absurdes, car en réalité personne n'avait bénéficié d'aucun avantage. Par exemple, lorsque l'administration reproche à une société d'avoir déduit des amortissements trop élevés, on ne voit pas, en dehors de l'entreprise elle-même, qui aurait pu en tirer profit. Le Conseil d'État a donc adouci la loi en contraignant l'administration à apporter une double preuve pour valablement taxer une distribution irrégulière. Le fisc doit tout d'abord démontrer que les sommes en cause ont effectivement été désinvesties, qu'elles sont donc sorties de l'entreprise ; ensuite qu'elles ont été appréhendées par le bénéficiaire. Ainsi des vacances payées par la société à son dirigeant représentent un désinvestissement ayant directement profité à l'intéressé.

Mais l'œuvre créatrice la plus grande est celle que le Conseil d'État a conçue dans le domaine de la gestion fiscale des entreprises.

2. La gestion fiscale de l'entreprise

Le juge a élaboré des instruments permettant de mesurer les risques fiscaux dans le monde des affaires. Cette construction repose sur plusieurs notions fondamentales : la décision de gestion et l'erreur comptable d'une part *(a)*, l'acte anormal de gestion et l'abus de droit d'autre part *(b)*.

a) La décision de gestion et l'erreur comptable

La *décision de gestion* est un concept qui fut élaboré dans le but de responsabiliser l'entreprise dans les choix qu'elle opère entre plusieurs solutions juridiquement régulières. Par exemple, une société décide de ne pas passer une provision, alors que celle-ci aurait pu valablement être déduite, en considérant que le risque encouru n'est pas suffisamment probable. Certes, un de ses clients, sur lequel elle détient une créance, connaît des difficultés financières, mais pas inquiétantes au point, selon le dirigeant, de constituer une provision. Si le risque se réalise, que le client fait faillite et devient insolvable, la société ne peut pas revenir en arrière pour décider de déduire une provision. Ses décisions doivent être mûrement réfléchies et sont donc définitives.

Il lui est cependant permis de se tromper, situation prévue par la notion d'*erreur comptable*. Il s'agit d'une irrégularité involontaire qui, à la différence de la décision de gestion, peut être réparée, soit par l'entreprise elle-même, soit par l'administration en cas de contrôle. Par exemple, une société a déduit l'intégralité du prix d'un bien constituant une immobilisation. Elle a donc traité cette acquisition au même titre que des frais généraux alors qu'elle aurait dû l'amortir. En cas de contrôle, l'administration va rejeter la charge déduite, qui vient donc augmenter le bénéfice imposable. Normalement, l'amortissement qui aurait dû être pratiqué est perdu. Mais si l'entreprise est de bonne foi, à savoir qu'elle s'est trompée de façon involontaire, le fisc tolère qu'elle puisse déduire les charges représentées par l'amortissement. En revanche, l'administration ne pardonnera pas un acte anormal de gestion, pas plus qu'un abus de droit.

b) L'acte anormal de gestion et l'abus de droit

L'*acte anormal de gestion* est celui par lequel une entreprise méconnaît son propre intérêt au profit de celui d'un tiers. Il s'agit de l'hypothèse classique d'une société qui paye une dépense personnelle de son dirigeant. Ou encore celle qui lui vend un immeuble pour un prix anormalement bas. En cas de contrôle, la société est redressée, soit pour avoir abusivement déduit une charge, soit parce qu'elle a sans raison valable renoncé à une recette. De plus, le dirigeant a profité d'une distribution irrégulière de bénéfices dont il doit répondre à l'impôt sur le revenu.

Plus grave est l'*abus de droit* que peut commettre une entreprise. Il s'agit de vouloir délibérément échapper à l'impôt en utilisant un artifice conçu pour égarer l'administration. Le plus souvent ce subterfuge prend la forme d'un contrat, en apparence régulier, dont le seul but est en réalité d'éluder ou d'atténuer une imposition. L'abus de droit n'est pas une pratique seulement imputable aux entreprises, car le cas le plus classique est celui d'une donation déguisée. On peut se référer à un exemple déjà exposé (p. 151), celui d'un oncle souhaitant donner un immeuble à son neveu. Sachant que les droits d'enregistrement sont dans cette hypothèse dix fois plus élevés que dans le cas d'une mutation à titre onéreux, l'oncle et le neveu élaborent un contrat de vente. Cet acte, *a priori* régulier, n'a en réalité qu'une seule finalité, réduire le coût fiscal de la donation. L'abus de droit est puni par des majorations pouvant atteindre 80 % de l'impôt éludé. Il est souvent difficile à qualifier, car il se situe à la frontière entre l'habileté fiscale et la fraude. C'est pourquoi une procédure de rescrit permet de limiter le risque qu'il représente. Si, par exemple, une entreprise élabore un montage lui permettant de réaliser des économies d'impôt, mais qu'elle craint qu'il ne soit frauduleux, elle peut interroger l'administration. Une réponse favorable de celle-ci ne met pas l'entreprise à l'abri d'un redressement, en revanche elle ne pourra pas subir une majoration pour abus de droit.

Avec l'étude des sources du droit fiscal, nous avons déchiffré le mode d'emploi des règles de l'impôt. Reste à résoudre les difficultés qui peuvent naître de leur application. Cette résolution est prévue par la procédure.

Troisième partie
LA PROCÉDURE FISCALE

Une étape fondamentale permet de scinder la procédure fiscale en deux grands morceaux. Le premier est celui du contrôle, à l'issue duquel l'administration propose au contribuable une ou plusieurs rectifications, soit le rehaussement d'une base imposable. L'impôt supplémentaire qui en résulte n'est alors qu'à l'état de projet, plusieurs procédures cherchant en effet à obtenir un accord entre le fisc et le contribuable en vue d'établir une imposition définitive. Si par exemple l'administration remet en cause le prix de vente d'un immeuble en proposant sa propre estimation de la valeur du bien, le redevable des droits d'enregistrement peut contester la rectification et tenter de trouver un accord sur un prix acceptable tant aux yeux du fisc que pour lui-même.

Une fois ces procédures arrivées à leur terme, l'impôt est mis en recouvrement : l'administration émet un rôle en vue d'en obtenir le paiement. La mise en recouvrement constitue l'étape majeure permettant de passer du provisoire au définitif. Une fois qu'elle est réalisée, le projet d'imposition devient un impôt bien réel puisque le contribuable est invité à le payer. Pendant tout le déroulement du contrôle fiscal, l'intéressé est en droit de contester la volonté du fisc de mettre à sa charge un impôt supplémentaire. Mais, après la mise en recouvrement, sa contestation devient contentieuse ; c'est là que se situe la seconde grande partie de la procédure fiscale. Un contentieux est une dispute, un litige, un différend. Une fois le rôle émis, cette dispute devient sérieuse car on est passé d'un projet d'imposition à un impôt définitif. On distinguera donc le contrôle fiscal (chapitre premier) du contentieux de l'impôt (chapitre II).

Chapitre premier

LE CONTRÔLE FISCAL

Le contrôle de l'impôt présente nécessairement des limites. En effet, l'administration ne peut pas contrôler tout le monde, car les contribuables sont trop nombreux et les agents du fisc pas assez. Des investigations généralisées, omniprésentes, supposeraient de mettre en œuvre des moyens humains et matériels ruineux. Surtout, cela établirait des relations détestables entre le fisc et le contribuable, lequel vivrait sans cesse dans la crainte d'une administration inquisitoriale, pour ne pas dire terrifiante. Cette situation pourrait de plus nuire aux intérêts du Trésor en faisant naître une forte résistance à l'impôt.

La mission confiée au fisc n'est précisément pas de terroriser le contribuable mais de lutter contre la fraude. Il lui appartient donc de bien choisir ses cibles, les personnes qui méritent d'être contrôlées. À cette fin, l'administration dispose de pouvoirs considérables pour rechercher les informations qui permettent de traquer la fraude (section 1). Une fois les irrégularités relevées, le fisc déclenche une procédure de contrôle (section 2), de manière à exercer ses pouvoirs de rectification et de sanction (section 3). Le premier l'autorise à rendre régulière la situation du contribuable qui ne l'était pas. Le second consiste à le punir lorsqu'il a volontairement entendu échapper à l'impôt.

Section I
LA RECHERCHE DE L'INFORMATION

Des procédures d'enquête (sous-section 2) autorisent l'administration à aller chercher l'information nécessaire à la lutte contre la fraude. Mais son travail de tous les jours participe également et avant tout de cette mission. Il lui faut exercer une surveillance, s'assurer que sur l'ensemble du territoire national tous les contribuables acquittent les impositions qui sont à leur charge. C'est principalement dans l'accomplissement de cette tâche quotidienne que l'on peut repérer ceux qui ne respectent pas leurs obligations. Cette mission suppose une bonne organisation, or si l'administration fiscale se montre efficace c'est avant tout grâce à sa structure (sous-section 1).

Sous-section 1
L'ORGANISATION DE L'ADMINISTRATION FISCALE

On étudiera la structure de l'administration (A) puis les compétences de ses agents (B).

A. La structure de l'administration

Le ministère du budget confie des missions fiscales à deux de ses directions. La *direction générale des douanes et des droits indirects* a vu ses tâches réduites lorsque la Communauté européenne a supprimé les droits de douane entre les États membres. Outre la perception de ces droits pour les échanges avec les États tiers à l'Union, on lui a donc également confié de nouvelles attributions fiscales, par exemple la perception de la totalité des accises. Ce qu'on appelle aujourd'hui l'administration fiscale est constitué par la *direction générale des finances publiques* (DGFiP). Après un historique de cette administration (1), on étudiera ses deux composantes : les services centraux (2) et les services extérieurs (3).

1. Histoire de l'administration fiscale

Il existait sous l'Ancien Régime trois formes de perception de l'impôt, selon la nature de celui-ci. Outre le système de la *ferme*, très critiqué (v. *supra* p. 80), celui de la *collecte* confiait des missions fiscales à des contribuables élus et responsables du recouvrement de certains impôts. En effet, si leurs fonctions n'étaient pas remplies, autrement dit si l'argent ne rentrait pas, ces collecteurs étaient passibles de sanctions. Cette technique fonctionnait très mal, pour donner lieu à des abus multiples. Enfin, la méthode de la *régie* consistait pour les agents de l'État à directement percevoir d'autres impositions. Après la Révolution, cette dernière technique se généralisa avec la création de quatre régies, spécialisées par grandes familles de prélèvements : contributions directes, contributions indirectes, droits d'enregistrement et droits de douanes. Cette organisation correspondait à la fiscalité du XIXe siècle, faite d'impositions spéciales. Le changement de système fiscal, lors de la première guerre mondiale, avec l'adoption d'impôts généraux, a montré que cette structure était dépassée. Il fallut cependant attendre 1948 pour que l'administration fût réformée. La régie des douanes devint une direction, alors que les autres régies furent regroupées en une seule structure, la direction générale des impôts (DGI).

À côté de la DGI existait une autre administration, la direction générale de la comptabilité publique, encore appelée Trésor public. Cette direction était uniquement composée de comptables publics, c'est-à-dire des fonctionnaires chargés d'encaisser des recettes publiques et de payer des dépenses publiques. Ainsi était respecté le grand principe budgétaire de séparation des ordonnateurs et des comptables : pour limiter les risques de détournement de fonds publics, les agents chargés d'ordonner une recette ou une dépense sont distincts de ceux qui l'encaissent ou la payent. En réalité, il existait également des comptables publics au sein de la DGI, chargés de recouvrer principalement des impôts indirects, tandis que le Trésor assurait le recouvrement d'impôts directs. Cette organisation était coûteuse pour l'État et trop compliquée pour le contribuable. Ainsi il fallait déposer sa déclaration de revenus auprès du centre des impôts, mais payer l'IR à la trésorerie (anciennement appelée perception, dirigée par un percepteur).

À partir de 2008, la DGI et le Trésor ont fusionné pour constituer la direction générale des finances publiques. Même si on distingue toujours les ordonnateurs – chargés de l'assiette de l'impôt – des comptables publics, tous appartiennent à la même administration. Ainsi, en se rendant au *centre des finances publiques* (et non plus des impôts), le contribuable peut exposer toutes les difficultés qu'il rencontre, qu'il s'agisse de l'assiette, de la liquidation ou du recouvrement de l'impôt.

La DGFiP est composée de services centraux et de services extérieurs.

2. Les services centraux

Les services centraux se trouvent à la tête d'une administration, sur laquelle ils ont autorité. En matière fiscale, ils se situent à Paris, dans le quartier de Bercy. L'autorité de l'administration centrale s'exerce sur les services extérieurs, encore appelés déconcentrés, dont la compétence est réduite à un territoire. Par exemple, une direction départementale ne peut intervenir que dans la limite d'un département. Les services centraux disposent d'un pouvoir hiérarchique sur les services extérieurs. Tout d'abord les décisions prises par ceux-ci peuvent être annulées ou réformées par Bercy. Ensuite l'administration centrale donne des ordres, des instructions, aux services extérieurs ; cette mission se matérialise par la doctrine administrative. Une très grande part de celle-ci est issue de la *direction de la législation fiscale*, dont le nom n'est pas innocent car c'est elle qui se trouve à l'origine de l'essentiel des règles de l'impôt (v. *supra* p. 220), notamment par la préparation des projets de lois de finances.

Si les services centraux ont une mission de commandement sur les services extérieurs, seuls ces derniers exercent directement le pouvoir fiscal ; ce sont eux qui assoient, contrôlent et recouvrent l'impôt.

3. Les services extérieurs

Il existe trois niveaux de services extérieurs : national, régional et départemental. Cette structure répond aux besoins de l'organisation du contrôle fiscal, car plus le contribuable est d'importance plus il sera contrôlé par une grande direction. Par exemple, la vérification d'une grosse société sera menée par une direction nationale ; à l'inverse, le contrôle d'une entreprise de taille moyenne dépendra d'une direction régionale ; et celle d'une petite, d'une direction départementale. En revanche, s'agissant de l'assiette et du recouvrement de l'impôt, tous les contribuables sont logés à la même enseigne : ils déposent leurs déclarations et payent leur dû à la direction départementale dont ils dépendent. À ce principe une seule exception : les impôts des plus grosses sociétés sont assis et recouvrés par un service à compétence nationale, la *direction des grandes entreprises*

(DGE). En effet, les difficultés fiscales rencontrées par ces grandes sociétés sont souvent spécifiques et très complexes, elles requièrent donc les compétences d'un service spécial.

Les prérogatives des directions nationales se déploient sur tout le territoire. Cependant, à la différence des services centraux, leur compétence est spécialisée. En effet, les missions qu'on leur confie consistent essentiellement dans le contrôle fiscal et la recherche de renseignements. Ainsi la *direction nationale d'enquêtes fiscales* (DNEF) collecte des informations sur toute la France pour y traquer la fraude. La *direction des vérifications nationales et internationales* (DVNI) contrôle les plus grandes entreprises, la *direction nationale des vérifications de situations fiscales* (DNVSF) les plus riches particuliers.

Les directions régionales ont un champ de compétence qui va au-delà des régions proprement dites : elles sont au nombre de dix, alors que l'on compte 22 régions administratives en métropole. Leur mission principale est le contrôle des entreprises de taille moyenne. D'ailleurs, on les appelle les DIRCOFI – pour directions de contrôle fiscal.

C'est ce qui les distingue des directions départementales, qui exercent toutes les missions fiscales à l'échelle d'un département. Outre la recherche de renseignements, elles contrôlent les petites entreprises et les particuliers, sauf les plus riches d'entre eux. Surtout, elles assurent tous les travaux d'assiette et de recouvrement pour l'ensemble des contribuables, à l'exception des plus grandes sociétés. Outre la direction proprement dite, située au chef-lieu du département, on compte dans celui-ci plusieurs centres des finances publiques. Ces centres constituent l'unité de base de l'administration fiscale où sont conservés les dossiers des contribuables. C'est là où le travail d'assiette et de recouvrement est réalisé. Autant dire qu'une direction départementale peut compter bien plus d'agents qu'une direction régionale ou nationale.

B. Les agents de l'administration fiscale

On ne peut pas dire qu'ils soient populaires, pourtant les fonctionnaires des impôts se distinguent par leur compétence et leur rigueur professionnelle. Leur recrutement est assuré par des concours propres à l'administration fiscale. Ils ne sont donc pas issus des instituts régionaux d'administration (IRA) ou de l'école nationale d'administration (ENA), qui forment les agents de l'État de façon générale. Ce n'est qu'à Bercy, dans les services centraux de la DGFiP, que l'on trouve des énarques. Les concours de l'administration fiscale tiennent compte du niveau d'étude des candidats, quoique celui qu'ils ont réellement atteint soit en général plus élevé que celui requis. Les *agents des impôts* appartiennent à la catégorie C, niveau brevet des collèges. Ils sont dirigés par des *contrôleurs des impôts*, catégorie B, niveau baccalauréat.

La catégorie A, niveau licence, est constituée par des *inspecteurs des impôts*. À l'issue de leur recrutement, ils suivent une scolarité d'un an à *l'école nationale des finances publiques*. Une fois leurs fonctions prises, ils rejoignent deux grandes catégories d'inspecteurs. Les *gestionnaires* appartiennent à un centre des finances publiques, ils sont chargés de la surveillance d'un secteur géographique, pour s'assurer que les contribuables y remplissent leurs obligations. Ils ont notamment pour mission l'exercice du *contrôle sur pièces*, qui est mené à partir du dossier d'un contribuable, des pièces formant celui-ci. L'inspecteur gestionnaire vérifie tout d'abord que toutes les déclarations sont présentes, à défaut il en réclame le dépôt. Puis il opère des contrôles de cohérence. Si par exemple une épicerie déclare un chiffre d'affaires différent pour la TVA et les BIC, cela constitue une anomalie qu'il convient d'éclaircir. L'inspecteur demande par courrier des explications à l'entreprise ; si elles ne sont pas convaincantes il opère une rectification. Mais, dans l'hypothèse où le dossier révèle d'autres incohérences, il peut être proposé pour le *contrôle sur place*.

Le contrôle fiscal sur place, ou externe, est exercé par les inspecteurs *vérificateurs*. Il s'agit, pour une entreprise par exemple, de se rendre dans les locaux de celle-ci pour vérifier la régularité de sa situation fiscale. On trouve des vérificateurs dans toutes les directions : départementales, régionales et nationales. Ils sont regroupés par brigades, dirigées par des inspecteurs principaux (IP). Au-dessus des IP il existe plusieurs grades de directeurs, jusqu'à la fonction suprême d'administrateur des finances publiques, qui se trouve à la tête d'une direction.

Parmi les missions de la DGFiP, on aura noté l'importance du contrôle fiscal. Celui-ci ne peut être mené avec efficacité que si des renseignements ont préalablement été recueillis, de manière à repérer les contribuables qui en seront la cible. Des procédures d'enquête autorisent l'administration à accéder à l'information permettant de lutter contre la fraude.

Sous-section 2
LES PROCÉDURES D'ENQUÊTE

Le fisc dispose de plusieurs prérogatives lui permettant de recueillir les renseignements dont il a besoin. Le droit de communication (A) contraint certaines personnes à lui fournir des informations. Le droit de visite et de saisie (B) est une procédure de perquisition, autorisant la fouille d'un local. Enfin, le droit d'enquête et la flagrance fiscale (C) permettent de constater une fraude.

A. Le droit de communication

Après avoir étudié l'usage que l'administration fait du droit de communication (1), on verra quelles sont les personnes soumises à cette prérogative (2).

1. L'usage du droit de communication

L'administration fiscale peut contraindre certaines personnes à lui fournir des informations, soit dans la perspective d'un contrôle, soit pour aider à l'accomplissement d'un contrôle en cours. Dans le premier cas, il s'agit de réunir des éléments pour savoir si un contribuable a tenté d'échapper à l'impôt. Par exemple, une entreprise déclare réaliser des exportations, exonérées de TVA : le fisc interroge les douanes pour vérifier si elle est répertoriée parmi les exportateurs. Dans la seconde hypothèse, le droit de communication permet de recouper les informations relevées lors d'un contrôle déjà engagé. Ainsi, un vérificateur qui trouverait une facture de frais généraux suspecte, peut réclamer le double du document au fournisseur, afin de s'assurer que la charge déduite a réellement été engagée. Néanmoins, le droit de communication ne constitue pas une procédure de contrôle fiscal, il est distinct de celui-ci (v. *infra* p. 274-275).

Pour l'exercice de ce droit, l'agent de l'administration peut envoyer un courrier à la personne qui en fait l'objet ; ou se présenter dans ses locaux, l'intéressé devant alors immédiatement fournir à l'agent les informations ou documents réclamés. Ce qui explique que le droit de communication, à l'inverse d'un contrôle fiscal, s'exerce sans forme, sans règles de procédure venant l'encadrer. Si, en effet, l'administration devait prévenir de son passage, on pourrait craindre que des documents, ou le contribuable lui-même, viennent subitement à disparaître. Dans la pratique cependant, si le fisc ne nourrit pas de soupçon particulier envers l'intéressé, il lui envoie au préalable un avis de passage pour le prévenir qu'un agent va se présenter dans ses locaux.

Une personne soumise au droit de communication qui refuse de fournir l'information demandée s'expose à une amende fiscale. Il s'agit donc d'un pouvoir fort que détient l'administration, ce qui explique qu'il soit strictement encadré par la loi quant aux personnes qui peuvent en faire l'objet.

2. Les personnes soumises au droit de communication

Il serait plus rapide d'inventorier celles qui échappent à ce droit, tellement il est étendu. Le fisc a ainsi l'interdiction de l'exercer auprès des particuliers ; il peut certes leur adresser une demande d'information, mais les destinataires ne sont pas tenus d'y répondre. *A contrario*, on retiendra les deux principales catégories de personnes pouvant faire l'objet d'un droit de communication : les entreprises *(a)* et les organismes publics *(b)*.

a) Les entreprises

Une des caractéristiques de celles-ci réside dans l'obligation de tenir une comptabilité. Or, précisément, le droit de communication exercé auprès des entreprises ne peut porter que sur les documents comptables. L'ensemble formé par cette première catégorie représente déjà une masse considérable de renseignements pouvant être obtenus – puisque cela intéresse le petit commerçant comme la grande société, les professions libérales et les agriculteurs, mais aussi les banques et les compagnies d'assurance.

Certaines professions sont tenues au secret : il leur est interdit de révéler les informations personnelles relatives à leurs clients. C'est notamment le cas des banques. Mais le secret bancaire n'est pas opposable à l'administration fiscale. Celle-ci dispose d'un fichier de tous les comptes bancaires ouverts en France et peut demander aux établissements financiers copie des relevés de compte comme des chèques émis. Seules certaines professions libérales, particulièrement celles du droit, peuvent opposer à l'administration fiscale leur secret professionnel. Ainsi un droit de communication exercé auprès d'un avocat permet à l'administration d'accéder à la comptabilité de celui-ci, mais pas aux dossiers de ses clients.

Les professions de santé ne sont pas soumises au droit de communication, précisément pour protéger le secret médical. Car nul ne doit savoir qu'un patient souffre de tel ou tel mal, cela relève de son intimité la plus stricte. Mais bien sûr les professionnels de santé sont susceptibles de faire l'objet d'un contrôle fiscal, car à défaut ils pourraient sans crainte se livrer à la fraude. Lors du contrôle d'un médecin, l'administration ne saurait accéder aux dossiers des patients, en revanche elle peut prendre connaissance de leur nom. Ce qui permet de réaliser des recoupements, par exemple demander à un malade le montant des honoraires qu'il a versés à son médecin. Mais, en tant que particulier, le client n'est pas tenu de répondre à la demande d'information. Le seul fait que le fisc puisse connaître l'identité des patients d'un médecin est critiquable au regard du secret médical. Car lorsqu'il s'agit d'un psychiatre ou d'un spécialiste des maladies vénériennes, on se doute de la nature du mal qui affecte le client.

Sont également tenus de répondre aux demandes du fisc les organismes publics.

b) Les organismes publics

Il faut comprendre cette expression au sens large, car il s'agit non seulement des personnes publiques (État et collectivités locales essentiellement), mais également de toutes les entités contrôlées par elles, par exemple une société dont une personne publique est actionnaire. On notera particulièrement que les tribunaux sont tenus de signaler à l'administration fiscale toute affaire présentant un risque de fraude. L'exemple classique est celui d'un chef d'entreprise poursuivi pour abus de biens sociaux, à savoir qu'on lui reproche d'avoir détourné à son profit des biens appartenant à la société, comme de l'argent. Il est fréquent qu'une telle infraction pénale constitue également un acte anormal de gestion, ce qui ne manque pas d'attirer l'attention du fisc, lequel déclenche alors un contrôle. La Sécurité sociale constitue enfin une source importante d'informations pour la DGFiP, notamment afin de contrôler la sincérité des recettes déclarées par les médecins.

Lorsqu'un contribuable cherche à dissimuler une information, le fisc peut aller rechercher celle-ci en utilisant une procédure de perquisition, qu'on appelle le droit de visite et de saisie.

B. Le droit de visite et de saisie

Cette appellation a été retenue pour ne pas effrayer le contribuable, car il s'agit d'une perquisition (1), procédure dangereuse donc encadrée par des règles strictes (2). Mais, en réalité, le contrôle exercé sur cette prérogative est faible (3).

1. Une perquisition

Le droit de visite et de saisie, prévu à l'article L. 16 B du Livre des procédures fiscales, constitue la menace la plus grave pesant sur la liberté comme la vie privée du contribuable. Il s'agit en effet d'un droit de perquisition, c'est-à-dire du pouvoir de pénétrer dans tout lieu, même privé, pour procéder à sa fouille, afin d'y saisir des documents traduisant une fraude. En principe, seuls les cas de fraude les plus graves autorisent l'administration à utiliser cette procédure, ceux pouvant conduire le contribuable à une condamnation pénale. De manière à les protéger, les particuliers ne peuvent pas faire l'objet d'une perquisition fiscale. Celle-ci n'intéresse donc que les entreprises, à raison de soupçons de fraude affectant certains des impôts dont elles sont redevables : la TVA, l'IS et l'IR pour les catégories de revenus des professionnels indépendants (BIC, BNC, BA).

Il serait cependant trop facile, pour un chef d'entreprise, de placer chez lui des pièces compromettantes, pour qu'elles échappent aux investigations du fisc. C'est pourquoi son domicile peut être « visité ». Il en va de même s'agissant de la résidence d'un parent ou ami du dirigeant, ou encore du cabinet de son avocat. En dépit du secret professionnel, le fisc peut saisir toutes sortes de documents présents dans le cabinet, dès lors que les pièces en cause traduisent une participation de l'avocat à la fraude commise par son client [1].

À raisons des menaces graves que fait peser sur le contribuable la perquisition, son exercice est (en droit plus qu'en fait) strictement encadré.

2. Le déroulement de la procédure

Une « visite » ne peut être effectuée qu'après avoir reçu l'autorisation du juge de la détention et des libertés (JLD), magistrat du tribunal de grande instance. C'est donc l'ordre judiciaire qui est ici compétent, alors que la matière fiscale relève très largement du juge administratif. Cela se justifie par un principe faisant du juge judiciaire le gardien des libertés et de la propriété

1. CEDH, 24 juillet 2008, aff. 18603/03, *André*, *Dr. fisc.* 2008, n° 43, comm. 552, note Ch. Louit.

privée. Lorsque l'administration souhaite procéder à une perquisition, elle doit présenter au JLD un dossier réunissant les soupçons de fraude qui pèsent sur le contribuable. Si le juge estime que les éléments présentés sont suffisants, il autorise la visite en prenant une ordonnance. Cet acte délimite les pouvoirs que peuvent exercer les agents durant la visite. Ainsi, des fonctionnaires particulièrement zélés, lors d'une perquisition fiscale, avaient creusé le sol de la cave d'un immeuble ; la procédure a été reconnue irrégulière dès lors que le juge n'avait pas autorisé cette pratique [1]. L'ordonnance doit être rédigée dans des termes suffisamment précis et concrets, en visant de façon circonstanciée les faits reprochés au contribuable. De cette manière, le JLD donne l'assurance qu'il a examiné le dossier avec soin.

L'ordonnance et la régularité de la procédure de visite peuvent être contestées par un recours en appel et, en cas de rejet de celui-ci, un pourvoi devant la Cour de cassation. Mais la perquisition est opérée dès le lendemain du jour où son autorisation a été donnée, ce qui rend bien théorique l'exercice des recours. De manière générale, le contrôle exercé par le juge sur l'usage du droit de visite et de saisie est faible.

3. Une procédure mal encadrée

Dans la pratique, c'est l'administration fiscale qui rédige les projets d'ordonnance. Après un examen souvent trop rapide de la demande de perquisition, le JLD signe une autorisation qui en réalité a été écrite par un agent du fisc. La Cour de cassation ne nie pas cette réalité, mais elle n'y voit pas d'irrégularité, en soutenant que l'ordonnance est réputée avoir été rédigée par le JLD. Faute d'un contrôle suffisant, le droit de visite et

1. Cass. ch. mixte, 15 décembre 1988, req. n° 87-11944/C, *RJF* 1989.3.328.

de saisie tend à se banaliser. L'administration l'utilise en vue de rechercher des fraudes qui ne sont pas suffisamment graves pour faire l'objet d'une condamnation pénale [1].

De plus, lorsque la procédure de visite et de saisie est irrégulière, par exemple à raison d'une ordonnance insuffisamment précise, les conséquences que cela entraîne sont limitées. Il est courant qu'après avoir opéré une perquisition, l'administration procède au contrôle fiscal du contribuable qui en a fait l'objet. Or l'irrégularité de la visite lui interdit seulement d'utiliser, pour les besoins du contrôle, les documents saisis à titre de preuve. Si par exemple, lors de la perquisition, des factures fictives de frais généraux ont été saisies, mais que le juge judiciaire a reconnu la nullité de la visite, le fisc ne pourra pas, lors du contrôle, invoquer lesdites factures pour rejeter les charges qui leur correspondent. Ces conséquences réduites résultent de la règle dite de *l'indépendance des procédures*, qui s'explique par l'idée que la perquisition constitue une enquête et non un contrôle fiscal. En revanche, si l'administration utilise les informations irrégulièrement recueillies pour les besoins du contrôle, celui-ci est reconnu comme nul, ce qui interdit le recouvrement des impositions supplémentaires.

Au total, la prérogative du fisc la plus dangereuse est également la moins bien encadrée, ce qui a valu à la France plusieurs condamnations de la Cour européenne des droits de l'homme. C'est d'autant plus inquiétant que d'autres pouvoirs policiers ont été donnés à l'administration, le droit d'enquête et la flagrance fiscale.

---

1. « C'est l'une des raisons pour lesquelles cette procédure peut parfois donner l'impression de porter une atteinte tout à fait disproportionnée à la vie privée, au regard des enjeux en cause : à tort ou à raison, les personnes visées ont bien souvent du mal à accepter d'être traitées comme de dangereux délinquants » (M. Collet, *Procédures fiscales*, PUF, coll. Thémis, 2011, n° 65).

C. Le droit d'enquête et la flagrance fiscale

Il s'agit de prérogatives permettant au fisc d'intervenir rapidement pour constater une fraude. Elles ne concernent que les entreprises et ne constituent pas des procédures de contrôle fiscal. En effet, elles n'autorisent les agents qu'à dresser un procès-verbal constatant les faits frauduleux et à appliquer des amendes. Mais, bien entendu, les entreprises ainsi mises en cause feront l'objet, ultérieurement, d'un contrôle.

Le droit d'enquête ne s'applique qu'à la taxe sur la valeur ajoutée, il vise particulièrement la TVA dite *intracommunautaire*. Depuis 1993, le régime des exportations et importations ne s'applique plus entre les États de l'Union européenne. Les marchandises circulent donc librement en Europe, sans faire l'objet d'un contrôle des douanes lors du passage des frontières. Mais, du même coup, une fraude très importante s'est développée en matière de TVA du fait des échanges européens. Pour lutter contre ces malversations, le droit d'enquête permet aux agents du fisc français de se présenter dans les entreprises, sans les prévenir, pour examiner la comptabilité, particulièrement les factures. Sont notamment recherchées les factures fictives, qui ne correspondent à aucune opération, mais ont permis à l'entreprise de déduire de la TVA. Il n'est pas besoin d'autorisation judiciaire pour exercer le droit d'enquête, cependant seuls les locaux professionnels sont concernés.

La flagrance fiscale permet de constater des flagrants délits de fraude. Elle concerne la TVA, l'IS et l'IR pour les catégories BIC, BNC et BA. Mais, là encore, elle est surtout dirigée contre une fraude à la TVA intracommunautaire appelée *carrousel*. Celle-ci consiste pour une entreprise à ne pas collecter la TVA sur ses ventes, tandis qu'elle la déduit sur ses achats, en demandant le remboursement du crédit qui en découle. La dimension européenne de son activité permet de brouiller les pistes. Le temps que l'administration se rende compte de la fraude et lance un contrôle, l'entreprise a disparu. À l'occasion d'une perquisition fiscale ou d'un droit d'enquête, les agents non seulement constatent la fraude en dressant un procès-verbal, infligent des amendes, mais peuvent également prendre des garanties pour assurer le recouvrement de l'impôt fraudé. Par exemple, ils saisissent le stock de l'entreprise. À l'issue du contrôle qui sera déclenché, les marchandises seront vendues pour payer l'imposition à laquelle le contribuable a voulu échapper.

Si les pouvoirs d'enquête sont orientés vers le contrôle fiscal, ils forment néanmoins des procédures distinctes de celui-ci.

Section II
LES PROCÉDURES DE CONTRÔLE

Le pouvoir de contrôler un contribuable est discrétionnaire (sous-section 1), il est laissé à la seule appréciation – discrétion – du fisc. Outre le contrôle sur pièces (v. *supra* p. 261-262), le contrôle sur place d'une entreprise s'exerce par une vérification de comptabilité (sous-section 2), celui d'un particulier au moyen d'un examen de situation fiscale personnelle (sous-section 3).

Sous-section 1
LE POUVOIR DISCRÉTIONNAIRE DE CONTRÔLE

L'administration est libre de contrôler qui elle veut quand elle le veut. Cette liberté est la rançon du système déclaratif : dès lors que l'impôt est assis à partir des informations données par les contribuables, la sincérité de leurs déclarations peut être vérifiée à tout moment. Nombreux sont ceux faisant l'objet d'un contrôle qui pensent avoir été dénoncés. Or si les dénonciations existent, beaucoup sont mensongères : un salarié licencié ou une personne en instance de divorce rapportent des faits inexacts. C'est pourquoi les dénonciations sont systématiquement vérifiées et très peu de contrôles sont entrepris sur leur seule base.

Si donc l'administration est libre d'user de son droit de contrôle, elle doit rendre compte de son bon usage devant le pouvoir politique. En effet, il lui faut montrer au ministre du budget que les cibles du contrôle ont été bien choisies, puisque les sommes récoltées comme les sanctions infligées sont importantes. Cette responsabilité politique devient administrative lorsque l'on descend dans la hiérarchie. Si le directeur général des finances publiques doit rendre des comptes au ministre, lui-même en demande aux directeurs des services extérieurs. Les différentes directions exercent la même pression sur les inspecteurs principaux, qui ne manquent pas de réclamer des résultats aux inspecteurs. Il faut ici encore détruire un mythe tenace : les vérificateurs ne perçoivent pas de prime en fonction des sommes qu'ils mettent en recouvrement. En revanche, on s'inquiétera s'ils ne rencontrent que des gentils contribuables qui n'ont rien à se reprocher.

La majorité des contrôles sur place résulte d'un contrôle sur pièces : à l'occasion de ce dernier, l'agent relève des anomalies suffisamment graves pour qu'une vérification puisse être entreprise. Il propose alors le dossier à la programmation du contrôle fiscal, lequel est décidé par sa direction. Les recherches des services d'enquête, comme la DNEF (v. *supra* p. 260), sont également à l'origine de contrôles sur place. Plus un contribuable est riche, ou une entreprise importante, plus leur contrôle est fréquent, car ce sont eux qui peuvent permettre de récolter le plus d'argent.

Les résultats du contrôle fiscal sont mesurés à partir de statistiques. On peut ainsi repérer les professions ou les impôts qui se prêtent le plus à la fraude. Ces statistiques sont indispensables, mais on peut regretter l'obsession qu'elles représentent pour les directions. Il s'agit pour elles de présenter à Bercy les meilleurs résultats possibles. Cette course au chiffre peut se faire au détriment du contribuable. Car la programmation du contrôle fiscal est difficile. Par exemple, une entreprise se distingue, lors d'un contrôle sur pièces, par des anomalies qui seront facilement expliquées sur place. À l'inverse, une autre, dont le dossier est impeccable, cache une fraude importante. Pour obtenir de bons résultats, un vérificateur peut se montrer très rigoureux avec un contribuable qui n'a fait que se tromper, de bonne foi. C'est en ce sens que le contrôle fiscal est redoutable comme redouté.

Le contrôle sur place d'une entreprise est appelé une vérification de comptabilité.

Sous-section 2
La vérification de comptabilité

Avant d'étudier le déroulement de cette procédure (B), il est important d'en préciser la notion (A).

A. La notion de vérification de comptabilité

La vérification de comptabilité se déroule dans les locaux de l'entreprise qui en fait l'objet, de manière à confronter les déclarations avec les documents comptables et des éléments matériels. Parmi ceux-ci, le vérificateur peut, par exemple, s'assurer qu'une machine, qui a donné lieu à des amortissements, est bien présente. La vérification de comptabilité ne concerne que les entreprises, puisqu'elles seules sont astreintes à la tenue de documents comptables.

Le meilleur moyen de définir cette procédure est de la confronter à une autre : le droit de communication. En effet, ce sont les différences entre ces deux prérogatives qui permettent de caractériser la vérification. On procédera de la façon suivante : tout d'abord regrouper les éléments que la vérification de comptabilité et le droit de communication ont en commun, ensuite recenser ceux qui permettent de les distinguer.

Les deux procédures s'exercent normalement sur place, dans les locaux de l'entreprise. Elles intéressent largement les mêmes personnes, puisque la principale catégorie de contribuables soumis au droit de communication est constituée par les entreprises. Certes, ce droit n'est pas une procédure de contrôle, il consiste seulement à relever des informations. Mais la vérification conduit également à recueillir des renseignements sur l'entreprise qui en fait l'objet. Par ailleurs, le droit de communication n'est jamais innocent : il permet de réunir des éléments pour décider d'un contrôle sur place, ou afin d'aider à la réalisation d'une vérification déjà engagée (v. *supra* p. 263). Donc, comme la vérification de comptabilité, il revient aussi, mais indirectement, à exercer un contrôle.

Quelles sont maintenant les caractéristiques qui opposent les deux procédures ? Le droit de communication se réduit à des opérations passives, par lesquelles l'agent se contente de relever des informations. La vérification est au contraire active, car critique : elle consiste à comparer les déclarations de l'entreprise avec sa comptabilité de façon à déceler des erreurs. Par exemple, une charge a été déduite alors qu'elle n'est pas appuyée d'une facture. Le droit de communication ne doit durer que peu de temps, celui nécessaire à la collecte des informations. À l'inverse, une vérification peut s'étendre sur plusieurs mois.

Il convient d'éviter que l'administration profite néanmoins de la ressemblance entre les deux procédures pour opérer une vérification sous couvert d'un droit de communication. Par exemple, un inspecteur se présente dans une entreprise au motif d'exercer le second. Or, il ne se contente pas de relever des informations, car il les confronte avec les déclarations souscrites, procède à des recoupements, interroge le dirigeant. Une fois la certitude acquise que la situation fiscale de l'entreprise est critiquable, une vérification de comptabilité est engagée. Celle-ci sera irrégulière car, pour constituer un contrôle, elle doit respecter des règles de procédure qui protègent le contribuable, au contraire du droit de communication qui s'exerce sans formes. En effet, un contrôle sur place doit nécessairement être précédé de l'envoi d'un avis de vérification, qui prévient le contribuable en lui permettant d'être assisté par un conseil, comme son expert-comptable. Au cas présent, le contrôle aura commencé au jour du prétendu droit de communication, sans avoir été précédé de l'envoi d'un avis de vérification. Cette irrégularité interdira au fisc de recouvrer les impositions supplémentaires résultant du contrôle.

L'administration doit donc respecter les règles de déroulement de la vérification de comptabilité.

B. Le déroulement de la vérification de comptabilité

Il s'effectue en trois étapes. Tout d'abord l'engagement du contrôle (1) ; ensuite sa réalisation proprement dite, ce qu'on appelle les interventions sur place, soit le travail du vérificateur dans l'entreprise (2) ; enfin les conséquences qui découlent de la vérification de comptabilité (3).

1. L'engagement de la vérification

Le contrôle sur place d'une entreprise doit nécessairement être précédé par l'envoi d'un *avis de vérification*. Ce courrier informe le contribuable de l'avènement prochain du contrôle, en lui indiquant notamment les périodes d'imposition qui seront soumises à celui-ci. En principe, il s'agit des trois dernières années écoulées (v. *infra* p. 286). Par exemple, une vérification engagée en juin 2012 portera, en matière d'impôt sur les sociétés, sur les exercices 2009, 2010 et 2011.

Surtout, l'avis de vérification informe l'entreprise qu'elle peut être assistée, lors du contrôle, par le conseil de son choix, le plus souvent un expert-comptable ou un avocat. Il s'agit d'une garantie importante, car le contribuable n'est pas censé connaître toutes les subtilités du droit fiscal, qui peut se montrer très complexe. Sans le secours d'un spécialiste, il serait donc incapable non seulement de comprendre ce que l'administration peut lui reprocher, mais surtout de se défendre. Pour que la garantie soit effective, l'avis de vérification doit être envoyé au moins quelques jours avant le début du contrôle, c'est-à-dire avant la première intervention sur place. Ainsi le contribuable a le temps de décrocher son téléphone pour demander l'assistance de son conseil.

L'avis de vérification est accompagné de la *charte des droits et obligations du contribuable vérifié*. Il s'agit d'une brochure lui expliquant le déroulement du contrôle et, à l'occasion de celui-ci, quels sont ses garanties et ses devoirs. Pour ces derniers, il s'agit essentiellement de mettre la comptabilité à la disposition du vérificateur et de répondre à ses questions.

L'administration peut ne pas envoyer d'avis de vérification si elle décide de pratiquer un *contrôle inopiné*. Celui-ci vise un contribuable dont la moralité est douteuse : le vérificateur craint que si l'intéressé reçoit un avis, il ne détruise des documents compromettants ou, simplement, ne disparaisse. L'inspecteur se présente donc dans l'entreprise sans la prévenir et remet en main propre un avis de vérification (ainsi que la charte) au contribuable. Lors de cette intervention inopinée, l'agent ne doit cependant procéder qu'à des constatations matérielles, notamment s'assurer de la présence de la comptabilité. Ce n'est que quelques jours plus tard que commencera le contrôle proprement dit, le temps pour le contribuable d'être assisté d'un conseil.

Une fois la vérification engagée, on peut procéder à sa réalisation proprement dite, à savoir que le vérificateur va se déplacer à plusieurs reprises dans les locaux de l'entreprise. Ce sont les interventions sur place.

2. Les interventions sur place

Une vérification de comptabilité doit se dérouler dans les locaux de l'entreprise, pour plusieurs raisons. Tout d'abord afin que le vérificateur connaisse la réalité de son fonctionnement. Ensuite pour avoir l'accès le plus direct aux documents comptables. Enfin, et surtout, de manière à ce que s'établisse, entre l'agent et le chef d'entreprise, un *débat oral et contradictoire*. Il s'agit là encore d'une garantie importante du contribuable. Le vérificateur ne doit pas travailler dans son coin sans parler à personne. Il lui faut poser des questions, demander des explications, et surtout discuter avec l'entreprise des irrégularités qu'il peut relever. Contradictoire vient d'un mot latin qui signifie contredire. L'entreprise est donc en droit de discuter des rectifications que l'agent entend pratiquer et de lui manifester son éventuel désaccord.

Ce débat permet d'éviter des malentendus. Ainsi, il m'est arrivé, lors de la vérification d'une société, de découvrir, en examinant les frais généraux, la facture d'un détective privé. J'ai alors soupçonné le dirigeant de faire suivre son épouse volage aux frais de l'entreprise. Après avoir demandé des explications, j'ai découvert qu'il s'agissait de surveiller un concurrent que la société suspectait de contrefaçon.

Le vérificateur doit avoir accès à tous les documents que l'entreprise a l'obligation d'établir, principalement la comptabilité. En revanche, il lui est interdit d'emporter ces documents à son bureau, sauf autorisation donnée par le contribuable. En effet, la vérification risquerait alors de tourner au contrôle sur pièces, sans permettre à l'entreprise de bénéficier d'un débat oral et contradictoire. De plus, le contribuable serait privé d'un moyen de se défendre. Si, par exemple, le vérificateur lui reproche des erreurs dans un document comptable, mais que celui-ci n'est plus en possession de l'entreprise, il n'est pas possible de contredire l'agent. En revanche, l'inspecteur peut emporter des photocopies.

La faiblesse de la règle du débat oral et contradictoire réside dans la preuve [1]. Lorsque l'entreprise soutient ne pas avoir bénéficié d'un tel débat, il lui revient d'en faire la démonstration. Or celle-ci est très difficile à apporter, car le vérificateur peut nier s'être refusé à toute discussion. C'est seulement lorsque le contrôle a duré très peu de temps que la preuve de l'absence de débat est acquise, car matériellement il n'est pas possible qu'un réel débat se soit déroulé. Dans cette hypothèse, la procédure est irrégulière et l'administration ne pourra pas recouvrer un sou.

La durée d'une vérification de comptabilité varie selon la taille de l'entreprise et bien sûr de la gravité des irrégularités relevées. Le contrôle d'une PME prend quelques mois, sachant que l'inspecteur vérifie plusieurs entreprises en même temps, il est donc présent un jour par semaine dans les locaux de chacune. Mais la vérification d'une grande société peut facilement durer un an.

---

1. Voir Ch. de la Mardière, *La Preuve en droit fiscal*, Litec, 2009, n° 715 et s.

Seules les plus petites entreprises sont protégées face à un contrôle qui s'éterniserait. Pour elles les interventions sur place ne peuvent pas durer plus de trois mois. Il s'agit de limiter le traumatisme que représente un contrôle fiscal. De plus, lorsque le vérificateur est présent, il est difficile de travailler, il faut répondre à ses questions, lui fournir des documents, lui faire du café…

Reste le pire, les conséquences de la vérification de comptabilité.

3. Les conséquences de la vérification

Quoi qu'il arrive, l'entreprise est au moins assurée d'une chose : elle ne peut pas faire l'objet d'une nouvelle vérification sur les mêmes années et les mêmes impositions que celles déjà contrôlées. Il s'agit de la règle *non bis in idem* : pas deux fois la même chose, qui vise à assurer la tranquillité du contribuable. Le plus souvent, une vérification est dite générale, à savoir qu'elle porte sur l'ensemble des impositions dues par l'entreprise. Mais l'administration peut également opérer des vérifications simples, qui consistent dans le contrôle d'un seul impôt, le plus souvent la taxe sur la valeur ajoutée. Même si la TVA de l'année N a ainsi été vérifiée, le fisc peut ultérieurement contrôler l'IS de cette même année, car il ne s'agit pas du même impôt. Ce qui relativise la tranquillité du contribuable.

Si la vérification ne donne rien, l'inspecteur adresse à l'entreprise un *avis d'absence de rectification*. Mais le plus souvent, l'agent relève des irrégularités qui conduisent à une procédure de redressement. Il adresse alors au contribuable une proposition de rectification, courrier qui marque le début de cette procédure et la fin de la vérification.

Lors du contrôle sur place d'une entreprise, il arrive que le vérificateur découvre que le dirigeant abuse de celle-ci. Par exemple, il lui fait supporter des dépenses personnelles. L'administration peut alors décider de déclencher un examen de situation fiscale personnelle (ESFP), qui va porter sur l'IR dû par le chef de l'entreprise. On dit que la vérification est étendue au dirigeant. C'est l'une des hypothèses où un ESFP peut être déclenché.

Sous-section 3
L'EXAMEN DE SITUATION FISCALE PERSONNELLE (ESFP)

Le nom officiel de cette procédure est trop long : « examen contradictoire de la situation fiscale des personnes physiques », d'où l'usage plus courant du sigle ESFP. Ce contrôle n'intéresse que les particuliers et porte sur l'ensemble des revenus soumis à l'IR. En principe, l'ESFP proprement dit (A) n'a pas de caractère contraignant, le contribuable n'est pas tenu de s'y soumettre. En réalité, l'administration peut contraindre l'intéressé à s'expliquer sur ses ressources, en lui adressant une demande d'éclaircissements ou de justifications (B).

A. L'ESFP proprement dit

On étudiera son mécanisme (1) avant d'examiner les garanties tendant à protéger le contribuable contre cette procédure dangereuse (2).

1. Le mécanisme de l'ESFP

Ce contrôle consiste à comparer les gains déclarés par le contribuable avec son patrimoine et son train de vie. Celui qui soutient percevoir 10 000 € de revenus annuels, alors qu'il vit dans un grand appartement parisien et passe toutes ses vacances aux Seychelles, a de grandes chances de subir un ESFP. Il s'agit cependant d'une procédure peu courante, car dirigée contre des personnes que l'on soupçonne d'une fraude grave. Son mécanisme repose sur l'exploitation des relevés bancaires du contribuable. S'agissant des ressources encaissées, apparaissant en crédit sur les relevés, l'intéressé doit expliquer pourquoi certaines n'ont pas été déclarées au titre de l'IR. Pour ce qui est des dépenses, figurant en débit, le vérificateur évalue le train de vie du contribuable en établissant une *balance de trésorerie.* D'un côté de la balance sont totalisés les revenus connus dont l'intéressé a eu la disposition, de l'autre les dépenses apparaissant sur les relevés bancaires, mais aussi celles réalisées en espèces. S'il existe un écart, on suppose que celui-ci représente les revenus non déclarés.

L'ESFP est évidemment attentatoire à la vie privée. Si, par exemple, un contribuable marié entretient, à grands frais, une maîtresse, ces dépenses vont nécessairement apparaître dans l'évaluation de son train de vie. Or les courriers relatifs à l'IR que l'administration envoie aux couples mariés sont libellés au nom de « M. ou Mme Untel », puisque l'impôt atteint les revenus d'un foyer... Là encore des garanties, comparables à celles de la vérification de comptabilité, sont prévues pour protéger le contribuable.

2. Les garanties du contribuable

L'ESFP doit être précédé par l'envoi d'un avis de vérification, indiquant la faculté d'être assisté d'un conseil, et de la charte du contribuable. Dans le même courrier, le vérificateur demande à l'intéressé une copie des relevés bancaires pour la période vérifiée. Il est difficile de parler de contrôle sur place s'agissant de l'ESFP, car celui-ci se déroule normalement dans le bureau de l'agent et non au domicile du contribuable. Des réunions ont lieu avec celui-ci, lequel fournit des explications et des justificatifs. Par exemple, un crédit bancaire n'a pas été déclaré en tant que revenu car il s'agit d'un emprunt souscrit auprès d'un établissement financier, comme en atteste le contrat signé avec ce dernier. Si donc on parle de contrôle sur place s'agissant de l'ESFP, c'est plus par opposition au contrôle sur pièces, lequel ne porte que sur le dossier en possession du fisc. Au contraire, dans l'ESFP, le vérificateur va également utiliser des documents externes, par exemple les justificatifs fournis par le contribuable.

Un débat contradictoire doit s'établir entre celui-ci et l'agent. De plus, quel que soit le degré de richesse de l'intéressé, la durée du contrôle est, sauf exceptions, limitée à un an. Il s'agit de ménager le contribuable, qui subit, en tout état de cause, une procédure éprouvante. La règle *non bis in idem* (v. *supra* p. 279) s'applique également à l'ESFP.

Officiellement, l'ESFP n'a pas de caractère contraignant : le contribuable n'est pas tenu de s'y soumettre. Il peut ainsi ne pas aller aux rendez-vous fixés par le vérificateur. Il est également en droit de ne pas fournir copie de ses relevés bancaires, ce qui ne va guère gêner l'administration qui pourra les obtenir en exerçant un droit de communication sur la banque (v. *supra* p. 263-266). Cette règle du caractère non contraignant de l'ESFP s'explique par l'idée que les particuliers n'ont pas à tenir de comptabilité, ni à conserver les justificatifs de leur train de vie ; lorsque par exemple on achète une voiture, on n'a pas l'obligation de garder la facture. Mais, en réalité, le contribuable a tout intérêt à collaborer, pour s'expliquer sur d'éventuelles incohérences. Surtout, et cela démontre l'hypocrisie de la prétendue absence de contrainte, l'administration dispose d'un moyen radical d'obliger le contribuable à se soumettre, en lui envoyant une demande d'éclaircissements ou de justifications.

B. La demande d'éclaircissements ou de justifications

Encore une appellation trop longue pour la pratique, qui dénomme ce courrier par son numéro d'imprimé : 2172. En principe, cette demande peut être envoyée à n'importe quel contribuable, en réalité elle est surtout utilisée à l'encontre de celui subissant un ESFP. Au cours de ce dernier, ou à la fin du contrôle, si le contribuable a refusé de s'y soumettre, ou si les explications fournies sont insuffisantes, le vérificateur lui adresse un 2172. L'agent réclame alors des éclaircissements sur l'écart entre les revenus déclarés et l'aisance du contribuable. Ou encore il peut demander des justifications, comme un contrat de prêt. Si l'intéressé ne répond pas à la demande, ou de manière insuffisante, les gains inexpliqués ou injustifiés font l'objet de rectifications. Mais, de plus, ces dernières sont appliquées en suivant une procédure pénalisante, la taxation d'office (v. *infra* p. 293-296). Celle-ci a notamment pour effet que si le contribuable, ultérieurement, conteste devant le juge les sommes mises à sa charge, il devra supporter la charge de la preuve. Or, cette démonstration est parfois impossible à apporter.

C'est par exemple le cas d'un contribuable qui a vendu un objet de valeur, sans conserver de justificatif. Le prix de la vente ne constitue pas un revenu imposable à l'IR. Mais dès lors qu'il apparaît en tant que crédit bancaire, il fait l'objet d'une rectification. Le contribuable ne peut pas prouver que celle-ci est infondée puisqu'il est incapable de justifier l'origine de la somme. Cela alors même qu'il n'a pas l'obligation juridique de conserver les justificatifs de son train de vie ! Ce genre d'injustice est toléré au nom de la répression de la fraude.

Ce régime est tellement sévère que la jurisprudence a dû soumettre son application à une condition supplémentaire, que l'on appelle la *règle du double*. L'administration ne peut utiliser la 2172 que si le total des crédits apparaissant sur les relevés bancaires est au moins égal au double des revenus déclarés. De cette façon, l'usage de la demande d'éclaircissements ou de justifications est réservé aux hypothèses où la fraude semble importante.

Outre des rectifications, le vérificateur peut infliger des sanctions au contribuable, si celui-ci a voulu se soustraire à l'impôt.

Section III
LE POUVOIR DE RECTIFICATION ET DE SANCTION

Le contrôle fiscal, qu'il soit fait sur pièces ou sur place, poursuit deux objets. Le premier consiste à vérifier la régularité de la situation du contribuable et, à défaut, la corriger en appliquant des rectifications. La seconde finalité est d'apprécier la moralité fiscale de l'intéressé, c'est-à-dire sa fiabilité dans le respect des obligations qui pèsent sur lui : déposer des déclarations sincères et de plus, pour les entreprises, tenir une comptabilité exacte. Dans le système déclaratif, en effet, la collaboration du contribuable est indispensable : on ne peut pas asseoir un impôt sans déclaration, ni vérifier une entreprise sans comptabilité. Celui qui ne respecte pas ses obligations fiscales doit donc être puni, par des sanctions. À l'inverse, une rectification n'est pas une punition, même si elle peut être financièrement ressentie comme douloureuse. C'est seulement lorsqu'elle est très élevée qu'elle influe sur l'appréciation de la moralité fiscale du contribuable, car elle traduit souvent la volonté d'échapper à l'impôt.

Il faut donc bien faire la distinction entre les deux finalités du contrôle fiscal : d'une part, opérer des rectifications (sous-section 1), d'autre part appliquer des sanctions (sous-section 2).

Sous-section 1
LE POUVOIR DE RECTIFICATION

Ce pouvoir correspond au *droit de reprise* de l'administration, également appelé droit de *répétition*. Il permet de réparer les erreurs commises dans l'assiette d'un impôt, en récupérant la somme qui aurait dû être versée au Trésor. En droit, « répéter » une somme d'argent consiste à la restituer. Le contribuable qui n'a pas acquitté un impôt est réputé avoir conservé l'argent qui aurait dû servir à son paiement. Il doit opérer la répétition de ce montant pour se mettre en conformité avec la loi fiscale. Le droit de reprise s'exerce en suivant des procédures de rectification (B), à savoir des règles par lesquelles l'administration informe le contribuable des corrections apportées à son imposition. Ce droit est limité dans le temps, par la règle de la prescription (A).

A. La prescription du droit de reprise

Après avoir étudié le fondement et les délais de la prescription (1), on verra que l'administration fiscale peut interrompre celle-ci (2).

1. Le fondement et les délais de la prescription

Le droit de reprise ne peut s'étendre indéfiniment dans le temps, car il contraindrait le contribuable à des obligations trop lourdes. Si par exemple une entreprise pouvait être contrôlée sur ses quinze dernières années d'activité, elle devrait conserver une masse considérable de documents comptables. De même, il serait difficile d'obtenir d'elle des explications sur une déclaration souscrite il y a trop longtemps, car personne n'en aurait plus aucun souvenir. Enfin, les contrôles fiscaux seraient interminables. Le droit de reprise est donc limité par la prescription, règle en application de laquelle il est éteint par l'écoulement du temps. Par principe le délai de prescription est de trois ans. Ainsi l'IR correspondant aux revenus de 2010 sera prescrit le 31 décembre 2013 à minuit, au-delà de ce jour l'administration ne pourra plus le modifier. Si le contribuable fait l'objet d'un ESFP à partir de juin 2014, ce contrôle ne portera que sur les années 2011, 2012 et 2013. Le 31 décembre est donc également une fête fiscale, car certains contribuables lèvent leur flûte de champagne avec l'idée qu'ils ne pourront plus être inquiétés sur l'année prescrite.

Le principe des trois ans connaît des exceptions. Ainsi, en matière de taxe d'habitation et de taxes foncières la prescription est de un an. Car ces impôts étant assis par l'administration, il serait inique de faire peser sur le contribuable un délai plus long, en vue de corriger des erreurs qui, par hypothèse, ne peuvent pas lui être imputées. Dans le domaine des droits d'enregistrement et de l'ISF, le délai est de six ans en cas de défaut de déclaration ou lorsque celle-ci est incomplète. Par exemple, un immeuble imposable à l'ISF ou aux droits de succession n'a pas été déclaré. La longueur de ce délai représente en réalité une sanction à l'encontre du contribuable. Si, à l'inverse, ce dernier a souscrit une déclaration complète au titre de l'ISF, ou a fait enregistrer un acte comportant toutes les mentions exigées, on revient à la prescription de trois ans. L'idée de sanction est encore plus claire lorsqu'il est reproché au contribuable des agissements frauduleux, si par exemple un procès-verbal de flagrance fiscale a été dressé : le délai est alors de dix ans.

L'administration peut interrompre l'écoulement de la prescription.

2. L'interruption de la prescription

Le fisc a le pouvoir d'arrêter le temps en adressant au contribuable une proposition de rectification. Dans cette hypothèse, en effet, le délai qui lui est ouvert pour exercer son droit de reprise est doublé. On a vu ainsi que l'IR 2010 sera prescrit au 31 décembre 2013. Mais si avant cette date l'administration envoie une proposition de rectification, la prescription est étendue. Par exemple, ce courrier est adressé en janvier 2013, l'administration pourra exercer son droit de reprise jusqu'au 31 décembre 2016.

Pourquoi ainsi permettre au fisc d'interrompre la prescription, alors que celle-ci est censée protéger le contribuable ? Simplement afin de permettre l'exercice du droit de reprise. En effet, une procédure de rectification peut être longue, car en principe elle tend à rechercher un accord entre l'administration et le contribuable quant aux rehaussements appliqués à celui-ci. Il faut que cette procédure puisse arriver à son terme. Par exemple, une proposition de rectification est envoyée le 1er décembre 2013. Elle opère des rehaussements notamment sur l'année 2010. Si la prescription n'était pas interrompue par ce courrier, le contribuable pourrait dire qu'au 31 décembre 2013 l'année 2010 serait prescrite. Donc l'administration se trouverait dans l'impossibilité de faire aboutir les rectifications, pour mettre en recouvrement les impositions supplémentaires. C'est pourquoi la prescription est rallongée par l'envoi d'une proposition de rectification, jusqu'au 31 décembre 2016. Le contribuable ne peut donc dormir tranquille que si, dans les trois ans de la prescription, il n'a pas reçu une telle proposition. Dans l'hypothèse inverse, celle-ci ouvre la procédure de rectification.

B. Les procédures de rectification

Elles sont différentes selon que le contribuable a respecté ou non ses obligations déclaratives. S'il a déposé sa déclaration, rien n'assure pour autant que celle-ci soit exacte. Elle peut donc conduire à une rectification, mais qui va suivre la procédure dite contradictoire (1). Les règles alors applicables permettent de contredire l'administration, lorsque l'intéressé conteste la rectification proposée. À l'inverse, si le contribuable n'a pas souscrit sa déclaration, il subit une procédure d'imposition d'office (2) dans laquelle, par principe, il n'a pas droit à la parole. Les procédures contradictoires et d'office ont en commun d'être écrites (3).

1. La procédure de rectification contradictoire

Le déroulement de cette procédure *(a)* est conçu pour rechercher un accord entre le contribuable et l'administration quant au rehaussement envisagé. Si cet accord n'est pas trouvé, il est possible d'exercer des recours amiables *(b)*, qui tendent également à la recherche d'une entente, de manière à éviter un procès.

a) Le déroulement de la procédure

À l'issue d'un contrôle sur pièces ou sur place, lorsque la situation du contribuable n'est pas régulière, l'agent lui adresse une *proposition de rectification*. Autrefois ce document s'appelait « notification de redressement ». La nouvelle dénomination se veut moins autoritaire que l'ancienne. De plus, elle insiste sur le caractère provisoire de la procédure car, avant la mise en recouvrement, l'imposition encourue par le contribuable n'est qu'à l'état de projet. Les termes de rectification et de redressement sont synonymes, ils constituent le rehaussement d'une base imposable. Ils conduisent le plus souvent à un *rappel* d'impôt, c'est-à-dire une imposition supplémentaire. Il arrive cependant qu'une rectification ne soit pas suivie d'un rappel. C'est par exemple le cas d'une entreprise dont le résultat est déficitaire et qui fait l'objet d'un redressement inférieur au montant de sa perte. Dans cette hypothèse, la rectification a pour seul effet de réduire le déficit, sans donner lieu à un rappel.

Une proposition de rectification doit être motivée, comporter les motifs des redressements envisagés. En effet, à défaut, le contribuable n'est pas en mesure de les contester : s'il ne connaît pas les raisons pour lesquelles sa situation fiscale doit être modifiée, il ne peut pas faire valoir son éventuel désaccord. Cette obligation de motiver les redressements notifiés n'est pas seulement une contrainte pour l'administration, elle est aussi l'assurance d'une plus grande efficacité. Car des rectifications bien expliquées sont plus facilement acceptées par le contribuable. Une proposition motivée est celle qui indique clairement la nature des redressements envisagés, c'est-à-dire les motifs de fait et de droit qui les fondent. Par exemple, un contribuable n'a pas déclaré les loyers issus de la location d'un appartement : ce sont les faits. Or ces revenus sont imposables en vertu d'un fondement légal que l'administration doit indiquer dans la proposition. Si cette dernière n'est pas motivée, ou de manière insuffisante, la procédure est frappée de nullité et les sommes mises à la charge du contribuable ne pourront pas être recouvrées. Par ailleurs, le fisc doit indiquer, dans la proposition, les conséquences financières de l'acceptation des redressements par l'intéressé. Autrement dit combien cela va lui coûter.

Le contribuable dispose d'un délai de trente jours, après avoir reçu la proposition de rectification, pour accepter ou refuser le rehaussement. S'il l'accepte, en adressant à l'agent un courrier en ce sens, la procédure de rectification est terminée et le rappel mis en recouvrement. Le contribuable peut également ne pas répondre. Mais son silence, au-delà des trente jours, sera assimilé à une acceptation tacite. En effet, l'absence de réaction, une fois le délai expiré, laisse entendre qu'il accepte le redressement. Enfin, l'intéressé peut faire valoir son désaccord par une lettre qui doit parvenir à l'agent dans les trente jours.

En cas de refus ainsi manifesté, le fisc a l'obligation de lui envoyer une *réponse aux observations du contribuable*. Par celle-ci, l'agent peut tout d'abord donner raison à l'intéressé et abandonner tout ou partie du redressement. Mais, le plus souvent, il maintient la rectification en indiquant pourquoi les arguments qu'on lui oppose ne sont pas fondés. Comme la proposition de rectification, la réponse aux observations du contribuable doit donc être motivée, sous peine de nullité de la procédure. Cette réponse ouvre un nouveau délai de trente jours, à l'intérieur duquel le contribuable peut exercer les recours amiables.

b) Les recours amiables

Dans la procédure de rectification contradictoire, les recours tendant à éviter un procès sont multiples mais facultatifs : le contribuable n'est pas tenu de les engager. Cependant, il y a souvent intérêt, non seulement pour avoir une chance d'être entendu, mais surtout parce que la mise en recouvrement du rappel est suspendue tant qu'il n'a pas reçu de réponse aux recours intentés. Le paiement de l'impôt est donc retardé. Le contribuable peut introduire des recours hiérarchiques (I) comme saisir la commission départementale des impôts (II).

I. Les recours hiérarchiques

Ils sont appelés ainsi pour être exercés auprès des supérieurs de l'agent ayant proposé la rectification. Le premier est l'inspecteur principal, qui reçoit le contribuable pour examiner avec lui le différend qui l'oppose à l'administration. On peut douter de l'efficacité de cette procédure, car le travail de l'inspecteur principal consiste à superviser celui de l'inspecteur. Ainsi il examine la proposition de rectification et la réponse aux observations du contribuable avant qu'elles ne soient envoyées. Cependant, le fait de pouvoir ainsi être entendu par le supérieur de l'agent est apprécié des contribuables. Mais, le plus souvent, aucun accord n'est trouvé, ce qui n'est guère surprenant. Il est possible alors de saisir l'*interlocuteur départemental*, soit le plus souvent le directeur chargé du contrôle fiscal. Les chances de succès du contribuable devant celui-ci sont plus grandes, car si l'interlocuteur n'est pas convaincu par la rectification, il peut décider son abandon. D'autres procédures amiables sont prévues pendant la procédure contentieuse (v. *infra* p. 314). C'est généralement lorsque les recours hiérarchiques ont échoué que le contribuable saisit la commission départementale des impôts.

II. La commission départementale des impôts

Cet organisme exerce plusieurs missions, notamment celle de déterminer les forfaits agricoles (v. *supra* p. 128-129). Au sein de la procédure contradictoire, son rôle est consultatif : il donne un avis sur le litige. Ni le contribuable, ni l'administration ne sont tenus de suivre cet avis, mais généralement le fisc se range à l'opinion de la commission. Ce qui explique que le contribuable ait souvent intérêt à saisir celle-ci. Même si elle lui donne tort, et que l'administration met donc en recouvrement le rappel, l'intéressé pourra poursuivre son opposition, en engageant une procédure contentieuse. Le fisc peut également saisir la commission, ce qui lui permet, en cas d'avis lui étant favorable, de conforter son redressement.

Il existe en réalité deux commissions. Tout d'abord la *commission départementale des impôts directs et des taxes sur le chiffre d'affaires*, cette dernière expression désignant très essentiellement la TVA [1]. Ensuite la *commission départementale de conciliation*, que l'on peut saisir en matière de droits d'enregistrement et d'ISF. Cette distinction correspond au partage des compétences entre les deux juges de l'impôt (v. *supra* p. 247). D'ailleurs, la première commission est présidée par un juge administratif, la seconde par un magistrat de l'ordre judiciaire.

La compétence de ces commissions n'est pas générale. Ainsi celle qui statue sur les litiges relatifs aux impôts directs et à la TVA ne peut être saisie que par les entreprises. Outre la TVA, elle n'examine donc que les dossiers relatifs à l'IS et à l'impôt sur le revenu pour les catégories BIC, BNC et BA. À ce principe, il existe une seule exception : les particuliers ayant fait l'objet d'une taxation d'office à la suite d'un ESFP peuvent également être entendus par la commission, ce qui constitue un moyen supplémentaire de les protéger contre cette procédure dangereuse.

De plus, la compétence des commissions est limitée aux questions de fait, les questions de droit relevant du monopole du juge. Ainsi les salaires versés par une entreprise ne sont déductibles que s'ils correspondent à un travail effectif et ne sont pas excessifs. La normalité de la rémunération est une question de fait relevant de la compétence de la commission. Mais, en réalité, la distinction entre le droit et le fait est très difficile. Prenons un exemple pour illustrer cette difficulté. Un contribuable perçoit des gains, réguliers, donc il dispose

1. Les plus grosses sociétés, celles qui relèvent de la compétence de la direction des grandes entreprises, peuvent saisir la commission *nationale* des impôts directs et des taxes sur le chiffre d'affaires.

de revenus, qui doivent être soumis à l'IR. En apparence, sont ici en cause deux appréciations de fait : le contribuable perçoit des gains, ils sont réguliers ; et une appréciation de droit : il est imposable car ces versements sont susceptibles de se renouveler. En réalité, lorsqu'on a dit que les gains perçus étaient réguliers, on a déjà procédé à l'appréciation de droit, car il en résulte immédiatement qu'ils sont susceptibles de se renouveler. Donc il n'y a pas une question de fait d'un côté et une question de droit de l'autre, il n'existe qu'une seule appréciation qui relève de ce qu'on appelle la qualification juridique des faits.

Les commissions profitent de cette difficulté pour étendre leur compétence. Seules les questions de pur droit ne peuvent pas leur être soumises, par exemple si le litige tient à l'interprétation de la loi applicable. Un tribunal ne peut être qualifié comme tel que s'il prend des décisions. Les commissions ne faisant que rendre des avis ne peuvent donc pas constituer des juridictions. Il demeure qu'elles font concurrence à celles-ci.

On voit que la procédure de rectification contradictoire offre au contribuable de multiples occasions de faire entendre son point de vue. Tel n'est pas le cas lorsqu'il a manqué à ses obligations déclaratives : il fait alors l'objet d'une procédure d'imposition d'office.

2. La procédure d'imposition d'office

L'impôt est vital pour l'État, or sans déclaration aucune imposition ne peut être établie. Le contribuable défaillant doit donc être puni. Non seulement il subit des sanctions proprement dites, mais de plus l'impôt dont il n'a pas déclaré la base est assis en suivant une procédure de rectification pénalisante *(b)*. Avant de la mettre en œuvre, le fisc doit cependant adresser au contribuable une mise en demeure *(a)*.

a) La mise en demeure

Toute déclaration doit être déposée dans un délai précis. Le contribuable qui n'a pas respecté cette obligation, alors qu'il est imposable, s'expose à une imposition d'office. Mais, avant d'appliquer celle-ci, l'administration doit le mettre en demeure de s'exécuter. Une mise en demeure est un courrier enjoignant à l'intéressé de déposer la déclaration dans les trente jours. Si le contribuable obtempère, il échappe à la procédure d'office, cependant son imposition sera majorée de 10 %. Cette pénalité a pour but de sanctionner l'obligation déclarative : si elle n'existait pas, les contribuables ne seraient pas incités à respecter les délais. Celui qui malgré la mise en demeure ne souscrit pas de déclaration est imposé d'office.

En matière de TVA, impôt pour lequel on se montre très exigeant (v. *supra* p. 103-104), les règles sont plus dures. L'administration n'est pas tenue de mettre en demeure le redevable défaillant, bien qu'elle le fasse souvent en pratique. Car dès lors que l'intéressé n'a pas respecté le délai de souscription, il subit une taxation d'office, même s'il a déposé la déclaration dans les trente jours d'une mise en demeure.

La *taxation d'office* correspond à un impôt, par opposition à l'*évaluation d'office* qui se rapporte à une catégorie de revenu. Si par exemple un commerçant ne dépose pas sa déclaration propre aux BIC, malgré l'envoi d'une mise en demeure, il fait l'objet d'une évaluation d'office, puisque le fisc va déterminer le montant d'une catégorie de revenu imposable à l'IR. S'il ne souscrit pas une déclaration de TVA, il est taxé d'office car l'administration évalue directement le montant de l'impôt. Dans les deux cas il subit une procédure de rectification pénalisante.

b) Une procédure pénalisante

Le contribuable imposé d'office non seulement doit acquitter l'impôt dont il n'a pas déclaré la base, mais de plus il subit une majoration de 40 %. Cependant, le redevable de la TVA qui a déposé sa déclaration dans les trente jours d'une mise en demeure échappe à celle-ci, son impôt n'est majoré que de 10 %. Le montant de l'imposition est déterminé par l'administration. En effet, celle-ci récupère son pouvoir de taxer en agissant d'office, c'est-à-dire de façon unilatérale. Le contribuable n'a donc pas droit à la parole, en principe il ne peut pas contester l'imposition proposée par le fisc. Car il perd la plupart des garanties qui, dans la procédure contradictoire, lui permettraient de faire valoir son désaccord, par exemple pouvoir saisir la commission départementale des impôts. Là encore, il n'existe qu'une seule exception, au profit du contribuable taxé d'office à la suite d'un ESFP.

Pour la détermination de l'impôt, l'administration doit procéder au calcul le plus exact possible, en prenant en compte tous les éléments dont elle dispose. Si par exemple un commerçant n'a pas déposé une déclaration mensuelle de TVA, alors que toutes les autres ont été souscrites, l'agent peut faire la moyenne de l'impôt payé sur l'année pour l'appliquer au mois non déclaré. Cependant, moins le fisc dispose d'éléments pour asseoir l'imposition, plus le contribuable s'expose à un impôt et une majoration élevés. L'administration doit lui envoyer une proposition de rectification, en réponse à laquelle l'intéressé peut présenter des observations. Le plus souvent, l'agent prend en compte les explications ou les justificatifs fournis, mais il n'en a pas l'obligation. Ainsi il n'a pas à envoyer de réponse aux observations du contribuable. Ce dernier, s'il conteste l'imposition, devra attendre la mise en recouvrement pour engager une procédure contentieuse. Durant celle-ci, il sera handicapé par la charge de la preuve : il lui appartiendra de démontrer l'exagération de l'impôt calculé par l'administration.

Les procédures contradictoires et d'office ont en commun d'être écrites.

3. Des procédures écrites

Une procédure de rectification se réalise par un échange de courriers. Ainsi un contrôle sur pièces par lequel le fisc procède à un redressement conduit à l'envoi d'une proposition de rectification, suivie le cas échéant d'une réponse aux observations du contribuable. Cela n'empêche certes pas le contribuable de demander un rendez-vous à l'agent, de même que celui-ci peut convoquer l'intéressé à son bureau. La règle du débat oral et contradictoire, dans la vérification de comptabilité, oblige à une discussion, mais le contrôle doit être précédé par l'envoi d'un écrit, l'avis de vérification.

Pourquoi les procédures de contrôle et de rectification, comme celles contentieuses, nécessitent-elles l'envoi de courriers, alors que l'on pourrait s'entendre oralement ? Pour des raisons de preuve : l'écrit est le mode de preuve le plus fiable. Par exemple, l'administration doit démontrer qu'elle a laissé plusieurs jours au contribuable vérifié pour être assisté d'un conseil. Cela suppose donc l'envoi d'un avis de vérification, qui indique la date du premier rendez-vous. De plus, l'avis est adressé par lettre recommandée avec accusé de réception. En recevant le courrier, le contribuable date et signe cet accusé, qui est ensuite retourné à l'administration. De cette façon, celle-ci détient la preuve du jour de réception de l'avis de vérification. En rapprochant cette date de celle du premier rendez-vous, on doit constater que plusieurs jours les séparent. De même, une proposition de rectification, pour être en mesure d'interrompre la prescription, doit être envoyée en recommandé avec accusé de réception. Une mise en demeure est adressée de manière identique.

De son côté, le contribuable a tout intérêt à procéder de la même façon. Si par exemple il refuse une rectification en envoyant une lettre simple et que celle-ci se perd, il est censé avoir accepté le redressement. À l'inverse, un courrier recommandé avec accusé de réception lui assure la preuve de son refus.

Outre son pouvoir de rectification, le fisc peut infliger au contribuable des sanctions.

Sous-section 2
Le pouvoir de sanction

Lorsque l'administration réclame au contribuable un rappel d'impôt, la loi exige en plus le paiement de sommes que l'on appelle de manière générale des *pénalités*. Certaines n'ont pas la nature de sanctions, leur but n'est pas de punir. Il s'agit à titre principal de l'intérêt de retard (A). Les autres ont pour finalité de réprimer une faute. Outre les sanctions fiscales (B), formées par des majorations d'impôts ou amendes appliquées par le fisc, il existe des sanctions pénales (C) prononcées par le juge pour réprimer la fraude la plus grave.

A. L'intérêt de retard

Après avoir exposé le principe de cette pénalité (1), on verra qu'elle peut être réduite (2) et que parfois même le contribuable n'a pas à la payer (3).

1. Le principe de l'intérêt de retard

Cet intérêt accompagne chaque rappel d'impôt. En effet, une rectification a pour finalité de replacer le contribuable dans la situation qui aurait dû être la sienne. Or la perception de l'imposition rappelée a été différée dans le temps. Par exemple, une société n'a pas déclaré tous les bénéfices qu'elle a réalisés pendant l'année 2010. En 2013, elle fait l'objet d'un rappel d'IS. L'impôt alors versé aurait dû être acquitté en 2011. Dès lors que ce paiement est intervenu avec deux ans de retard, le Trésor a subi un préjudice en termes de trésorerie. Car il aurait dû disposer de cet argent dès l'année 2011. L'intérêt de retard a pour but de réparer ce dommage, il indemnise le Trésor à raison de la perception différée de sa créance. C'est le prix du temps (perdu). L'intérêt s'élève à 0,4 % par mois de retard, soit 4,80 % par an. Dans notre exemple, la société doit non seulement payer l'IS correspondant aux bénéfices qu'elle n'a pas déclarés, mais de plus l'impôt est majoré de 0,4 % par mois de retard. Parce qu'il n'est pas une sanction, l'intérêt s'ajoute aux majorations qui viennent punir le contribuable. Ainsi celui imposé d'office doit payer, outre l'impôt lui-même, la majoration de 40 % et l'intérêt de retard.

Ce dernier, dans certaines hypothèses, peut être réduit.

2. La réduction de l'intérêt de retard

Elle est réservée aux entreprises, à l'exclusion des particuliers. L'intérêt de retard peut tout d'abord être réduit à la suite d'un *contrôle sur demande*, qui n'est pas seulement conçu pour les masochistes. Les entreprises ont la possibilité de demander à l'administration de contrôler la régularité de leur situation fiscale au regard de certains points précis, pour lesquels elles ont des hésitations. Le fisc n'est pas tenu de procéder au contrôle, mais s'il accepte, il doit dire si l'entreprise s'est conformée à la loi ou non. C'est là que la procédure devient intéressante, car si l'administration n'a rien à reprocher au contribuable, cette position lui est opposable sur le fondement de la garantie contre les changements de doctrine. Si à l'inverse elle estime que la situation n'est pas régulière, l'entreprise doit payer l'impôt supplémentaire qui en découle, mais avec un intérêt de retard réduit de 30 % (soit 0,28 % au lieu de 0,4 %). Le contrôle sur demande est réservé aux petites entreprises, sachant que les grandes peuvent payer des conseils pour examiner la régularité de leur situation. Il ne constitue pas une vérification de comptabilité et ne permet donc pas de bénéficier des garanties qui entourent celles-ci.

Par ailleurs, toute entreprise, quelle que soit sa taille, faisant l'objet d'une vérification de comptabilité, est en mesure de régulariser sa situation durant le contrôle. Se rendant compte qu'une erreur a été commise, elle peut demander au vérificateur, avant l'envoi de la proposition de rectification, de pouvoir procéder à sa régularisation. Elle dépose alors une déclaration rectificative, qui corrige l'erreur en cause. Il lui faudra payer l'impôt correspondant, mais l'intérêt de retard est là encore réduit de 30 %. Cette *régularisation spontanée* est réservée aux erreurs commises de bonne foi, c'est-à-dire de façon involontaire. Ce mécanisme rencontre bien plus de succès que celui du contrôle sur demande, lequel fait peur.

Il arrive qu'un contribuable, entreprise ou particulier, faisant l'objet d'un rappel, n'ait pas d'intérêt de retard à payer.

3. La dispense d'intérêt de retard

Elle s'applique dans deux cas principaux. Tout d'abord la règle de la *tolérance légale* dispense le contribuable de devoir payer l'intérêt de retard lorsque la rectification dont il fait l'objet est d'un faible montant. La proportion est calculée à partir d'un pourcentage, qui s'élève à 5 % pour l'IR et l'IS, et à 10 % en matière de droits d'enregistrement et d'ISF. Par exemple, une société a réalisé un bénéfice de 100 mais n'a déclaré que 98. Le fisc lui applique donc un redressement de 2, soit 2 % de la base après rectification (100). Dès lors que ce pourcentage est inférieur ou égal à 5 %, l'entreprise devra payer l'impôt correspondant mais pas d'intérêt de retard. En effet, dans une telle hypothèse, le préjudice subi par le Trésor est minime. De plus, le contribuable n'a pu commettre qu'une simple erreur, car on ne peut pas voir d'intention d'échapper à l'impôt pour un montant aussi faible. Si les droits d'enregistrement et l'ISF offrent une marge de manœuvre plus grande, c'est parce qu'ils donnent souvent lieu à l'estimation de biens, tel un immeuble, qui peut être difficile. On remarquera que la tolérance légale ne s'applique notamment pas à la TVA, impôt pour lequel on se montre exigeant (v. *supra* p. 103-104).

L'autre hypothèse dans laquelle l'intérêt de retard n'est pas dû est celle dite de la *mention expresse*. En déposant sa déclaration, un contribuable indique, par exemple, qu'il n'a pas déclaré une somme, en pensant que celle-ci n'est pas imposable. Il fait donc part du doute qui est le sien, en le mentionnant explicitement dans la déclaration elle-même ou par une lettre jointe à celle-ci. Si le contribuable a tort, que le montant est imposable, il fait l'objet d'un rappel mais qui n'est pas accompagné de l'intérêt de retard.

L'erreur minime ou signalée par celui qui l'a commise fait donc l'objet d'un traitement de faveur. Tel n'est pas le cas de la faute, qui conduit à une sanction.

B. Les sanctions fiscales

On ne retiendra que les principales. Le régime des sanctions fiscales a été en partie assimilé à celui des peines pénales (v. *supra* p. 189-191), en vue de mieux protéger le contribuable. Ainsi la loi ne peut pas produire d'effet rétroactif lorsqu'elle rend une punition plus sévère (v. *supra* p. 201). Les sanctions fiscales se composent d'amendes (1) et de majorations d'impôt (2).

1. Les amendes

Les amendes viennent punir le non-respect d'obligations qui, en principe, ne sont pas déclaratives. Par exemple, s'agissant d'un contribuable qui refuse de se plier au droit de communication. Certaines obligations déclaratives sont cependant sanctionnées par des amendes, mais dans l'hypothèse où la déclaration en cause ne conduit pas directement à asseoir un impôt. Ainsi les employeurs doivent déclarer les salaires qu'ils ont versés dans l'année. Pour autant, l'IR est assis à partir des rémunérations déclarées par les salariés et non les employeurs. Le patron qui ne dépose pas sa déclaration ne peut donc faire l'objet d'une majoration d'impôt, puisqu'il n'est pas redevable de l'IR. À défaut, il subit une amende.

Les majorations d'impôt viennent punir les manquements du contribuable à ses obligations déclaratives, lorsque la déclaration en cause conduit directement à asseoir un impôt.

2. Les majorations

On distinguera deux degrés de gravité dans les fautes commises. Le premier conduit à l'application de majorations de 10 % et 40 % *(a)*. Dans le second, l'impôt rappelé est majoré de 80 % ou 100 % *(b)*.

a) Les majorations de 10 % et 40 %

Le premier devoir du contribuable est de déposer ses déclarations dans les délais. Le retard est sanctionné par une majoration de 10 %, le défaut de souscription malgré l'envoi d'une mise en demeure est puni d'une majoration de 40 % (v. *supra* p. 294-295). Par ailleurs, le contribuable doit déposer des déclarations sincères et exactes. La sincérité suppose que toute la base imposable soit déclarée. L'exactitude tient par exemple à ce que l'intéressé puisse effectivement bénéficier d'un abattement ou d'une réduction d'impôt, parce qu'il en remplit les conditions.

Pour le seul cas de l'IR, toute omission ou erreur conduit à une majoration de 10 %. La règle connaît quelques exceptions ; notamment celle de la mention expresse, qui dispense alors non seulement de l'intérêt de retard mais aussi de cette majoration. Celle-ci a pour but de dissuader le contribuable, par exemple, « d'oublier » de déclarer certains revenus.

Pour l'ensemble des impositions, est puni d'une majoration de 40 % celui qui a volontairement dissimulé une partie de la base, ou a prétendu profiter d'un avantage auquel il n'avait pas droit. Cette sanction qui vient punir le *manquement délibéré* était autrefois appelée majoration pour mauvaise foi. Comme s'agissant de la proposition de rectification, qui a succédé à la notification de redressement (v. *supra* p. 288), le vocabulaire fiscal tend ainsi à ménager le contribuable. Car il est plus facile de reprocher à celui-ci un manquement délibéré que de lui dire qu'il est de mauvaise foi.

En règle générale, il appartient à l'administration d'apporter la preuve du bien-fondé des sanctions qu'elle applique. Cette norme s'inspire du principe pénal de la présomption d'innocence : toute personne est présumée innocente tant qu'un tribunal ne l'a pas reconnue coupable, car la preuve de sa culpabilité a été établie. Ainsi, lorsque l'administration entend appliquer à un contribuable la majoration pour manquement délibéré, il lui faut prouver que l'intéressé a volontairement entendu échapper à l'impôt. Des indices peuvent lui permettre de fournir cette démonstration. Tout d'abord la grossièreté de la faute commise, qui va se traduire par l'importance des rectifications opérées. Si par exemple un commerçant n'a déclaré que la moitié de son chiffre d'affaires, il ne fait pas de doute qu'il a agi en toute connaissance de cause. La gravité de la faute dépend néanmoins des connaissances professionnelles du contribuable. Ainsi le fisc se montrera bien plus exigeant avec un avocat fiscaliste que s'agissant d'un ferrailleur analphabète. Un autre indice est formé par la répétition de la faute : si par exemple des revenus importants n'ont pas été déclarés sur plusieurs années, cela conforte l'idée que le contribuable a agi délibérément.

Les majorations supérieures à 40 % sanctionnent des fautes particulièrement graves.

b) Les majorations de 80 % et 100 %

Est passible d'une majoration de 80 % celui qui utilise un stratagème pour cacher la faute commise. Il s'agit tout d'abord du contribuable qui constitue le principal auteur et bénéficiaire d'un abus de droit (v. *supra* p. 250-251). L'autre hypothèse est celle des *manœuvres frauduleuses*. Là encore l'intéressé utilise un artifice pour dissimuler la faute dont il s'est rendu coupable. Par exemple, un commerçant ne déclare pas certaines de ses ventes, de même que les achats de marchandises qui leur correspondent, tous les paiements étant effectués en espèces. De cette façon le contrôle est rendu plus difficile, car le vérificateur ne peut pas faire le rapprochement entre les achats et le chiffre d'affaires qui devrait découler de leur revente. Si l'agent apporte la preuve du subterfuge, le contribuable subira la majoration de 80 %.

La sanction la plus lourde, 100 % de majoration, vient réprimer *l'opposition à contrôle fiscal*. Il s'agit en pratique d'une vérification de comptabilité, dont le déroulement est empêché, soit que le contribuable interdise l'accès de l'entreprise au vérificateur, soit qu'il place celui-ci dans l'impossibilité de mener le contrôle. En ce domaine certains débordent d'imagination. Ainsi une société fabriquant des produits chimiques qui installe l'agent dans un bureau où ont été placées des substances dégageant une odeur insoutenable. Ou encore une entreprise de gardiennage qui impose au vérificateur la compagnie de chiens menaçants. Dans de telles situations, l'agent dresse un procès-verbal constatant l'opposition à contrôle fiscal et retourne à son bureau pour procéder à une imposition d'office. Les droits rappelés sont majorés de 100 %, sans compter bien sûr l'intérêt de retard. Le contribuable fait de plus l'objet de sanctions pénales.

C. Les sanctions pénales

Pour les cas les plus graves, principalement ceux de fraude fiscale, non seulement l'administration applique elle-même des sanctions, mais elle peut également saisir la justice pénale. Au même titre qu'une personne victime, par exemple, d'un vol, elle va alors porter plainte, en demandant au procureur de la République de lancer des poursuites. S'il estime que la plainte est fondée, le procureur déclenche un procès pénal, qui peut conduire le tribunal correctionnel à condamner le contribuable. C'est donc le droit pénal qui trouve ainsi à s'appliquer, avec toutefois des nuances fiscales.

En effet, avant de porter plainte, l'administration doit prendre l'avis de la *commission des infractions fiscales* (CIF). Il s'agit d'un organisme indépendant, composé de hauts membres du Conseil d'État et de la Cour des comptes. C'est seulement en cas d'avis favorable de la CIF que l'administration peut porter plainte. On notera que seul le fisc peut demander des poursuites au titre de la fraude fiscale. Alors qu'en règle générale, le procureur est en droit de poursuivre des infractions même en l'absence de plainte. La CIF vient donc modérer ce monopole, mais il est très rare qu'elle rende un avis défavorable, si bien que l'on peut s'interroger sur son utilité. L'administration dépose environ mille plaintes par an, à raison de dossiers où la fraude est le plus souvent manifeste. Ce qui explique non seulement la rareté des avis défavorables de la CIF mais aussi la fréquence des condamnations.

La fraude fiscale consiste à se soustraire volontairement à l'impôt, par une absence de déclaration, une omission partielle de la base, de fausses écritures comptables, etc. Elle constitue un délit sachant qu'il existe trois sortes d'infractions pénales, selon leur degré croissant de gravité : la contravention, le délit et le crime. Bien entendu, l'administration doit apporter la preuve que le contribuable s'est volontairement soustrait à l'impôt. Par exemple, il s'est abstenu à plusieurs reprises de déposer des déclarations alors qu'il avait reçu des mises en demeure. Les sanctions appliquées au contribuable reconnu coupable de fraude fiscale sont des amendes (pénales) et des peines de prison. Il est très rare qu'une première condamnation pour fraude fiscale conduise à la prison ferme, cela n'arrive en pratique qu'en cas de récidive. Enfin, le juge peut prononcer des peines complémentaires, telle que l'interdiction temporaire d'exercer une profession commerciale ou libérale, la publication du jugement dans la presse, ou encore son affichage sur la porte de l'entreprise dirigée par le contribuable condamné.

Les pénalités sont mises en recouvrement avec les rappels d'impôt. Si le contribuable conteste les sommes ainsi mises à sa charge, il doit engager une procédure contentieuse.

Chapitre II

LE CONTENTIEUX FISCAL

Un contentieux est une dispute, un conflit. Pour le résoudre, on peut tenter de se mettre d'accord. Si l'on n'y parvient pas, il faut saisir le juge. En droit, de manière générale, il n'est question de contentieux que lorsque l'on se trouve devant un tribunal. La procédure contentieuse correspond donc aux règles du procès. En droit fiscal, le contentieux est entendu de manière plus large. Il comprend non seulement la procédure qui se déroule devant le juge, mais également celle suivie face à l'administration. En effet, avant de pouvoir saisir un tribunal, le contribuable doit présenter une *réclamation*. Il s'agit d'une lettre par laquelle l'intéressé demande au fisc de renoncer à l'impôt mis en recouvrement. La réclamation constitue l'ultime tentative de conciliation, par laquelle le contribuable essaie de s'entendre avec l'administration. C'est seulement lorsque sa demande est rejetée qu'il est en droit de saisir le juge.

On distinguera donc la phase administrative du contentieux fiscal (section 1), celle de la réclamation, de la phase juridictionnelle (section 2), qui a lieu devant une juridiction, un tribunal.

Section I

LA PHASE ADMINISTRATIVE DU CONTENTIEUX FISCAL

Après avoir reçu l'acte d'imposition, ou rôle, par lequel l'administration met en recouvrement l'impôt, le contribuable peut contester celui-ci en présentant une réclamation. Il fait alors part de son refus de payer les sommes mises à sa charge et indique les raisons de son opposition. Ces motifs peuvent être de deux ordres. Tout d'abord de nature juridique : le contribuable remet en cause la légalité de l'imposition, il soutient qu'elle n'est pas conforme au droit. On parle, dans cette hypothèse, de réclamation contentieuse (sous-section 2).

L'intéressé peut également invoquer des raisons qui ne sont pas juridiques, et qui tiennent le plus souvent à son impossibilité matérielle de payer l'impôt : il ne peut pas débourser la somme demandée. Dès lors que sa demande n'est pas fondée sur des motifs de droit, il est question de réclamation gracieuse (sous-section 1). Cette expression rappelle le droit de grâce que le président de la République peut exercer pour annuler ou réduire une peine pénale. Elle se comprend pour les sanctions fiscales, moins s'agissant des rappels d'impôt, qui ne forment pas des punitions.

Sous-section 1
La réclamation gracieuse

En ce domaine, l'administration, lorsqu'elle donne raison au contribuable, peut prendre deux sortes de décisions : soit la remise gracieuse de l'impôt (A), soit son dégrèvement d'office (B).

A. La remise gracieuse

Après avoir étudié le principe de la remise gracieuse (1), on examinera les limites (2) posées au fisc pour en prendre la décision.

1. Le principe de la remise gracieuse

En prononçant celle-ci, l'administration renonce à un impôt qui pourtant est légal, conforme au droit, mais que le contribuable ne peut pas payer. On parle de *remise* lorsque la totalité de l'imposition est abandonnée, de *modération* si le fisc en remet seulement une partie.

Le pouvoir que détient ici l'administration est également nommé *juridiction gracieuse*, appellation surprenante car le fisc n'est pas un tribunal. L'expression remonte à la Révolution, durant laquelle on avait renoncé à créer des juridictions administratives. L'administration devait elle-même trancher les litiges qui l'opposaient au citoyen. Puis on s'est rapidement rendu compte qu'il était fâcheux qu'elle fût à la fois juge et partie, qu'elle règle les différends où elle-même se trouvait impliquée. On s'est alors décidé à créer des tribunaux administratifs. Les termes de juridiction gracieuse sont une survivance des pouvoirs juridictionnels que l'administration a pu exercer.

Les motifs pour lesquels le fisc peut prononcer une remise gracieuse tiennent à la bienveillance ou à l'équité. Le plus souvent, le contribuable invoque sa situation financière, qui l'empêche de s'acquitter de sa dette. Mais il peut aussi faire valoir son état de santé, son âge avancé, ses charges de famille, etc. ; en somme toute considération tenant à sa situation personnelle et qui fait obstacle au paiement de l'impôt. Par ailleurs, sans contester la légalité d'une sanction, le contribuable peut considérer que celle-ci lui a été infligée injustement. Ce sont les impôts locaux qui donnent lieu aux plus nombreuses remises ou modérations, car ils sont en décalage avec la richesse réelle des contribuables (v. *supra* p. 166). Les limites posées à l'exercice du pouvoir de remise gracieuse sont réduites.

2. Les limites du pouvoir de remise gracieuse

L'étendue des prérogatives de l'administration dépend tout d'abord de la nature des sommes en cause. En ce domaine on distingue d'un côté les rappels d'impôt, que l'on appelle les *droits simples*, pour les opposer, de l'autre côté, aux pénalités. Le fisc ne peut remettre qu'une imposition directe, à l'exclusion donc d'un impôt indirect. Ainsi la TVA versée au Trésor par un redevable a simplement été collectée par celui-ci sur ses clients, il serait donc choquant que le fisc renonce à un impôt dont le coût réel n'a pas été supporté par l'assujetti. De même, les droits d'enregistrement ne peuvent pas être remis, car le plus souvent ils sont supportés lorsqu'un bien entre dans le patrimoine du redevable. Par exemple, celui qui achète un immeuble ne peut soutenir qu'il n'a plus d'argent pour payer l'impôt. S'il a les moyens d'acquérir le bien, il doit être en mesure d'acquitter les droits d'enregistrement.

Seuls les impôts directs peuvent donc être remis ou modérés et de plus pour des motifs précis. C'est en effet uniquement en cas de gêne ou d'indigence du contribuable que l'on peut le soulager du poids de l'impôt. Donc seule sa situation financière est prise en compte, à l'exclusion de toute autre considération. En principe ne peut recevoir de suite favorable que la réclamation du contribuable qui se trouve dans la stricte impossibilité d'acquitter l'impôt.

En revanche, s'agissant des pénalités, sanctions et intérêt de retard, l'intéressé peut en obtenir la remise ou la modération en invoquant toutes sortes de motifs, et non seulement ceux tirés de sa situation financière. De plus, il peut être soulagé d'une pénalité même si celle-ci est attachée à un impôt indirect, comme la TVA. Il est troublant qu'un contribuable *a priori* fautif, dès lors qu'il a fait l'objet d'une sanction, puisse obtenir la remise de celle-ci. Cette hypothèse devrait être réservée aux seuls cas de gêne ou d'indigence. Mais la marge de manœuvre ainsi laissée à l'administration lui permet de négocier avec le contribuable. Par exemple, elle consent à abandonner une majoration en contrepartie du paiement de l'impôt. Ce genre de pratiques peut donner lieu à des abus, particulièrement en cas de transaction (v. *infra* p. 352-354).

Le pouvoir de remise gracieuse de l'administration se montre d'autant plus discrétionnaire qu'il est peu encadré par les tribunaux. En effet, une juridiction ne statue qu'en droit ; or le gracieux relève de la bienveillance et de l'équité, donc du non-droit. Le juge considère dès lors qu'il ne lui appartient pas de contrôler étroitement un pouvoir qui doit être laissé à la discrétion du fisc, à sa seule appréciation. Même si les tribunaux acceptaient d'exercer un contrôle plus étroit, celui-ci serait difficile. Car lorsque l'administration refuse de prononcer une remise, elle n'a pas à motiver sa décision. Or il est délicat d'apprécier le bien-fondé d'un acte quand on n'en connaît pas les motifs. La trop grande latitude laissée au fisc est regrettable, car elle peut conduire à méconnaître le principe d'égalité devant l'impôt. Par exemple, deux contribuables se trouvent dans la même situation, l'un bénéficie d'une remise, l'autre non, sans que l'on sache pourquoi.

Le pouvoir de prononcer un dégrèvement d'office est encore plus grand.

B. Le dégrèvement d'office

Cela consiste également, pour l'administration, à renoncer au produit d'un impôt, mais dans des conditions et pour des motifs différents de ceux de la remise gracieuse. En principe, le dégrèvement d'office (DO) est décidé à la seule initiative du fisc, alors que la remise nécessite une réclamation. Mais, en pratique, rien n'empêche un contribuable de demander à l'administration d'exercer son pouvoir de dégrever d'office. La remise gracieuse répond à la bienveillance ou l'équité, tandis que le DO est prononcé à raison d'une erreur de droit. C'est parce qu'un impôt est affecté d'une illégalité que le fisc y renonce. Si les droits n'ont pas encore été payés il en prononce le *dégrèvement* ; dans l'hypothèse inverse, on parle de *restitution*.

L'administration peut décider d'un DO à propos de toute imposition, directe ou indirecte. En revanche, cette mesure ne saurait en principe concerner une pénalité. Mais, en réalité, si un impôt est dégrevé, la pénalité qui l'accompagne disparaît avec lui. La règle signifie donc que l'administration ne peut prononcer le DO d'une pénalité seule, indépendamment de l'imposition qui lui est associée.

La demande de remise gracieuse n'est soumise à aucun délai, elle peut être présentée sitôt après la mise en recouvrement, puis n'importe quand. Au contraire le contribuable n'a qu'un temps limité pour introduire une réclamation contentieuse (v. *infra* p. 317). C'est précisément lorsque ce délai est expiré que l'administration peut prononcer un DO. Elle dispose alors de quatre ans pour prendre cette décision. Le contribuable qui a laissé passer le délai de la réclamation contentieuse a donc encore la possibilité de solliciter un DO.

Mais le fisc n'a aucune obligation de dégrever d'office un impôt alors même que celui-ci est entaché d'une illégalité. Il peut le faire, mais n'y est nullement tenu. C'est en cela que le DO appartient au domaine du gracieux, car il relève de la seule discrétion de l'administration. Cette liberté est d'autant plus grande que le juge refuse d'exercer tout contrôle sur le bien-fondé d'un refus de dégrèvement. Comme la remise gracieuse, le DO donne à l'administration une marge de manœuvre qui peut conduire à méconnaître l'égalité devant l'impôt. Cependant, la mesure est particulièrement utile en matière d'impositions locales qui, par principe, ne sont pas déclaratives. Le contribuable peut donc difficilement détecter une erreur dès lors qu'il n'est pas à l'origine de celle-ci. Mais là encore il n'a aucun droit au dégrèvement ou à la restitution, qui ne sont décidés que par l'administration.

Au contraire, en présentant une réclamation contentieuse, le contribuable fait valoir un droit, celui de voir respecter la légalité.

Sous-section 2

LA RÉCLAMATION CONTENTIEUSE

On peut tout d'abord s'interroger sur l'utilité de cette procédure (A), avant d'étudier son régime (B), ses règles.

A. L'utilité de la réclamation contentieuse

Dans le contentieux administratif général, qui se rapporte aux litiges opposant les particuliers à la puissance publique, on oblige de plus en plus l'administré à présenter un recours devant l'administration, avant de pouvoir saisir le juge. Le but recherché est de trouver un accord pour limiter l'encombrement des juridictions, de réduire le nombre de dossiers dont les tribunaux sont saisis. En ce domaine le contentieux fiscal sert d'exemple. En effet, 95 % des affaires sont réglées au stade de la réclamation, ce qui épargne autant de requêtes présentées au juge. En réalité, ce chiffre est trompeur. Car la très grande majorité des réclamations soumises au fisc ne sont pas contentieuses, en ce sens qu'elles ne comportent pas de litige. Le contribuable demande la réparation d'une erreur matérielle qui affecte son impôt, et que l'administration accepte de corriger. Par exemple, un couple marié a deux enfants à charge, or on ne lui a compté que 2,5 parts de quotient familial au lieu de 3. Il n'existe donc pas de litige puisque le contribuable comme le fisc s'entendent sur la nécessité de recalculer l'impôt. Chaque année l'administration édicte des dizaines de millions de rôles, il est inévitable qu'une partie de ces actes comporte des erreurs, imputables au fisc ou au contribuable. La réclamation n'est ici, en réalité, que le prolongement de la procédure d'imposition. La seule raison pour laquelle on la nomme contentieuse tient au fait qu'elle intervient après la mise en recouvrement. Si l'on retire les demandes gracieuses, celles réellement contentieuses, pour comporter un différend d'ordre juridique, sont peu nombreuses par rapport au total des réclamations.

La phase administrative du contentieux fiscal paraît utile lorsque l'impôt contesté découle d'un contrôle sur pièces. Car cette procédure autorise peu de contacts entre le fisc et le contribuable. La réclamation est donc l'occasion de trouver un accord. En revanche, on peut douter de son efficacité lorsque l'imposition litigieuse résulte d'un contrôle sur place. Ainsi, dans la vérification de comptabilité, la règle du débat oral et contradictoire oblige l'agent et l'entreprise à discuter des rectifications qui seront proposées. Si un accord n'est pas trouvé, le contribuable peut exercer les recours hiérarchiques et saisir la commission départementale des impôts. Le déroulement de l'ensemble de ces procédures prend plusieurs mois, voire parfois des années. Lorsque le litige est réel, que le fisc et le contribuable campent sur leur position, comment espérer qu'il sera résolu grâce à la réclamation ? Pourquoi l'administration changerait-elle d'opinion alors qu'à plusieurs reprises elle a repoussé les arguments du contribuable ?

La multiplication des procédures préalables ne fait que reculer l'intervention du juge, dont le rôle est ainsi affaibli. En raison de l'instabilité du droit fiscal, dont les règles changent trop souvent, il est fréquent que les tribunaux règlent des litiges reposant sur des normes qui ont été abrogées. Ce qui retire de l'intérêt à la jurisprudence en tant que source du droit. Le fisc semble vouloir conserver le plus longtemps possible la maîtrise des dossiers contentieux, avant de devoir les abandonner au profit du juge. Ainsi il a créé un *conciliateur départemental*, qui intervient le plus souvent après le rejet d'une réclamation contentieuse, pour dissuader le contribuable de saisir les tribunaux [1]. En cas d'échec, le même rôle est exercé par le *médiateur* du ministère des finances, qui a lui l'avantage de ne pas être un agent de l'administration.

Malgré cela, le juge de l'impôt est favorable au principe de la réclamation, comme en témoignent les règles de celle-ci.

B. Le régime de la réclamation contentieuse

Le contribuable qui conteste un impôt doit tout d'abord avoir intérêt à agir (1), autrement dit être en droit de présenter une réclamation. Par ailleurs, il lui faut suivre des règles de forme (2), de procédure. L'administration répond à sa demande en prenant une décision contentieuse (3).

1. L'intérêt à agir

L'intérêt à agir est le droit pour une personne de saisir la justice. En droit fiscal, les règles, en ce domaine, sont identiques, qu'il s'agisse de présenter une réclamation ou de soumettre une requête au juge. Cette similitude est conçue afin d'assurer l'efficacité de la phase administrative du contentieux. Puisque avant d'aller devant un tribunal il faut avoir réclamé, autant faire en sorte que seuls puissent présenter une réclamation les contribuables qui sont en droit d'agir en justice.

---

1. M. Collet, *Procédures fiscales*, PUF, coll. Thémis, 2011, n° 320.

Les règles fiscales de l'intérêt à agir sont marquées par la parcellisation de l'instance, c'est-à-dire de la demande contentieuse. En effet, seul peut agir le redevable direct de l'impôt litigieux. Les requêtes collectives, sauf rares exceptions, sont interdites. Or, les hypothèses dans lesquelles des contribuables pourraient agir ensemble sont très nombreuses. Imaginons par exemple qu'un inspecteur des impôts décide de soumettre les étudiants d'une résidence universitaire à la taxe d'habitation, alors qu'ils en sont exonérés. Se trouvant dans la même situation, tous les étudiants de la résidence devraient pouvoir agir ensemble. Mais cela leur est interdit. Chacun doit présenter sa réclamation et, au besoin, sa requête devant le juge.

De même, on ne peut en principe contester qu'un impôt à la fois et sur une seule période d'imposition. Si cette règle était appliquée dans toute sa rigueur, elle ferait perdre beaucoup de temps. Par exemple, une société fait l'objet d'une vérification de comptabilité, à l'issue de laquelle l'inspecteur reproche à l'entreprise d'avoir payé, sur plusieurs années, des dépenses personnelles de son dirigeant. Il en résulte trois rectifications : la charge est rejetée et conduit à un rappel d'IS comme de TVA, par ailleurs le dirigeant est imposé à l'IR sur les avantages dont il a profité. La société conteste l'acte anormal de gestion qui lui est reproché. Elle soutient que les dépenses en cause ont été engagées dans son intérêt et non celui du dirigeant. En principe, il faudrait présenter autant de réclamations qu'il y a d'impôts et de périodes d'imposition. Alors qu'à chaque fois le litige est le même, puisqu'il s'agit de savoir si les frais litigieux ont été utiles à l'entreprise. Dans la pratique, les règles sont plus souples. La société n'aura à présenter qu'une seule réclamation, tant pour l'IS que la TVA. Le dirigeant doit également introduire une demande, car il forme une personne distincte de l'entreprise. Mais les deux réclamations intéresseront l'ensemble des périodes redressées.

Cette parcellisation de l'instance fiscale est conçue pour protéger les intérêts du Trésor. Celui-ci a beaucoup moins à perdre devant un seul contribuable, contestant en principe un seul impôt sur une seule période d'imposition. Si l'administration perd le procès, cela lui coûtera beaucoup moins cher que face à plusieurs requérants déchargés de différentes impositions sur plusieurs années. Enfin, les règles de l'intérêt à agir ont pour conséquence d'empêcher les contribuables de s'unir face à l'administration.

Il ne suffit pas d'être en droit de présenter une réclamation pour valablement introduire celle-ci, il faut également respecter des règles de forme.

2. Les règles de forme

Elles sont notamment issues de la jurisprudence. Or il résulte de celle-ci que le juge est intransigeant quant au caractère obligatoire de la réclamation. Toute requête qui lui serait présentée sans que le contribuable ait au préalable réclamé devant l'administration sera rejetée. À l'inverse, le juge se montre beaucoup plus libéral quant aux autres règles de procédure. Ainsi une réclamation doit comporter les motifs de la contestation, être signée par son auteur et accompagnée d'une copie de l'acte d'imposition, du rôle par lequel le fisc a mis en recouvrement l'impôt contesté. Quant à la première règle, par exemple, relative à la nécessité de motiver la demande, le juge a considéré comme recevable une réclamation dans laquelle le contribuable se contentait d'indiquer les bases qui, selon lui, devaient servir au calcul exact de l'impôt [1]. Or on ne pouvait pas dire, dans cette affaire, que la demande comportait des motifs de contestation.

---

1. CE, 4 février 1991, req. n° 76912, *Sté d'exploitation de magasins utilitaires*, *RJF* 1991.3.314.

Pourquoi cette exigence du juge quant au principe même de la réclamation et cette tolérance pour ses modalités ? De manière à ce que la phase administrative du contentieux fiscal se montre la plus efficace possible. Que le fisc examine effectivement les réclamations et fasse barrage au contentieux juridictionnel. Toute affaire réglée par l'administration sera ainsi épargnée au juge. Voilà pourquoi celui-ci se montre favorable au principe de la réclamation, alors qu'elle constitue une perte de temps pour les demandes réellement contentieuses qui, inévitablement, seront soumises aux tribunaux.

Outre les règles de présentation de la réclamation, le contribuable doit respecter les délais à l'intérieur desquels il peut introduire sa demande. Par principe, il dispose de deux ans après la mise en recouvrement pour réclamer. En matière d'impôts locaux cependant, le délai est réduit à un an, de manière à correspondre au droit de reprise de l'administration [1] (v. *supra* p. 286). La même logique explique que lorsque l'impôt contesté est issu d'une rectification, le délai de réclamation soit le même que celui dont dispose le fisc pour opérer un contrôle. Le droit de reprise s'exerçant en général sur trois ans, le contribuable redressé dispose également de trois années, et non plus deux, pour réclamer. Ainsi chacun profite de la même durée pour, d'un côté reprendre une imposition, de l'autre contester le rôle qui en résulte.

Bien entendu le contribuable a tout intérêt à adresser sa réclamation par lettre recommandée avec accusé de réception, de manière à se ménager la preuve qu'il a contesté l'impôt dans les délais. Dès lors qu'une réclamation est recevable, pour respecter les règles de forme, l'administration l'examine au fond. Puis elle y répond en prenant une décision contentieuse.

---

1. Y compris s'agissant de la contribution économique territoriale, alors que pour celle-ci le droit de reprise s'étend sur trois années.

3. La décision contentieuse

Le fisc dispose de six mois pour statuer sur une réclamation contentieuse. Le plus souvent ce délai est respecté, soit pour rejeter la demande, soit pour prononcer un dégrèvement ou une restitution. Mais certains services contentieux de la DGFiP sont encombrés. Afin d'éviter une situation de blocage, le contribuable qui n'a pas reçu de réponse à sa réclamation au-delà des six mois est en droit de saisir le juge. Dans cette hypothèse, en effet, l'administration est réputée avoir rendu une décision implicite de rejet.

Si elle prononce une décision explicite de rejet, le service doit bien sûr motiver celle-ci, indiquer les raisons pour lesquelles les arguments du contribuable sont repoussés. Mais l'absence ou l'insuffisance de motivation d'une décision contentieuse a pour seul effet de ne pas faire partir le délai pour saisir le juge. Le contribuable dispose en effet de deux mois, à compter du rejet explicite de sa réclamation, pour agir en justice. Si la décision n'est pas ou pas assez motivée, il peut saisir le juge quand il le veut, car ce délai n'a pas commencé à courir. La faiblesse de cette sanction est surprenante lorsque l'on sait que le défaut de motivation d'une proposition de rectification, ou d'une réponse aux observations du contribuable, conduit à la nullité du contrôle (v. *supra* p. 289-290). Cela s'explique par le fait que l'acte attaqué au contentieux est constitué par le rôle. Or une décision contentieuse de rejet ne fait que confirmer celui-ci. Au contraire, la proposition de rectification et la réponse aux observations du contribuable participent directement à la formation du rôle, ils en sont les actes préparatoires. C'est pourquoi le défaut de motivation qui les affecte est bien plus grave que le même vice entachant la décision contentieuse.

On notera donc que l'administration est incitée à répondre aux réclamations, de façon motivée s'il s'agit de les rejeter, car à défaut elle est menacée à tout moment d'être traduite devant le juge.

Le contribuable qui a introduit une réclamation contentieuse et n'a pas obtenu de réponse favorable, sur la totalité ou une partie de sa demande, peut enclencher la phase juridictionnelle du contentieux fiscal.

Section II
LA PHASE JURIDICTIONNELLE DU CONTENTIEUX FISCAL

Le contentieux de l'impôt est confié aux deux ordres de juridiction (v. *supra* p. 247). Ce partage des compétences, à l'exception du contentieux du recouvrement (v. *infra* p. 347-348), pose peu de difficultés pratiques : on sait quelles impositions doivent être contestées devant tel ou tel ordre de juridiction. En revanche, il n'a aucun fondement logique : on ne peut pas expliquer pourquoi il existe deux juges de l'impôt [1]. À l'origine on pensait qu'il existait une différence de nature entre les impositions directes, confiées au juge administratif, et celles indirectes, relevant du juge judiciaire. Or cette opposition a été ruinée par l'apparition de la taxe sur le chiffre d'affaires, ancêtre de la TVA, qui bien que constituant un impôt indirect a été attribuée au juge administratif. En effet, la TVA est très liée aux impôts directs sur les bénéfices (IR et IS). Ainsi, lors d'un contrôle, le rejet d'une charge déduite par une société conduit à un rappel d'IS et de TVA. Il importe donc qu'un seul juge statue sur un litige identique, même si celui-ci intéresse deux impositions distinctes. Le contentieux de l'impôt (direct) sur la

1. Voir Ch. de la Mardière, *Recours pour excès de pouvoir et contentieux administratif de l'impôt*, LGDJ, 2002, n° 23 et s.

fortune a lui été attribué au juge judiciaire, car il retient les mêmes règles d'évaluation des biens imposables que les droits d'enregistrement, qui relèvent également de la compétence de ce juge. Les affaires fiscales traitées par les tribunaux judiciaires représentent moins de 5 % du total des demandes en justice présentées par les contribuables. Il serait raisonnable de mettre fin à cette compétence pour confier l'ensemble des litiges fiscaux au seul juge administratif.

Au sein du contentieux fiscal on distingue la procédure générale, par laquelle le contribuable conteste la légalité d'une imposition, des procédures particulières lui permettant d'obtenir autre chose que la décharge d'un impôt. On oppose ainsi le contentieux de l'imposition (sous-section 2) aux contentieux spéciaux (sous-section 1).

Sous-section 1
LES CONTENTIEUX SPÉCIAUX

Ce sont des procédures annexes au recours proprement fiscal. Il s'agit tout d'abord d'un contentieux qui n'intéresse pas l'assiette mais le recouvrement de l'impôt. On y trouve des procédures d'urgence car, pour le contribuable, il est pressant de ne pas payer une imposition qu'il estime indue. Par ailleurs, si l'intéressé se plaint d'une faute commise par l'administration dans l'exercice de ses pouvoirs, faute qui lui aurait causé un préjudice, il peut engager la responsabilité de l'État. Dans cette hypothèse, il demande au juge la condamnation de la puissance publique à lui verser une somme d'argent, venant réparer le dommage subi. Enfin, le contribuable peut engager un dernier contentieux, marginal dans le domaine de l'impôt, en introduisant un recours pour excès de pouvoir. Cette demande permet d'attaquer des actes que le recours fiscal ordinaire ne peut pas atteindre. Par exemple, contester la légalité d'une instruction, ce que le contentieux de l'imposition n'autorise pas car, dans cette hypothèse, le contribuable ne demande pas la décharge d'un impôt.

On distinguera donc le contentieux de l'urgence (A), de celui de la responsabilité (B), et de l'excès de pouvoir (C). Commençons par l'urgence puisque celle-ci n'attend pas.

A. Le contentieux de l'urgence

Il permet au contribuable d'obtenir la suspension du recouvrement d'un impôt dont il conteste la légalité. Le souci de l'intéressé de ne pas payer est d'autant plus grand que les sommes en jeu sont importantes. Dans ce cas, si les droits et pénalités étaient recouvrés, ils risqueraient de lui causer un préjudice financier important, voire de le ruiner. C'est pourquoi le contribuable dispose de procédures rapides pour obtenir l'interruption du recouvrement, au moins jusqu'à la réponse donnée à sa réclamation. Ces recours sont d'une part le référé fiscal (1), d'autre part le référé-suspension (2).

Le magistrat qui statue sur les demandes de référé est désigné dans chaque tribunal. Il ne prend que des décisions provisoires, motivées par l'urgence, dans l'attente du jugement de fond, qui dira si l'impôt contesté est légal ou non.

1. Le référé fiscal

Ce recours est le moyen pour le contribuable de faire respecter un droit, celui du sursis de paiement *(a)*, qui permet d'obtenir la suspension du recouvrement ; si ce droit est refusé, le débiteur de l'impôt peut introduire un référé fiscal, dont la procédure est rapide *(b)*.

a) Le sursis de paiement

Dès lors que le contribuable a introduit une réclamation contentieuse, il lui suffit de demander dans celle-ci le bénéfice du sursis de paiement pour que le recouvrement de l'impôt soit suspendu. En revanche, une réclamation gracieuse ne permet pas de solliciter le sursis. Le droit pour celui qui conteste la légalité d'un impôt d'obtenir qu'il ne soit pas recouvré tout de suite est une dérogation importante à un principe du contentieux administratif. En effet, dans celui-ci, les recours ne sont normalement pas suspensifs : leur exercice n'empêche pas l'administration d'appliquer – d'exécuter – l'acte attaqué. Par l'effet du sursis de paiement, le recouvrement de l'impôt est suspendu jusqu'à la décision contentieuse. En cas de rejet de la réclamation, si le contribuable saisit le juge, le sursis continue de produire ses effets jusqu'à la décision de première instance, c'est-à-dire le jugement du tribunal administratif ou du tribunal de grande instance. Dans l'hypothèse où la décision de justice donne tort au contribuable, celui-ci perd le bénéfice du sursis. L'impôt doit alors être versé et de plus il est majoré de 10 %, car son paiement est nécessairement intervenu tardivement. La majoration [1] est également due si la réclamation est rejetée et que le contribuable ne saisit pas le juge.

Le droit au sursis de paiement ne peut être remis en cause que si le montant de l'impôt litigieux est important : supérieur à 4 500 €. Dans ce cas, le comptable public chargé du recouvrement de l'impôt peut demander au contribuable de constituer des garanties. Il s'agit de s'assurer que le Trésor sera payé dans le cas où la réclamation serait rejetée. Si le comptable entretient des

1. Cette pénalité ne doit pas être confondue avec celle sanctionnant le dépôt tardif d'une déclaration, qui s'élève également à 10 %. La majoration encourue en cas de paiement effectué en retard est une pénalité de recouvrement, tandis que celle relative aux déclarations relève de l'assiette.

doutes à ce sujet, il peut exiger la consignation de la somme litigieuse : le contribuable place l'argent sur un compte d'attente ouvert auprès du Trésor, montant qui pourra servir au paiement de la dette fiscale. Le débiteur peut également offrir une caution bancaire : la banque s'engage à payer l'impôt si le contribuable ne s'en montre pas capable. Enfin, dernier exemple, il est possible de constituer une hypothèque, à savoir une sûreté prise sur un immeuble appartenant à l'intéressé qui permet au Trésor, en cas de défaillance, de saisir le bien pour le vendre.

C'est uniquement lorsque le débiteur ne peut pas constituer de garanties, ou que celles qu'il propose sont jugées insuffisantes par le comptable, que celui-ci peut lui refuser le sursis de paiement. Cependant, même dans cette hypothèse, le contribuable dispose d'une protection, que l'on appelle le « mini-sursis ». À savoir que le comptable public est certes en droit de prendre une mesure de recouvrement, mais qui n'est que *conservatoire*, c'est-à-dire non définitive. Par exemple, il prend une hypothèque sur une maison, mais il ne peut pas la vendre. C'est seulement lorsque la réclamation, ou la requête de première instance, sera rejetée qu'il pourra procéder à cette vente.

De plus, le contribuable peut contester la décision du comptable de lui refuser le sursis de paiement, en engageant une procédure de référé fiscal.

b) La procédure du référé fiscal

Un litige peut naître entre le contribuable et le comptable public quant à la valeur des garanties proposées par le premier. Par exemple, le débiteur de l'impôt propose une hypothèque sur sa maison de campagne, en soutenant que celle-ci vaut cher. Le comptable public n'est pas de cet avis, il estime que le prix que l'on pourrait tirer de la vente du bien ne suffirait pas à couvrir la dette fiscale. Il refuse donc le bénéficie du sursis de paiement. Le contribuable peut contester cette décision en saisissant le juge du référé fiscal, à savoir soit un magistrat du tribunal administratif, soit un juge du tribunal de grande instance, selon la nature de l'impôt en cause. Pour être en droit de recourir à ce juge, le contribuable doit consigner 10 % de l'impôt litigieux. Cette obligation permet d'éviter les procédures dilatoires (du latin *dilatio*, « délai »), c'est-à-dire celles que le débiteur utilise uniquement pour gagner du temps, car il sait pertinemment que ses garanties ne valent rien. Le juge du référé fiscal se prononce dans le délai d'un mois, en appréciant les garanties proposées par le contribuable. Soit il estime qu'elles sont suffisantes et accorde le sursis de paiement. Soit il pense le contraire et demande au débiteur de constituer de nouvelles garanties. Si le contribuable s'y refuse, ou en est incapable, l'impôt doit être payé. Il est possible de faire appel de la décision du juge et même, en cas d'échec, d'exercer un recours en cassation.

On voit donc que le contribuable bénéficie de plusieurs procédures lui permettant de faire valoir son droit au sursis de paiement. Malgré cela, il peut également exercer un autre recours, le référé-suspension.

2. Le référé-suspension

Il s'agit d'une procédure qui n'existe que devant la juridiction administrative. Le contribuable qui conteste des droits d'enregistrement ou l'ISF ne peut donc pas en bénéficier. Ce qui est regrettable car elle constitue une garantie supplémentaire appréciable. On a vu que dans le contentieux administratif général les recours n'étaient pas suspensifs (v. *supra* p. 322). Cependant, il est permis au requérant de demander au juge, par un référé, la suspension de l'acte administratif dont il conteste la légalité. En matière fiscale, l'acte pouvant être ainsi suspendu est constitué par le rôle. En cas de décision favorable du juge, l'impôt ne peut être immédiatement recouvré, soit exactement le même effet que celui produit par le sursis de paiement. C'est précisément lorsque le contribuable ne peut pas bénéficier de celui-ci qu'on lui permet de présenter un référé-suspension. Le comptable public a réclamé des garanties que le débiteur ne peut pas constituer. Ou encore celles proposées sont remises en cause et le contribuable n'est pas en mesure de consigner 10 % de l'impôt, il ne peut dès lors introduire un référé fiscal.

La suspension de l'acte d'imposition forme donc une protection supplémentaire. Mais elle ne constitue pas un droit comme le sursis de paiement. Son bénéfice est soumis à deux conditions, appréciées par le juge. Tout d'abord la suspension du rôle doit être motivée par l'urgence : il importe d'interrompre au plus vite le recouvrement de l'impôt, sous peine de faire subir au contribuable un grave préjudice financier. Par ailleurs, il doit exister un doute sérieux quant à la légalité de l'imposition contestée. C'est seulement lorsque le juge de l'urgence estime que ces deux conditions sont réunies qu'il a la faculté, et non l'obligation, de prononcer la suspension. Sa décision n'est pas susceptible d'appel, mais seulement d'un recours en cassation.

On ne peut qu'être frappé par le luxe de précautions prises pour interrompre le recouvrement de l'impôt. Cela s'explique par le souhait d'éviter des situations fâcheuses, où le fisc ruine le contribuable en lui réclamant le paiement d'impositions illégales. Ces hypothèses sont rares. Si elles traduisent une faute commise par l'administration, le contribuable peut engager la responsabilité de l'État.

B. Le contentieux de la responsabilité

Il arrive que l'administration se trompe, en causant un préjudice au contribuable. L'exemple classique est la mise en recouvrement de lourdes impositions, accompagnées de sanctions tout aussi élevées, sommes que le juge reconnaîtra comme n'étant pas dues. Le temps que la justice se prononce, le fisc a poursuivi le recouvrement de ces montants dans des conditions dommageables pour leur débiteur. Par exemple, un particulier a dû vendre sa résidence principale, ou encore une entreprise a été mise en faillite. Dans de pareilles situations, le contribuable peut demander au juge la condamnation de l'État, dont l'administration fiscale est l'une des composantes. Si la justice reconnaît qu'une faute a été commise, elle condamnera la puissance publique à payer au contribuable une somme d'argent, en réparation du préjudice qu'il a subi.

Longtemps la jurisprudence n'a accepté de reconnaître la responsabilité de l'État qu'à raison d'une faute lourde commise par les services fiscaux. C'est-à-dire une erreur grossière ayant entraîné des conséquences particulièrement graves. Puis le juge a admis qu'une faute simple pouvait également conduire à la condamnation de la puissance publique, lorsque l'activité source de l'erreur ne présentait pas de difficulté particulière. Par exemple, un service se trompe en établissant l'IR d'un contribuable modeste et lui réclame avec insistance le paiement de sommes élevées. Le régime de la faute lourde n'était plus réservé qu'aux erreurs commises à l'occasion d'activités complexes, comme un contrôle fiscal.

Récemment, le Conseil d'État a abandonné la distinction entre les fautes lourde et simple [1]. Désormais, toute faute commise par le fisc, quelles que soient sa

1. CE, sect., 21 mars 2011, req. n° 306225, *Krupa*, *RJF* 2011.6.742, chr. p. 597.

gravité et la difficulté de l'activité qui l'a fait naître, est de nature à engager la responsabilité de l'État. Cependant, le simple fait d'avoir mis en recouvrement un impôt indu ne donne pas droit à une indemnisation. D'ailleurs, la restitution d'une imposition payée à tort est accompagnée d'*intérêts moratoires* (du latin *mora*, « retard »), dont le montant est le même que celui de l'intérêt de retard : 4,80 % par an. De plus, le contribuable qui obtient gain de cause devant le juge peut obtenir le paiement de *frais irrépétibles*, qui ont vocation à lui rembourser les honoraires de son avocat. Pour voir engagée la responsabilité de la puissance publique, le contribuable doit prouver l'existence d'un préjudice direct et certain. Par exemple, la faillite d'une société est due aux mesures de recouvrement prises par le fisc et non à la mauvaise santé financière de l'entreprise.

Il reste très rare que la responsabilité de l'État du fait des services fiscaux soit reconnue. En effet, le contribuable est protégé par le sursis de paiement et, à défaut, par les procédures d'urgence permettant de différer le recouvrement. Espérons néanmoins que la nouvelle jurisprudence autorisera une sanction des abus que peut engendrer un droit fiscal de plus en plus répressif (v. *supra* p. 269-271).

Dernier recours annexe à la disposition du contribuable, celui en excès de pouvoir.

C. Le contentieux de l'excès de pouvoir

La qualification du contentieux fiscal (1), autrement dit la détermination de sa nature juridique, explique la place marginale qu'occupe le recours pour excès de pouvoir dans le domaine de l'impôt (2).

1. La qualification du contentieux fiscal

Dans le contentieux administratif général, il existe deux grandes catégories de demandes en justice, le recours pour excès de pouvoir et celui de plein contentieux. Le premier critère permettant de les distinguer tient aux prérogatives que peut exercer le juge lorsqu'il est saisi de l'un ou l'autre des recours. En excès de pouvoir, si la décision prise par l'administration est effectivement illégale, le juge doit en prononcer l'annulation ; mais il ne peut faire que cela, annuler et rien d'autre. À l'inverse, le recours de plein contentieux, encore dit de pleine juridiction, permet au juge administratif d'exercer toutes ses prérogatives. On dit alors que ses pouvoirs sont pleins, entiers. Ainsi il peut bien sûr empêcher l'application de l'acte illégal, mais aussi le modifier, lui substituer une autre décision, ou encore condamner l'administration à indemniser le préjudice qu'elle a causé. En réalité, cette distinction des contentieux selon les pouvoirs du juge est relative. Car il n'y a pas de plus grande prérogative que celle d'annuler. L'annulation d'un acte administratif, pour excès de pouvoir, conduit à la disparition de tous les effets qu'il a pu produire : il est censé n'avoir jamais existé. Il n'est donc pas besoin de le modifier ou d'y substituer une autre décision [1].

---

1. Pour de nombreux auteurs, le juge du plein contentieux disposerait également d'un pouvoir d'annulation. À mon avis, cette opinion doit être nuancée. Certes, ce juge peut faire disparaître l'acte administratif illégal, mais pas avec la même intensité que dans l'excès de pouvoir. L'annulation qui caractérise celui-ci produit un effet *erga omnes* (« envers tous »), ce qui explique qu'elle soit douée d'une autorité absolue de chose jugée. À savoir que la décision de justice rendue en excès de pouvoir s'impose à toutes les administrations comme à tous les administrés. À l'inverse, celle du plein contentieux n'a qu'une autorité relative de chose jugée, elle ne concerne que les parties au litige, seulement l'administration et le citoyen qui s'affrontent devant la justice. C'est la raison pour laquelle on ne devrait parler d'annulation que s'agissant de l'excès de pouvoir.

La distinction entre l'excès de pouvoir et le plein contentieux tient en réalité à une opposition plus profonde, celle entre le droit objectif et le droit subjectif. Il s'agit du second critère de la distinction des contentieux, bien plus pertinent que le premier. Le recours pour excès de pouvoir est ouvert contre les actes administratifs objectifs, c'est-à-dire d'application générale, impersonnelle. Ainsi un règlement, comme un décret, peut être attaqué en excès de pouvoir par toutes les personnes concernées par le texte. À l'inverse, le plein contentieux se rapporte normalement à des actes subjectifs, qui n'intéressent qu'une seule personne. Par exemple, un avion de l'armée de l'air s'écrase sur une maison, en l'absence de l'occupant qui demande réparation du préjudice subi. La victime dispose d'un droit subjectif car il lui est propre, il n'appartient qu'à elle. De la même façon, le contentieux de la responsabilité de l'État du fait des services fiscaux relève de la pleine juridiction.

Le procès fiscal constitue l'une des branches du contentieux administratif. Longtemps, on n'a pas su s'il relevait de l'excès de pouvoir ou du plein contentieux. La jurisprudence a fini par répondre qu'il appartenait au second, soit à la pleine juridiction [1]. Mais elle a procédé à cette qualification en se fondant seulement sur le critère tenant aux pouvoirs du juge, en considérant que celui de l'impôt pouvait se substituer au fisc pour modifier ses décisions. Cette solution est contestable car la nature objective du droit fiscal n'est pas douteuse. Les principes de l'égalité devant l'impôt et de la légalité de celui-ci garantissent que les règles fiscales sont les mêmes pour tout le monde. Donc, lorsqu'un contribuable demande à être déchargé d'une imposition parce que celle-ci est illégale, il fait valoir un droit objectif, car

1. CE, sect., 29 juin 1962, req. n° 53090, *Sté des aciéries de Pompey*, *Dr. fisc.* 1962, n° 31-36, comm. 861.

tous ceux placés dans la même situation que lui disposent du même droit.

Le choix de la jurisprudence de placer le contentieux fiscal dans la pleine juridiction explique que le recours pour excès n'y occupe qu'une place marginale.

2. Un recours marginal

La requête en annulation sert de complément aux autres demandes en justice. Si le contribuable ne conteste pas la légalité d'un impôt, ne demande pas la suspension urgente du recouvrement, ni n'engage la responsabilité de l'État, alors il peut intenter un recours pour excès de pouvoir. Ce dernier occupe donc une fonction de « bouche-trou » vis-à-vis du recours fiscal ordinaire. On peut ainsi l'exercer pour contester la légalité d'une instruction, ou d'une réponse ministérielle, car le contribuable ne demande pas alors à être déchargé d'un impôt. De même, lorsque l'administration refuse de reconnaître le statut d'assujetti à la TVA : l'intéressé peut introduire un recours pour excès de pouvoir puisqu'il ne conteste pas la légalité d'une imposition, mais le refus de lui faire bénéficier d'une situation avantageuse (v. *supra* p. 96).

Autre exemple, il est possible d'attaquer en excès de pouvoir un refus d'agrément. Les *agréments fiscaux* sont des autorisations données par l'administration permettant à des contribuables de bénéficier d'un régime de faveur. En contrepartie, les intéressés doivent respecter des obligations qui vont dans le sens de l'intérêt général. Par exemple, les monuments historiques, lorsqu'ils sont la propriété de particuliers, peuvent être exonérés de droits de mutation à titre gratuit (donations et successions). Plusieurs conditions sont posées à cet avantage, notamment le fait que l'immeuble soit correctement entretenu et ouvert au public. L'exonération a pour but de promouvoir la préservation et la mise en valeur du patrimoine, en incitant le contribuable à faire visiter son château. Elle est conditionnée par l'octroi d'un agrément délivré à la fois par le ministre du budget et celui de la culture. Le contribuable n'est pas tenu d'ouvrir au public toutes les pièces de sa demeure, il est en droit de préserver l'intimité de celles où il vit. Mais l'agrément peut être refusé si l'accès au monument est trop limité. Cette décision est susceptible de contestation, par un recours en excès de pouvoir. Car le contribuable ne demande pas alors la décharge d'un impôt, il sollicite l'annulation d'une décision qu'il estime illégale.

Nous n'allons plus traiter désormais que du procès fiscal proprement dit, le contentieux de l'imposition.

Sous-section 2
LE CONTENTIEUX DE L'IMPOSITION

Il est introduit par un *recours en décharge*, ou en réduction. Si le contribuable conteste devoir acquitter la totalité de l'impôt, il sollicite du juge sa décharge. S'il estime que l'imposition est exagérée, il en demande la réduction, la décharge partielle. L'instance (A), ou demande en justice, dans le domaine de l'impôt, suit une procédure qui répond aux mêmes principes que ceux du contentieux administratif général. Le procès fiscal se singularise néanmoins par quelques particularités (B).

A. L'instance

On distingue le jugement du fond de l'affaire (1), qui est réalisé en première instance et en appel, du contrôle de cassation (2).

1. Le jugement du fond de l'affaire

Quel que soit le juge fiscal saisi, administratif ou judiciaire, la procédure est globalement la même. Le législateur a en effet voulu que le contribuable n'ait pas à suivre des règles de procédure différentes selon le juge compétent. Ces normes sont par principe celles du contentieux administratif. Dans leurs grandes lignes, elles sont également identiques que l'on se trouve devant le juge de première instance *(a)* ou d'appel *(b)*.

a) La première instance

Comme la réclamation, la requête présentée au juge doit comporter les motifs de la contestation, être signée par son auteur et accompagnée d'une copie de la décision contentieuse. Le contribuable ne peut pas soumettre aux juridictions la légalité d'un impôt qui n'a pas été contesté dans la réclamation. Il s'agit là encore d'assurer l'efficacité de celle-ci : pour que la phase administrative du contentieux fasse barrage devant les tribunaux, le juge ne peut être saisi d'une imposition contre laquelle il n'a pas au préalable été réclamé.

Le contribuable engage le contentieux juridictionnel par l'envoi au tribunal d'une *requête introductive d'instance*, qui peut être brève. En effet, les délais pour intenter un recours en justice sont courts. Rappelons cependant que le juge peut être saisi à tout moment lorsque la décision contentieuse rendue était implicite, car l'administration n'a pas répondu à la réclamation dans les six mois (v. *supra* p. 318). En dehors de cette hypothèse, le contribuable a, en règle générale, deux mois pour saisir la juridiction compétente, qu'il s'agisse de la première instance, de l'appel ou de la cassation. De manière à tenir compte du peu de temps dont il dispose, on l'autorise à engager la procédure par une requête succincte. Sa demande sera ensuite développée par l'envoi d'un courrier appelé *mémoire complémentaire*, ou *ampliatif* (pour amplifier), dont l'objet est de compléter la requête introductive. Le contribuable y approfondit sa démonstration, de manière à convaincre le juge de l'illégalité de l'impôt litigieux.

L'administration lui répond par un *mémoire en défense*, car il s'agit pour elle de défendre son imposition. Si les arguments du fisc appellent des observations de la part du contribuable, celui-ci rédige un *mémoire en réplique*. L'administration peut également lui répliquer. Les plaideurs adressent leurs mémoires au tribunal, qui les transmet à la partie adverse. L'échange des courriers se poursuit jusqu'à ce que les adversaires n'aient plus rien à se dire. Pour que la procédure ne soit pas trop longue, le juge peut imposer des délais aux plaideurs. Par exemple, le contribuable a déposé son mémoire ampliatif, le juge fait savoir à l'administration qu'elle dispose d'un mois pour présenter sa défense.

Une fois le débat épuisé le juge met l'affaire en l'état : il déclare que le litige est en état d'être jugé. Il fixe alors une date d'audience. Devant la juridiction administrative, celle-ci n'a rien de solennel. L'affaire est présentée par un magistrat, puis le rapporteur public, autrefois appelé commissaire du gouvernement, prend la parole. Il s'agit d'un juge désigné au sein du tribunal pour donner, en toute indépendance, son opinion sur le litige. Les plaideurs peuvent répliquer aux conclusions du rapporteur public, mais brièvement. En effet, la procédure est avant tout écrite, elle se réalise par l'échange des mémoires. L'audience ne doit servir qu'à apporter des précisions aux arguments écrits déjà avancés. Enfin, l'affaire est mise en délibéré, les magistrats se réunissent et délibèrent, pour prendre une décision.

L'administration comme le contribuable peuvent faire appel d'un jugement qui leur est, en totalité ou partiellement, défavorable.

b) L'appel

La procédure en appel suit le même déroulement que celle de première instance. En effet, la juridiction du second degré a pour mission de rejuger l'affaire, de la reprendre du début. C'est ce que l'on nomme l'*effet dévolutif* de l'appel : le litige est entièrement dévolu – transmis – à la cour, qui le rejuge en totalité. Toutefois, le plaideur qui a perdu en première instance doit critiquer le jugement qui lui a donné tort. Le travail des premiers juges n'est donc pas totalement ignoré. Autre différence : en appel, le contribuable doit obligatoirement être assisté d'un avocat. Au contraire, devant les premiers juges, le ministère d'avocat est facultatif. Cela autorise un accès plus grand à la justice mais, sachant la complexité du droit fiscal, ne pas être assisté d'un spécialiste dès le début de la procédure est pour le moins risqué. Le ministère d'avocat est également obligatoire en cassation.

2. Le contrôle de cassation

Le Conseil d'État comme la Cour de cassation n'ont pas pour rôle de rejuger les litiges, mais seulement de contrôler le traitement juridique qu'ils ont reçu de la part du juge du fond. Par principe leur mission n'est pas de dire si l'impôt en cause est légal ou non, mais seulement de s'assurer que l'affaire a été bien jugée. Leur contrôle porte donc sur le droit et non le fait. La question des faits relève de la souveraineté du juge du fond : il n'appartient qu'au tribunal et à la cour de statuer sur tous les aspects du litige, factuels et juridiques. Toutefois, le juge de cassation procède à un contrôle des faits en cas de *dénaturation* de ceux-ci. Il s'agit d'une erreur tellement grossière de la part du juge du fond, que celui-ci a méconnu la nature même des faits. Par exemple, une cour administrative d'appel soutient qu'une réponse aux observations du contribuable est suffisamment motivée, alors que l'administration n'y répond pas aux arguments qui lui sont opposés [1].

En revanche, le contrôle de la *qualification juridique des faits* relève de la compétence du juge de cassation. Cette qualification consiste à tirer les conséquences de droit des faits de l'espèce, de l'affaire. Par exemple, à plusieurs reprises, un contribuable a omis de déclarer des revenus importants. De ces faits, on déduit juridiquement qu'il a subi, à juste titre, la majoration pour manquement délibéré. Le juge de cassation porte son contrôle sur cette appréciation, car elle fait intervenir du droit, même si celui-ci est mélangé aux faits. Mais le juge suprême recherche avant tout l'*erreur de droit*. Celle-ci revient, pour le juge du fond, à méconnaître la portée ou le contenu d'une règle. La portée de la norme tient dans son champ d'application. Par exemple, la cour a reconnu la validité d'une contribution économique territoriale appliquée à un salarié, alors que seuls les professionnels indépendants en sont redevables. Méconnaître le contenu d'une règle consiste à en faire une fausse application. On peut ici reprendre notre exemple favori : parce qu'un mulet n'est pas un cheval, la pauvre bête ne peut donner lieu à l'impôt sur les chevaux.

Ces degrés dans le contrôle de cassation sont toutefois bien théoriques. En effet, nous savons combien il est malaisé de distinguer le fait du droit (v. *supra* p. 292-293). Le Conseil d'État profite de cette difficulté pour mesurer l'intensité de son contrôle. Si on lui présente un litige à propos duquel sa jurisprudence est bien établie, son examen restera léger, pour se concentrer sur le droit. À l'inverse, s'il ne s'est pas encore prononcé sur une question dont les enjeux sont importants, son contrôle ira plus loin, il portera jusqu'aux faits.

Lorsque le Conseil d'État décide de censurer le juge du fond, il annule sa décision, on dit qu'il la casse.

1. CE, 22 février 2002, req. n° 214385, *Cohen*, *Dr. fisc.* 2002, n° 26, comm. 544, concl. S. Austry.

Normalement l'affaire doit être renvoyée devant une autre juridiction d'appel. C'est particulièrement le cas si le litige appelle une nouvelle appréciation des faits, qui relève de la seule compétence du juge du fond. Mais, il est fréquent que le Conseil d'État règle lui-même et définitivement l'affaire, de manière à ce que la procédure ne soit pas trop longue. Dans cette hypothèse, il se prononce davantage comme une seconde juridiction d'appel que comme un juge de cassation.

Toutes ces règles relatives au déroulement de l'instance sont communes au contentieux administratif et fiscal. Ce dernier se distingue par deux particularités.

B. Les particularités du contentieux fiscal

Il s'agit de la substitution de base légale (1) et de la compensation (2), qui ne sont pas propres au procès fiscal, mais dont celui-ci fait un usage fréquent.

1. La substitution de base légale

Les arguments juridiques que les parties au litige, contribuable et administration, présentent au juge sont appelés des *moyens*. Par exemple, une entreprise ayant fait l'objet d'une vérification de comptabilité soutient, devant le tribunal administratif, que le rappel de TVA opéré par le fisc n'est pas fondé. De plus, c'est un autre moyen, elle affirme que le vérificateur n'a pas respecté la règle du débat oral et contradictoire. L'administration ne manquera pas de réfuter ces critiques. D'autres arguments sont issus du juge, lorsque celui-ci invoque un *moyen d'ordre public*. Il dénonce alors une irrégularité grave affectant le dossier. Par exemple, le contribuable n'a pas présenté de réclamation avant de saisir la justice. Si l'administration n'a pas soulevé le moyen, le juge doit le faire car la requête qui lui a été soumise est irrecevable.

Le contribuable comme le fisc sont en droit de présenter des moyens nouveaux à tout moment de l'instance. Reprenons l'exemple de l'entreprise, en imaginant que devant le tribunal elle s'est contentée de critiquer le bien-fondé de l'impôt litigieux. Les premiers juges lui donnent tort. Elle fait appel et doit alors recourir à un avocat, qui lui apprend que le vérificateur aurait dû débattre avec elle du rappel de TVA, dans le respect du débat oral et contradictoire. L'entreprise peut critiquer la régularité de la procédure de contrôle devant la cour, alors même qu'elle ne l'a pas fait en première instance. En revanche, les moyens nouveaux ne sont pas recevables en cassation. Un plaideur ne peut invoquer devant le Conseil d'État un argument qui n'a pas été présenté au juge du fond. En effet, la solution contraire conduirait la juridiction suprême à rejuger l'affaire, ce qui n'est pas son rôle.

Le droit de faire valoir des moyens nouveaux profite surtout à l'administration, car il constitue pour elle une façon commode de corriger ses erreurs. Par exemple, elle opère un rappel d'IR en soutenant que le revenu rectifié relève des bénéfices industriels et commerciaux. Puis elle se rend compte qu'elle s'est trompée, car le gain en cause appartient en réalité aux bénéfices non commerciaux. Le fisc peut, en cours d'instance, fonder son imposition sur une nouvelle base légale, en la rattachant aux BNC et non plus aux BIC. Il lui suffit pour cela de présenter un moyen nouveau, par lequel il demande au juge d'asseoir l'impôt sur un autre fondement juridique.

La substitution ne doit toutefois s'opérer que dans le respect des garanties du contribuable, en particulier le droit pour celui-ci de saisir la commission départementale des impôts. Ainsi l'administration ne pourrait pas taxer un revenu dans la catégorie des traitements et salaires, puis devant le juge requalifier le gain en BNC. Car cela signifierait que dès le départ le contribuable aurait été en droit de saisir la commission, et qu'il ne l'a pas pu. En effet, par principe, seules les entreprises peuvent recourir à cet organisme et non les particuliers. La substitution ne pourrait être valablement faite que si le litige tenait à une question de pur droit, pour laquelle la commission n'est pas compétente. Car, dans ce cas, le contribuable ne saurait se plaindre de la méconnaissance de son droit puisque, en toute hypothèse, l'organisme consultatif n'aurait pu être valablement saisi.

La compensation, comme la substitution de base légale, constitue le moyen pour l'administration de sauvegarder l'imposition attaquée devant le juge.

2. La compensation

Il s'agit d'un mécanisme issu du droit civil, qui permet d'éteindre des créances réciproques à hauteur de la plus faible. Par exemple, Pierre doit 100 € à Paul, mais Paul lui-même est débiteur de 60 € à l'égard de Pierre. Si ce dernier réclame en justice le paiement de sa créance, il n'obtiendra que 100 – 60 = 40 €. La compensation s'opère de façon automatique, de manière à simplifier les relations juridiques.

Au plan fiscal, elle joue entre une surtaxe, c'est-à-dire un impôt dont le montant est exagéré, et une omission ou une insuffisance d'imposition. L'administration peut opposer la compensation au contribuable tant lors d'un contrôle que durant la procédure contentieuse. Le mécanisme s'opère également de façon automatique, ce qui dispense le fisc de suivre les règles habituelles d'imposition, ainsi il n'a pas à envoyer de proposition de rectification. Surtout la compensation n'est pas soumise à la prescription.

Par exemple, un contribuable se voit reprocher, au titre de l'IR de l'année N, d'avoir bénéficié à tort d'un important crédit d'impôt, ce que l'intéressé conteste. Après avoir épuisé tous les recours amiables, il saisit le tribunal administratif qui lui donne raison, mais l'administration fait appel. C'est alors que le fisc se rend compte que le contribuable, à raison de la même année N, a rattaché son fils unique de trente ans à son foyer fiscal. Il a donc bénéficié à tort d'une demi-part de quotient familial. La cour administrative d'appel se prononce en N+5 et confirme que le requérant avait droit au crédit d'impôt. Le juge prononce donc la réduction de l'IR, mais celui-ci est recalculé en tenant compte du crédit d'impôt et du nouveau quotient familial. Autrement dit, la surtaxe résultant du rappel effectué à tort est compensée avec l'insuffisance issue du rattachement du fils au foyer de son père. Pourtant en N+5, l'IR de l'année N est prescrit : l'administration ne devrait pas pouvoir le corriger car son droit de reprise est éteint. Mais la compensation ne connaît pas la règle de la prescription.

Le contribuable peut également opposer la compensation au fisc, dans les mêmes conditions. Par exemple, celui qui fait l'objet d'une rectification se rend compte, en refaisant ses calculs, qu'il a déclaré plus de revenus que ceux réellement perçus. Le rappel d'impôt peut alors être compensé avec la surtaxe. Mais l'administration est beaucoup plus habile dans le maniement de la compensation que le contribuable, lequel oublie trop souvent de la faire jouer. L'égalité des armes est donc illusoire.

On voit que les particularités du contentieux fiscal ne font guère honneur à celui-ci. La substitution de base légale et la compensation sont des procédés déloyaux, qui permettent au fisc de sauver « à tout prix » une part au moins de son impôt, alors que celui-ci est soit illégal, soit prescrit. Encore une fois ces règles sont fondées sur le caractère vital que représente l'impôt pour l'État. L'intérêt général, celui du Trésor, doit l'emporter sur les intérêts particuliers des contribuables. Sans remettre en cause ce nécessaire déséquilibre, on a trop souvent pu vérifier, dans ces pages, que les plateaux de la balance fiscale mériteraient de se rapprocher.

GLOSSAIRE CRITIQUE

Contributions exceptionnelles

Ces contributions, qui sont des impôts, demandent aux plus riches particuliers et aux plus grandes sociétés un effort supplémentaire, de manière à participer davantage au rétablissement des finances publiques.

S'agissant des particuliers, la *contribution exceptionnelle sur les hauts revenus* résulte de la loi de finances pour 2012. L'application rétroactive de celle-ci permet d'en réclamer le paiement sur les revenus de 2011. Le prélèvement tend en réalité à servir la communication politique car son rendement est évalué à une somme dérisoire pour le budget de l'État : autour de 400 millions d'euros. Mais les Français aiment que l'on taxe les riches. Bien que formant une imposition nouvelle, la contribution est assise sur les revenus déclarés au titre de l'IR et recouvrée comme ce dernier, à partir du même avis d'imposition. Elle pose des seuils d'imposition constitués par le *revenu fiscal de référence*, qui regroupe l'ensemble des gains perçus avant application des déductions et abattements. Il s'agit donc du total des ressources disponibles du contribuable. Est redevable de la contribution celui dont le revenu fiscal de référence dépasse 250 000 € pour une part de quotient de familial – sachant que les enfants à charge ne sont pas pris en compte. Un couple marié ou pacsé ne devient donc imposable qu'à raison de revenus dépassant 500 000 €. Les taux s'appliquent sur la fraction supérieure aux seuils d'imposition. Pour une personne seule, ils sont de 3 % au-delà de 250 000 € et de 4 % au-dessus de 500 000 €. S'agissant d'un couple, les mêmes taux frappent le revenu total à partir de 500 000 € et 1 000 000 €.

Exemple d'une personne seule disposant d'un million d'euros de revenus :

250 000	x 0 %	=	0
250 000	x 3 %	=	7 500
500 000	x 4 %	=	20 000
1 000 000	Totaux	=	27 500

La contribution sera perçue jusqu'au rétablissement des finances publiques – ce qui lui laisse de beaux jours devant elle.

S'agissant des sociétés, une contribution exceptionnelle est également établie, elle s'applique pour la première fois sur les bénéfices de 2011. L'impôt est dû par les entreprises relevant de l'IS, dont le chiffre d'affaires est supérieur à 250 millions d'euros HT. Il est égal à 5 % de l'IS et devrait disparaître après 2013.

Incidence et répercussion de l'impôt

L'incidence de l'impôt désigne la personne qui le supporte effectivement. Le phénomène est voulu s'agissant de la taxe sur la valeur ajoutée. Car si le redevable légal, professionnel indépendant, doit collecter la TVA sur ses clients pour la reverser au Trésor, ce n'est pas lui qui subit le coût de l'impôt, mais le consommateur, ou redevable réel. L'incidence n'a rien d'officiel, elle est sournoise, pour les impositions qui doivent effectivement être supportées par les entreprises. Car celles-ci répercutent les charges – y compris fiscales – qu'elles exposent sur les prix qu'elles pratiquent. Au bout du circuit économique, c'est encore le consommateur qui paye, mais il supporte ici des impôts qui ne devraient pas être à sa charge. Le fait pour un redevable légal de se débarrasser d'un coût fiscal sur autrui est appelé la répercussion (ou translation) de l'impôt. Celle-ci peut s'opérer en avant ou en arrière, pour agir soit sur le prix de vente, soit sur le prix d'achat. Elle se réalise en avant dans la relation du vendeur à l'acheteur : le premier répercute l'impôt qu'il a payé sur le prix demandé au second. La répercussion en arrière a pour acteurs un fournisseur et un client. Le client subit un impôt qu'il entend faire supporter au fournisseur, en lui disant : « Si vous n'abaissez pas vos prix, je réduis mes commandes ». Pour maintenir son volume de vente, le fournisseur baisse ses prix du montant de l'impôt [1].

La répercussion est donc forte s'agissant d'imposer la dépense, elle est rare en matière de taxation du revenu, sauf pour les bénéfices des entreprises ; enfin elle est quasiment nulle au regard de l'imposition du capital [2], on voit mal par exemple comment le redevable de l'ISF pourrait s'en décharger sur autrui. De façon générale, les impôts indirects se prêtent davantage à la dilution du coût fiscal que les impôts directs.

La répercussion forme un phénomène très néfaste car il ruine les objectifs fixés par la loi. Imaginons par exemple que le législateur décide la création d'un nouvel impôt sur la propriété immobilière. Si les logements sont rares, qu'il est difficile d'obtenir une location, les propriétaires ne vont pas manquer de répercuter l'impôt sur les nouveaux locataires. Car ceux-ci ne seront pas en mesure de discuter le montant des loyers. C'est seulement si les logements sont nombreux et qu'il est, cette fois-ci, difficile de trouver des locataires, que ces derniers pourront refuser de payer un impôt qui n'est légalement pas à leur charge [3]. Tout dépend donc d'un rapport de force qui découle du jeu de l'offre et de la demande. De même, les entreprises peuvent facilement répercuter leurs charges fiscales sur les prix lorsque la concurrence est faible. À l'inverse, si la compétition est vive, il leur faut serrer les prix pour rester compétitives ; dans ce cas elles supportent effectivement les impôts qui pèsent légalement sur elles.

Ces phénomènes de répercussion de l'impôt sont très difficiles à repérer comme à évaluer. Pourtant, ils sont de nature à remettre en cause toute la politique fiscale, notamment la recherche de l'égalité devant l'impôt. Il ne sert à rien, par exemple, d'établir un IR aussi général que juste si certains contribuables, les entreprises, peuvent le faire supporter aux autres. Parce qu'il n'a rien à vendre, le consommateur ne peut

1. J. Laferrière, M. Waline, *Traité élémentaire de science et de législation financières*, LGDJ, 1952, p. 261.

2. L. Trotabas, *Précis de science et technique fiscales*, 2e éd., Dalloz, 1960, p. 270.

3. P.-M. Gaudemet, J. Molinier, *Finances publiques*, t. 2, 5e éd., Montchrestien, 1992, p. 135.

pas répercuter sur autrui les impositions qu'il paie, alors que lui-même subit celles venant de l'aval. La répercussion de l'impôt favorise donc le professionnel par rapport au particulier, pour ne pas dire le fort aux dépens du faible [1]. Mais là encore tout dépend de l'état de l'offre et de la demande. Si le consommateur peut réellement faire jouer la concurrence et acheter au meilleur prix, il ne subit alors que faiblement les impositions d'aval. Enfin, dès lors que l'analyse est faussée par l'évasion et la fraude fiscales, il est impossible de mesurer précisément la répercussion de l'impôt.

► **Bibliographie**

E. Allix, *Traité élémentaire de science des finances et de législation financière française*, 5e éd., Rousseau, 1927, p. 505 et s.
G. Gest, G. Tixier, *Manuel de droit fiscal*, 4e éd., LGDJ, 1986, p. 331 et s.

Révolte fiscale

On prendra un exemple, celui de l'indépendance des États-Unis. Au XVIIIe siècle, la Grande-Bretagne entendait tirer profit de ses colonies américaines, notamment sur le plan fiscal. Elle ne prit sans doute pas la mesure du talent des Américains dans l'art de la résistance à l'impôt. Le parlement britannique vota la perception de taxes sur la vente de certaines marchandises dans les colonies. Les Américains réagirent en développant la contrebande et surtout par le boycott des produits venus de métropole. La chute des exportations britanniques fut telle que le gouvernement de Sa Majesté supprima ces impôts, à l'exception cependant de celui portant sur le thé. Sans doute, par cet acte, la Grande-Bretagne voulut-elle affirmer à la fois son identité mais aussi son autorité sur les colonies, le paiement de l'impôt étant un signe manifeste d'allégeance. Erreur fatale, car les Américains saisirent le prétexte de cette imposition sur le thé pour provoquer la guerre d'indépendance. Les colons voulaient obtenir l'abolition du

1. R. Stourm, *Systèmes généraux d'impôts*, 2e éd., Guillaumin, 1905, p. 373.

pacte colonial, qui leur faisait défense de produire et de commercer à leur guise. En effet, la Grande-Bretagne imposait le respect d'un double monopole : elle achetait les matières premières produites dans les colonies et vendait à celles-ci les produits qu'elle manufacturait. De la sorte, les Américains se voyaient interdire tout développement industriel.

Les colons n'étaient pas représentés au parlement britannique. Ils avaient donc l'obligation de payer des impôts votés par d'autres, tandis qu'eux-mêmes ne pouvaient pas défendre leurs intérêts [1]. Les Américains ont donc voulu légitimer leur révolte en la fondant sur le principe du consentement à l'impôt. Ils adoptèrent une formule qui eut un succès immédiat : *no taxation without representation* – pas d'impôts sans représentation des Américains au parlement britannique. Tactique extrêmement habile car cette revendication fut celle de la révolution anglaise du XVIIe siècle. Le parlement de Londres avait exigé de consentir aux impôts levés dans le royaume, tandis que la couronne prétendait pouvoir exercer seule cette prérogative. Le conflit alla jusqu'à l'exécution du roi Charles Ier. Les colons ont donc fondé leurs revendications sur ce thème, qui servit à légitimer la révolte contre l'oppression étrangère.

En 1773, le gouvernement britannique autorisa la Compagnie anglaise des Indes orientales à vendre du thé dans les colonies sans payer l'impôt, ce qui lui permettait d'être moins chère que les produits de contrebande. Ce Tea Act provoqua la colère des Américains. Des colons se déguisèrent en Indiens de la tribu des Mohawks, qui inspiraient la terreur. Ils grimpèrent à bord de bateaux mouillant dans le port de Boston, chargés de leur cargaison de thé, et jetèrent la marchandise à la mer. La répression de cette Boston Tea Party [2] fit naître les troubles qui conduisirent à la guerre. Le 4 juillet 1776, la déclaration d'indépendance était adoptée.

La politique suivie par les indépendantistes américains avait donc pour but de convaincre les Britanniques qu'ils ne sauraient tirer de profits, économiques et financiers, de leurs

1. G. Ardant, *Histoire de l'impôt*, t. 2, Fayard, 1972, p. 148.

2. De nos jours, les éléments les plus conservateurs du parti républicain organisent des Tea Parties pour dénoncer l'oppression que le gouvernement fédéral exercerait sur les citoyens américains.

colonies, sans faire de concessions. Cette volonté se réalisa au moyen de la résistance à l'impôt et par l'impôt. À la taxation des produits coloniaux, on répliqua par le boycott des marchandises métropolitaines. De même, la contrebande porta essentiellement sur les produits visés par les impositions britanniques. La résistance par l'impôt servit à légitimer le mouvement. Dès lors qu'un gouvernement réclamait des impositions non consenties, il était nécessairement étranger et oppressif. Les historiens américains ont minimisé le rôle de l'impôt dans le déclenchement de la guerre d'indépendance, sans doute parce que cela manquait de noblesse. Pourtant, il n'est pas douteux qu'il servit sinon de cause, du moins de prétexte à l'émancipation.

► **Bibliographie**

G. Ardant, *Théorie sociologique de l'impôt*, t. 2, SEVPEN, 1965, p. 737 et s.
Ch. de la Mardière, « Résistance à l'impôt et résistance par l'impôt », *L'Année fiscale* 2005, p. 145.

Procédures de recouvrement

Lorsque le contribuable ne paie pas un impôt dans le délai imparti, l'administration doit lui adresser une *lettre de relance* s'il n'a pas d'antécédent. À savoir que l'intéressé ne s'est pas distingué auparavant par un défaut ou retard de paiement. Il dispose de trente jours, à réception de la lettre de relance, pour acquitter sa dette. À l'expiration de ce délai et faute de paiement, le comptable public lui adresse une *mise en demeure de payer*. Si huit jours plus tard le règlement n'est toujours pas intervenu, l'administration engage des poursuites. La procédure alors la plus souvent utilisée est celle de l'*avis à tiers détenteur* (ATD). Elle contraint un tiers détenant de l'argent appartenant au contribuable à bloquer ces fonds pour les verser au Trésor. Il est fréquent qu'il s'agisse d'une banque, dans laquelle le contribuable détient un compte ; ou encore d'un employeur, qui doit utiliser les salaires dus à l'intéressé pour payer la dette fiscale. Le tiers détenteur reçoit un courrier du fisc lui imposant de verser la somme due, sous peine d'être lui-même poursuivi en paiement de la dette. Le contribuable est également destinataire d'une lettre le prévenant qu'un ATD a été entrepris. Cette procédure, peu coûteuse pour l'administration, se montre très efficace. Si l'ATD constitue une technique proprement fiscale, cela n'empêche pas les comptables publics d'utiliser d'autres moyens pour obtenir le paiement de l'impôt. Par exemple, la *saisie* d'un immeuble appartenant au contribuable permet de vendre le bien et d'utiliser le produit de cette cession pour satisfaire le Trésor.

Le contribuable peut devoir de l'argent à l'administration fiscale, mais également à d'autres créanciers. Pour garantir le recouvrement de l'impôt, le *privilège du Trésor* permet à celui-ci d'être payé, sauf exceptions, avant tout le monde. Toujours pour assurer la bonne collecte des impositions, certains tiers vis-à-vis du contribuable sont tenus au paiement de l'impôt dû par celui-ci. Cette règle de la *solidarité* les contraint en effet à satisfaire le Trésor si le débiteur principal, le contribuable proprement dit, ne le fait pas. Ainsi le dirigeant d'une société doit payer les impositions à la charge de celle-ci s'il s'est rendu coupable de graves irrégularités fiscales, ayant précisément conduit à l'insolvabilité de l'entreprise. Les époux ou partenaires d'un PACS sont également tenus au paiement solidaire de l'impôt sur le revenu, de la taxe d'habitation et de l'ISF. L'administration peut donc s'adresser à l'un ou l'autre des conjoints ou pacsés pour qu'il acquitte ces impositions. Cette règle peut se montrer très fâcheuse lorsque le couple divorce, la situation étant la même en cas de rupture d'un PACS. Malgré le divorce la solidarité demeure pour les impôts dus au titre des années du mariage. Or il arrive que l'un des ex-époux soit tenu de payer l'IR à la place de l'autre, à raison de revenus qu'il n'a pas perçus. Dans le cas où sa situation financière est difficile, il obtient alors décharge de la solidarité.

Le contribuable peut s'opposer aux poursuites menées par l'administration pour les besoins du recouvrement forcé de l'impôt. Le contentieux alors en cause doit être distingué de celui de l'assiette – encore dit de l'imposition. Il ne s'agit pas en effet de contester la légalité de l'impôt mais soit la régularité formelle des poursuites, soit l'obligation de payer. Dans la première hypothèse, le contribuable critique, par exemple, un ATD, en soutenant qu'il a porté sur la partie insaisissable de ses salaires. En effet, de manière à garantir un minimum vital, une part des rémunérations ne peut pas être saisie. Le contribuable doit alors plaider sa cause devant un magistrat de l'ordre judiciaire, le *juge de l'exécution* (JEX). En revanche, c'est la seconde hypothèse, il lui faut saisir le juge de l'impôt (administratif ou judiciaire) s'il conteste l'obligation de payer. Par exemple, le requérant soutient avoir déjà acquitté l'impôt qu'on lui réclame, ou encore avoir demandé le sursis de paiement. Ce partage des compétences juridictionnelles est d'une complexité aussi grande qu'inutile. Là encore, il devrait être mis fin au rôle fiscal joué par le juge judiciaire. Comme dans le contentieux de l'assiette, avant de pouvoir saisir le JEX ou le juge du recouvrement de l'impôt, le contribuable doit présenter au fisc une réclamation.

► **Bibliographie**

G. Legrand, *Le Recouvrement de l'impôt*, Litec, 2006.
M. Douay, *Le Recouvrement de l'impôt*, LGDJ, coll. Systèmes, 2005.

Reconstitutions de recettes

Il s'agit d'une méthode de contrôle fiscal qui consiste tout d'abord à rejeter la comptabilité de l'entreprise comme n'étant pas probante, puis à recalculer ses recettes pour déterminer celles qui n'ont pas été déclarées. Chez un détaillant par exemple, le vérificateur sélectionne un échantillon des produits les plus vendus, à partir duquel il calcule la marge bénéficiaire. Il suffit ensuite d'appliquer cette marge sur les achats revendus pour obtenir le chiffre d'affaires qui aurait dû être déclaré. Dans son principe, la méthode paraît simple. En réalité, elle est complexe car, pour être proche de la réalité, elle doit tenir compte de paramètres tels que l'augmentation des prix, les soldes éventuellement pratiqués, les pertes ou vols, etc.

Le seul fait de ne retenir qu'un échantillon des produits vendus, supposé représentatif de l'ensemble du chiffre d'affaires, condamne la reconstitution à l'irréalisme. Or, jusqu'au milieu des années 1980, elle fut utilisée de manière systématique pour le contrôle des petits commerçants et artisans. La moindre erreur suffisait alors au rejet de la comptabilité. Les méthodes de reconstitution étaient parfois très critiquables, par exemple les recettes d'un coiffeur recalculées à partir de la consommation électrique des séchoirs à cheveux, ou encore celles d'un restaurant sur la base des seuls achats de fromages. Le juge a laissé faire au nom de la répression de la fraude. Puis il s'est montré de plus en plus exigeant pour reconnaître la validité des reconstitutions de recettes.

Aujourd'hui, seuls des manquements graves et répétés autorisent l'administration à rejeter la comptabilité. Le contribuable peut dénoncer des méthodes de reconstitution faussées ou sommaires. Si bien que désormais cette technique n'est plus utilisée de façon systématique. Elle reste cependant le meilleur moyen de lutter contre la fraude consistant à ne pas déclarer toutes les ventes. Si les omissions sont importantes, la reconstitution, même approximative, les mettra en évidence. Mais le contribuable pourra se défendre d'autant mieux que l'administration se mêle de ce qu'il connaît le mieux : les conditions d'exploitation de son entreprise. Une histoire, que l'on racontait à l'époque où la micro-informatique n'existait pas encore, pourra l'illustrer.

Un inspecteur des impôts procède à la reconstitution des recettes d'un café, à partir des boissons les plus fréquemment servies. Il se plonge dans de savants calculs et détermine des omissions de chiffre d'affaires supposées. Dans le respect du débat oral et contradictoire, il soumet ses travaux au cafetier. Celui-ci lui fait alors remarquer qu'il n'a pas été tenu compte d'un fait : tous les matins, à 11 heures, il offre une tournée gratuite à ses habitués. Ces prestations sont donc incluses dans les achats mais n'ont pas à être retenues parmi les ventes. L'inspecteur évalue en conséquence les quantités offertes, soit par exemple tant de litres de côtes-du-rhône, puis repart au bureau reprendre ses calculs. De retour dans l'entreprise, il note qu'en dépit de la tournée du patron il demeure une insuffisance de déclaration. Le cafetier examine les chiffres et dit qu'à l'occasion de sa tournée gratuite il n'a pas le temps de verser le vin verre par verre : il les aligne tous et les remplit d'un seul trait. Inévitablement une partie de la bouteille vient régaler le comptoir et il faut tenir compte de cette quantité. L'inspecteur revoit ses calculs en fonction de la perte, laquelle ne peut suffire à expliquer les omissions restantes.

C'est alors que le patron lui avoue, avec beaucoup de confusion, que lui-même et son épouse souffrent d'une consommation personnelle de côtes-du-rhône assez importante. Il s'agit à nouveau d'achats qui ne donnent pas lieu à des ventes. La consommation patronale s'avère considérable mais ne suffit pas à expliquer l'écart. Le cafetier se souvient alors que l'année précédente des fûts de bière trop vétustes avaient crevé et qu'ainsi une partie des achats avait été perdue. Découragé, l'inspecteur renonce à la reconstitution de recettes.

▶ **Bibliographie**

Th. Lambert, *Contrôle fiscal. Droit et pratique*, 2e éd., PUF, coll. Droit fondamental, 1998, n° 427 et s.

Ch. de la Mardière, *La Preuve en droit fiscal*, Litec, 2009, n° 51 et s.

Secret et publicité de l'impôt

Le secret de l'impôt intéresse les informations dont les agents du fisc prennent connaissance par l'exercice de leurs fonctions et qu'ils ont l'interdiction de divulguer, en dehors de l'administration elle-même. Il s'agit d'une variante du secret professionnel, qui protège le contribuable, dont les données personnelles et financières n'ont pas à être connues des tiers. Le secret de l'impôt est cependant très relatif car plus de quatre-vingts articles du Livre des procédures fiscales prévoient des dérogations, le plus souvent au profit d'organismes publics. Par exemple, la police nationale, intriguée par le train de vie d'un individu qu'elle soupçonne d'activités illicites, peut prendre connaissance des revenus qu'il déclare au fisc.

Le paradoxe est encore plus grand lorsque l'on sait qu'à côté du secret il existe une publicité de l'impôt. Celle-ci remonte à une loi de 1926 qui obligeait chaque mairie à afficher la liste des contribuables de l'impôt sur le revenu. Il s'agissait de lutter contre la fraude en encourageant la délation… Un « honnête citoyen », jaloux de la prospérité de son voisin, était invité à s'assurer que ce dernier contribuait effectivement aux charges publiques. Aujourd'hui encore, les contribuables soumis à l'IR et à l'IS font l'objet de listes nominatives établies par chaque direction départementale des finances publiques. Peut en prendre connaissance toute personne domiciliée dans le département. S'agissant de l'IR, on peut ainsi savoir le nombre de parts, le montant du revenu imposable et celui de l'impôt.

La connaissance individuelle de ces informations est donc permise (voire encouragée...), mais leur divulgation, ou publication – notamment par voie de presse – est sanctionnée par une amende égale au montant de l'impôt révélé. Voilà une bien curieuse sanction, car plus le contribuable dont les revenus sont divulgués est riche, plus la punition est lourde. On peut donc s'interroger sur la conformité de l'amende au principe d'égalité.

Le paradoxe du secret et de la publicité de l'impôt fut illustré par une affaire retentissante. En 1989, *Le Canard enchaîné* publia trois avis d'imposition relatifs à l'IR dû par M. Jacques Calvet, alors président de la société Peugeot. Le salaire du dirigeant avait augmenté de 45,9 % en l'espace de deux ans, alors que dans le même temps la rémunération moyenne des salariés du groupe n'avait progressé que de 6,7 %. À la suite d'une plainte déposée par M. Calvet, les deux journalistes auteurs de l'article furent condamnés pour recel de copies d'avis d'imposition provenant d'une violation du secret professionnel par un agent du fisc non identifié. Les intéressés attaquèrent cette condamnation devant la Cour européenne des droits de l'homme, qui leur donna raison [1]. Le juge européen ne remit pas en cause la légitimité du secret de l'impôt. Il estima cependant, dans les circonstances de l'affaire, que le secret ne devait pas faire obstacle à la liberté de la presse. Il faut préciser que les avis d'imposition furent publiés lors d'un conflit social au sein du groupe Peugeot, la direction ayant refusé d'accorder les augmentations de salaire demandées par les syndicats. De plus, lors d'une émission de télévision, M. Calvet avait refusé de révéler le montant de ses propres rémunérations.

La Cour a estimé que l'information du public devait l'emporter sur le secret. Pourtant, elle a ainsi cautionné la vio-

1. CEDH, 21 janvier 1999, aff. 29183/95, *Fressoz et Roire*, *RJF* 1999.3.367, chr. E. Mignon p. 178 ; *LPA* 1999, n° 154, p. 11, note R. Marie.

lation de la loi pénale. En effet, les journalistes, en publiant les documents en cause, savaient, ou auraient dû savoir, qu'ils commettaient une infraction. De même, la Cour a encouragé les agents du fisc à divulguer des informations personnelles, chaque fois que celles-ci présentent un intérêt pour l'information du public.

Comment l'état du droit pourrait-il être amélioré ? Il est indéniable que certaines informations détenues par le fisc doivent demeurer cachées, de manière à préserver le secret de la vie privée comme celui des affaires. Ainsi une déclaration de revenus peut indiquer que le contribuable est invalide, chômeur, ou encore que ses parents se trouvent dans le besoin. Mais il serait temps de permettre un large accès aux informations d'ordre strictement patrimonial, c'est-à-dire le montant de la base et celui de l'impôt. Que tout le monde, sans restriction géographique, puisse prendre connaissance des listes de contribuables, et que leur publication ne soit plus sanctionnée, sauf intention malveillante. Il semble moins malsain que tous puissent connaître les revenus de chacun, plutôt que de réserver cette même faculté à la jalousie du voisinage.

▶ **Bibliographie**

P.-M. Gaudemet, « Heurts et malheurs du secret fiscal », *Mélanges Dendias*, 1978, p. 1291.

F. Deboissy, J.-C. Saint Pau, « La divulgation d'une information patrimoniale (à propos de l'affaire *Calvet*) », *D.* 2000, p. 267.

Transaction

La transaction est un contrat par lequel on se met d'accord soit pour éviter un procès, soit dans le but de mettre fin à un contentieux en cours. Les parties à la convention s'entendent donc pour régler le litige qui les oppose. La transaction existe dans pratiquement toutes les branches du droit, y compris en matière fiscale. L'administration et le contribuable, en signant le contrat, se font des concessions réciproques : le fisc accepte de réduire le montant des pénalités qu'il a appliquées, en contrepartie le contribuable s'engage à ne pas contester les sommes laissées à sa charge, donc à payer l'impôt et les pénalités restantes.

La transaction peut intervenir tant que l'imposition n'est pas définitive. Dans l'hypothèse inverse, en effet, il n'est plus possible de négocier. Ce caractère définitif n'est acquis que lorsque le délai de réclamation contentieuse est expiré, ou encore si celui ouvert pour saisir le juge est éteint ; reste une dernière hypothèse : une juridiction a été saisie de l'affaire et s'est prononcée de manière irrévocable, par exemple un jugement de première instance n'a pas été frappé d'appel dans les deux mois. C'est seulement avant l'expiration de ces délais que la transaction est possible. Mais cela laisse beaucoup de temps, car l'on peut transiger dès la procédure de contrôle : si un désaccord naît pendant celui-ci, contribuable et administration peuvent s'entendre pour, d'un côté accepter les rectifications, de l'autre réduire les pénalités. Durant la procédure contentieuse, l'accord peut intervenir tant que le juge n'a pas rendu de décision irrévocable.

La transaction présente l'inconvénient de nuire au caractère dissuasif des sanctions. En effet, si le contribuable sait qu'en transigeant il peut y échapper en partie, il n'est guère incité à respecter ses obligations. C'est pourquoi la doctrine administrative commande aux agents de ne pas transiger sur certaines sanctions, de manière à conserver leur exemplarité. Par exemple, le fisc refusera, par ce moyen, de réduire la majoration de 100 % pour opposition à contrôle fiscal. Il demeure que par la transaction les parties contractantes s'engagent à ne pas saisir la justice, ou à renoncer à une instance engagée. Le contribuable ne pourra donc plus être poursuivi pour fraude fiscale, ce qui est appréciable.

Une fois la transaction signée, l'impôt et les pénalités qui s'y trouvent visés ne sont plus régis par le droit fiscal mais par le seul contrat. Par exemple, un contribuable accepte de transiger car il doute de son bon droit et puis, quelque temps plus tard, le Conseil d'État rend une décision sur le même point en donnant tort à l'administration. Le contribuable ne pourra pas invoquer cet arrêt en sa faveur, car il s'est engagé à respecter les termes de la transaction.

Le principe même de ce contrat est contestable, car si l'administration accepte de transiger c'est qu'elle y a intérêt : elle aussi doute du bien-fondé du redressement qu'elle a appliqué. La transaction forme donc une prime à l'illégalité, car une fois signée elle interdit au contribuable de contester une rectification qui peut être illégale. Pour autant, le contrat permet de régler le litige immédiatement donc d'éviter un contentieux qui peut durer de nombreuses années. Par ailleurs, la transaction est contraire au principe d'égalité devant l'impôt, car le contribuable ne devrait pas pouvoir négocier le montant des pénalités, la justice voulant qu'elles découlent uniquement de la loi, pour s'appliquer de la même façon à tout le monde. De ce point de vue, il est regrettable que certains services fiscaux, comme le montre la pratique, infligent des sanctions qui ne sont pas fondées, par exemple la majoration pour manquement délibéré, dans le but de « pousser » le contribuable à la transaction.

► Bibliographie

Ch. de la Mardière, « La transaction, regard fiscal », *in* B. Mallet-Bricout et C. Nourissat (dir.), *La Transaction dans toutes ses dimensions*, Dalloz, coll. Actes, 2006, p. 169.

V. Daumas, « La transaction en matière fiscale : le genre de proposition qu'on ne peut pas refuser ? », *RJF* 2009, n° 5, p. 387.

Bibliographie

I. Manuels

Science et techniques fiscales

P. BELTRAME, L. MEHL, *Techniques, politiques et institutions fiscales comparées*, 2e éd., PUF, coll. Thémis, 1997.

M. BOUVIER, *Introduction au droit fiscal général et à la théorie de l'impôt*, 10e éd., LGDJ, coll. Systèmes, 2010.

J.-B. GEFFROY, *Grands problèmes fiscaux contemporains*, PUF, coll. Droit fondamental, 1993.

Droit fiscal général

J.-J. BIENVENU, TH. LAMBERT, *Droit fiscal*, 4e éd., PUF, coll. Droit fondamental, 2010.

M. COLLET, *Droit fiscal*, 2e éd., PUF, coll. Thémis, 2009.

C. DAVID, O. FOUQUET, B. PLAGNET, P.-F. RACINE, *Les Grands Arrêts de la jurisprudence fiscale*, 5e éd., Dalloz, 2009.

J. GROSCLAUDE, PH. MARCHESSOU, *Droit fiscal général*, 8e éd., Dalloz, coll. Cours, 2011.

J. LAMARQUE, O. NÉGRIN, L. AYRAULT, *Droit fiscal général*, 2e éd., LexisNexis, coll. Manuel, 2011.

TH. LAMULLE, *Droit fiscal*, 12e éd., Gualino, coll. Mémento LMD, 2011.

A. MAITROT DE LA MOTTE, *Droit fiscal*, PUF, coll. Licence, 2011.

Droit fiscal de l'entreprise

M. COZIAN, F. DEBOISSY, *Précis de fiscalité des entreprises*, 35e éd., LexisNexis, coll. Précis fiscal, 2011.

O. DEBAT, *Droit fiscal des affaires*, 2e éd., Montchrestien, coll. LMD, 2010.

D. GUTMANN, *Droit fiscal des affaires*, 2e éd., Montchrestien, coll. Précis Domat, 2011.

P. SERLOOTEN, *Droit fiscal des affaires*, 10e éd., Dalloz, coll. Précis, 2011.

Droit fiscal international

B. CASTAGNÈDE, *Précis de fiscalité internationale*, 3e éd., PUF, coll. Fiscalité, 2010.

B GOUTHIÈRE, *Les Impôts dans les affaires internationales*, 8e éd., F. Lefebvre, 2010.

Procédure fiscale

M. COLLET, *Procédures fiscales*, PUF, coll. Thémis, 2011.

J. GROSCLAUDE, PH. MARCHESSOU, *Procédures fiscales*, 5e éd., Dalloz, coll. Cours, 2009.

II. Documentations pratiques et revues

Les éditions Francis Lefebvre constituent la première référence en matière fiscale, très sûre et résolument pratique. Elles publient des revues et des ouvrages. Les périodiques sont tout d'abord constitués par le *Feuillet rapide fiscal-social* (*FR Lefebvre*), qui publie très vite l'actualité en droit fiscal et droit social ; on y trouve également des guides précieux pour remplir les déclarations. Suit le *Bulletin fiscal Francis Lefebvre* (*BF Lefebvre*), mensuel, où l'on trouve des articles de doctrine, des textes et des résumés de jurisprudence. Les arrêts sont reproduits dans la *RJF*, *Revue de jurisprudence fiscale*, mensuelle, qui comporte également des articles. Enfin, le *Bulletin des conclusions fiscales* (*BDCF*), toujours un mensuel, publie les conclusions des rapporteurs publics (anciens commissaires du gouvernement). Les ouvrages sont constitués par le *Mémento pratique fiscal*, aide-mémoire très utile de la législation, édité chaque année. Le Mémento renvoie à la *Documentation pratique fiscale Francis Lefebvre*, qui se présente sous la forme de dix gros classeurs à feuillets mobiles, dont la mise à jour est régulière. L'ensemble de ces sources, ouvrages et revues, est reproduit dans une base électronique, *Navis Fiscal*, à laquelle on accède par Internet.

Droit fiscal (*Dr. fisc.*) est un périodique de grande qualité. Son titre officiel est *Revue de droit fiscal*, mais on continue de l'appeler, comme autrefois, *Droit fiscal*. C'est un hebdomadaire, qui publie des articles, des textes, mais surtout beaucoup de jurisprudence souvent accompagnée des conclusions. *Droit fiscal* est publié par les éditions LexisNexis. Il renvoie aux *JurisClasseurs* qui, en matière fiscale, forment de très nombreux volumes, également accessibles par Internet.

Les éditions Lamy publient chaque année un ouvrage pratique, le *Lamy fiscal*, ainsi qu'une revue paraissant tous les quinze jours, *Les Nouvelles fiscales*.

Les Éditions législatives publient le *Dictionnaire permanent fiscal*.

Autres revues fiscales : *Bulletin de gestion fiscale des entreprises* (*BGFE*, éditions EFE), *Revue fiscale notariale* (*RFN*, LexisNexis), *L'Essentiel : droit fiscal* (éditions Lextenso).

Parmi les revues qui ne sont pas spécialisées dans le domaine de l'impôt, mais qui publient du droit fiscal, on notera particulièrement : *Banque et droit*, *Bulletin Joly* (*Bull. Joly*), *Constitutions*, *Defrénois*, *Droit & patrimoine* (*Dr. & pat.*), *Droit des sociétés* (*Dr. sociétés*), *Les Petites Affiches* (*LPA*), *La Revue administrative* (*Rev. adm.*), *Procédures*, *Revue française de finances publiques* (*RF fin. publ.*), *Revue des sociétés* (*Rev. sociétés*), *Semaine juridique entreprise et affaires* (*JCP E*), *Semaine juridique notariale et immobilière* (*JCP N*).

III. Sites internet

Le site de l'administration fiscale (www.impots.gouv.fr) permet notamment de consulter la doctrine administrative, de procéder à des déclarations en ligne et comporte un simulateur de calcul de l'IR.

Le site Legifrance (www.legifrance.gouv.fr) est devenu indispensable au juriste. On y trouve la Constitution, les traités internationaux, les codes, les lois et les règlements et une abondante jurisprudence.

Index

TABLE

Section II : L'impôt de solidarité sur la fortune

Section III : Les impôts locaux

Deuxième partie : LES SOURCES DU DROIT FISCAL

Chapitre premier : LES SOURCES DE PRINCIPE

Section I : Les sources constitutionnelles

Chapitre II : LES SOURCES DÉRIVÉES

Section I : Le règlement

Chapitre II : LE CONTENTIEUX FISCAL

Section I : La phase administrative du contentieux fiscal

Section II : La phase juridictionnelle du contentieux fiscal

N° d'édition : L.01EHQN000480.N001 | Dépôt légal : mars 2012
Imprimé en Espagne par Novoprint (Barcelone)